Barbara Haselbach   Tanzerziehung

Barbara Haselbach

Tanzerziehung

Grundlagen und Modelle für Kindergarten,
Vor- und Grundschule

Ernst Klett Verlag, Stuttgart

3. Auflage 1978
Alle Rechte vorbehalten
Fotomechanische Wiedergabe nur mit Genehmigung des Verlags
© Ernst Klett Verlag, Stuttgart 1971. Printed in Germany
Fotos: Willi Moegle
Notenstich und Zeichnungen: Ingeborg Vaas, Ulm (Donau)
Satz: Süddeutsche Verlagsgesellschaft mbH, Ulm (Donau)
Druck und Bindung: Wilhelm Röck, Weinsberg
ISBN 3-12-92326 0-5

Inhaltsverzeichnis

Vorwort

Tanzerziehung schließt sowohl Inhalte der Leibeserziehung als auch der ästhetischen Erziehung ein. Ihr Ausdrucksmedium ist die Bewegung des menschlichen Körpers, die es zu entwickeln und zu differenzieren gilt. Soweit ist eine direkte Verbindung zur Leibeserziehung gegeben. Darüber hinaus vermittelt die Tanzerziehung die ästhetischen und kommunikativen Aspekte des Tanzes. Dazu gehören Reproduktion und Interpretation verschiedener Formen des Tanzes, Improvisation und Gestaltung, allgemeine Sensibilisierung und Entwicklung kreativen Verhaltens. Diese Inhalte gelten für den einzelnen ebenso wie für die Gruppe, sie schaffen individuelle und gruppenspezifische Ausdrucksmöglichkeiten.

Pädagogen haben immer wieder auf die vielfältigen Aufgaben und die Bedeutung einer Tanzerziehung hingewiesen. Aber in keinem Lehrplan finden wir das Fach Tanzerziehung. Neben Arbeitsgemeinschaften wird eine Tanzerziehung meist nur am Rande der Leibeserziehung und des Musikunterrichts praktiziert. Bis heute sind es vorwiegend Privatschulen (Schulen und Studios für Kindertanz, für Gymnastik, Ballett, modernen künstlerischen Tanz, für Jazz-Tanz, Gesellschaftstanz usw.), die diese Aufgaben übernommen haben. So wertvoll diese Bemühungen sind, so ergibt sich daraus doch die Konsequenz, daß dieses Gebiet bisher nur einer kleinen, privilegierten Minderheit zugänglich ist und in keiner Weise den anzustrebenden gleichen Bildungschancen entspricht.

Es fehlt an Fachlehrern, an Ausbildungsinstituten mit aufeinander abgestimmten Lehrplänen. Die Schulung an allgemeinen oder spezialisierten pädagogischen Hochschulen ist nicht ausreichend oder zu wenig auf die konkrete Arbeit mit Kindern ausgerichtet. Auch fehlt es an deutschsprachiger Fachliteratur. Die erfreuliche Initiative einzelner Institutionen (Veranstaltungen von Tagungen, Kurzlehrgängen, Kursen, Herausgabe von Informationsschriften, Publikationen etc.) reicht noch keineswegs aus, um eine Änderung der Verhältnisse zu bewirken. Inhaltlich und organisatorisch könnten wir viele und wertvolle Anregungen von der Tanzerziehung in angelsächsischen und östlichen Ländern übernehmen. Dieses Buch versucht einen Beitrag zu leisten für die Tanzerziehung der Vier- bis Zehnjährigen im schulischen und außerschulischen Bereich. Es ist in erster Linie für Kollegen geschrieben, die keine tänzerische Ausbildung haben und nach Anregungen auf diesem Gebiet suchen. Jede Fixierung auf eine bestimmte Methode wurde vermieden, eine möglichst breite Basis soll die Grundlage für spätere Spezialisierung (Moderner Tanz, Volks- oder Gesellschaftstanz, Jazz-Tanz) bilden.

9

Diese Spezialisierung, wie auch die Betreuung und Ausbildung von außergewöhnlichen Talenten, sollte jedoch unbedingt dem professionellen Tanzpädagogen vorbehalten bleiben.

Neben der Orientierung über Richtungen, Aufgaben und Inhalte der Tanzerziehung, neben Materialsammlung und Unterrichtsbeispielen für den tanzpädagogisch interessierten Lehrer will diese Arbeit auch Fachkollegen einzelne neue Gesichtspunkte oder Details, in jedem Falle aber Ansatzpunkte zu fachlichen Diskussionen geben.

Bewußt wurde bei der Darstellung auf jede der gebräuchlichen Tanzschriften (etwa nach Laban oder Benesh) verzichtet, um nicht nur Fachkollegen verständlich zu sein. Daraus ergaben sich manche Probleme, denn oftmals lassen sich Bewegungsabläufe nur annäherungsweise verbalisieren.

Für das Zustandekommen dieses Buches danke ich allen meinen Lehrern und Freunden, die dazu beigetragen haben, mich für diese Aufgabe vorzubereiten. Ich danke Carl Orff und Gunild Keetman, die ursprünglich die Anregung zu diesem Buch gegeben haben, allen Kindern, Studierenden und Kollegen des Orff-Institutes in Salzburg für ihre indirekte Mithilfe und Hermann Regner für seine Ermutigung.

Salzburg
im Herbst 1970

Erster Teil
Grundsätzliche Überlegungen

Übersicht über verschiedene Richtungen der Tanz- und Bewegungserziehung

Der Tanz erfüllt in verschiedenen Ländern und zu bestimmten Zeiten sehr unterschiedliche Funktionen, die abhängig sind von kulturellen, sozialen, psychologischen, politischen und anderen Gegebenheiten. Tanz kann Ritual, Mittel zur Ekstase, erholsames Vergnügen, gesellschaftliche Konvention, Kinderspiel oder Schauhandlung sein. Das vorliegende Buch beschäftigt sich ausschließlich mit den erzieherischen Aspekten des Tanzes für eine bestimmte Altersstufe. Zur Begriffsbestimmung und zur Sichtung des in Frage kommenden Materials sollen einleitend die wichtigsten Stilrichtungen der Tanz- bzw. der Bewegungserziehung kurz umrissen werden.

Klassisch-akademischer Tanz

Er ist eine im 16. Jahrhundert vorwiegend aus dem höfischen Tanz entstandene Form des Schautanzes, dessen Bewegungen und Regeln in den letzten Jahrhunderten erweitert und systematisiert wurden. Der lange Zeit übliche Name „Ballett" hat sich heute auf Bühnentanz im allgemeinen ausgedehnt.

Die Ausbildung zum klassischen Tänzer erfordert eine langjährige Schulung, die möglichst schon in der Kindheit (etwa mit vier bis sechs Jahren) beginnen soll. Die Bewegungsform ist stilisiert und genormt, sie bietet der Phantasie und Gestaltungskraft des Kindes keine Entfaltungsmöglichkeiten. Da zudem ein verantwortungsvoller Unterricht nur von spezialisierten Fachkräften gegeben werden kann, scheidet er für normale Schulen aus und ist besonders Internatsschulen oder der außerschulischen Erziehung in Ballettschulen vorbehalten.

Moderner Tanz

Der Modern Dance ist zu Beginn des 20. Jahrhunderts als Protest gegen den zu dieser Zeit erstarrten klassischen Tanz in Amerika und in Deutschland entstanden. Er räumt der Improvisation großen Raum ein; seine Inhalte und Formen haben den modernen Bühnentanz stark beeinflußt, so daß es in vielen Ländern zu einer Art Synthese von klassischem und modernem Tanz gekommen ist.

In seiner heutigen, besonders in Amerika entwickelten Gestalt benötigt auch er eine strenge, ausgefeilte „Erwachsenentechnik", seine Inhalte sind der kindlichen

Mentalität nicht angepaßt. Dagegen sind elementarer und kreativer Tanz kindgemäße Vorbereitungen für den modernen Tanz.

Ethnischer Tanz

Darunter versteht man Volkstänze anderer Rassen und Kulturen, die sehr häufig kultischen Inhalt haben (z. B. indische, balinesische Tänze, Woodoo-Tänze). Ihr Studium durch Fremde benötigt viele Jahre und zudem ein eingehendes Verständnis der Lebensgewohnheiten und der Kultur des jeweiligen Volkes. Für die schulische Tanzerziehung scheiden ethnische Tänze aus, um jeden oberflächlichen Mißbrauch zu vermeiden. Der Inhalt solcher Tänze ist den Kindern unserer Altersstufen meist noch nicht verständlich.

Volkstanz

Damit bezeichnet man meist anonyme Tänze aus verschiedenen Ländern. Musik, Inhalt, Bewegungsmaterial und Raumformen sind ebenso wie die Tanztrachten von den Gegebenheiten des entsprechenden Landes abhängig. Das tänzerische Material ist trotz seiner landeseigenen Charakteristik „international" und in vielen Fällen auch für Kinder geeignet. Für unsere Altersgruppen kommen einfachste Volkstänze durchaus in Frage.

Historischer Tanz

Tänze der höfischen Gesellschaft, werden unter dem Namen „historische" oder „höfische" Tänze zusammengefaßt. Sie entstammen vorwiegend dem 15. bis 19. Jahrhundert. Manche von ihnen, wie beispielsweise der „Branle", sind noch heute in nur wenig veränderter Form als Kindertänze oder Reigen bekannt. Sie bieten sich vor allem zur Anwendung in der Oberstufe (Querverbindungen mit Musik- und Kunstgeschichte sowie dem Literaturunterricht) an, doch kann man mit einfachen schon in der dritten und vierten Grundschulklasse beginnen.

Kontratänze

Sie haben ihren Ursprung in den altenglischen Country Dances mit ihren „long ways" und „rounds"; etwa um die Mitte des 17. Jahrhunderts sind sie über Frankreich auf den Kontinent gekommen. Die English Folk Dance Society bemüht sich um ihre Wiederbelebung und um eine neue Interpretation der berühmten Sammlung von John Playford. In der Oberstufe könnte das eine oder andere Beispiel getanzt werden.

Square Dances

Der amerikanische Square Dance hat weitgehend Motive europäischer Tänze (englischer, irischer, schottischer, französischer und deutscher) aufgenommen. Eine um 1930 einsetzende Erneuerungsbestrebung begreift Square Dance als erholsames Tanzvergnügen für alle Altersgruppen, sozialen Schichten und für beide Geschlechter. Die jeweiligen Figuren der im „square" (Kreuz aus vier Paaren), „circle" (Paare im Kreis) und „contra" (zwei gegenüberstehende Reihen) Tanzenden werden von einem „caller" ausgerufen. Die Tanzweise ist sehr beschwingt und fröhlich und kann in einfacher Form in der dritten und vierten Klasse hin und wieder verwendet werden.

Gesellschaftstanz

Der Name ist nicht besonders treffend, denn alle Tänze wurden vorwiegend von einer bestimmten Gesellschaftsschicht entwickelt. Ursprünglich sind sie aus Volkstänzen entstanden (Wiener Walzer, Tango). Heute werden sie mehr und mehr kommerzialisiert, jedes Jahr entstehen neue Modetänze. Die Standardtänze mit enger Paarfassung sind für Kinder — trotz mancher gegenteiliger Experimente — nicht altersgemäß. Einfachste Tänze in Reihenform oder mit den zur Zeit beliebten offenen Fassungen werden Kindern der vierten Klasse zweifellos Spaß bereiten. Für die Oberstufe ist die geschickte Verwendung von modernen Gesellschaftstänzen sehr empfehlenswert. In vielen amerikanischen Schulen gehört „Social Dancing" zum Schulprogramm.

Jazz-Tanz

Darunter versteht man einen aus Afrika über Afro-Amerika nach Europa importierten Tanzstil. Seine Bewegungscharakteristik unterscheidet sich grundlegend von europäischen Stilen. Der Jazz-Tanz gewinnt immer mehr Verbreitung sowohl in professionellen als auch in Amateur-Tanzkreisen. Jugendliche haben zweifellos großes Interesse und Bereitschaft für Jazz-Tanz, der allerdings von einem fachlich vorgebildeten Lehrer unterrichtet werden sollte.

Beat- und Poptänze

Auch Beat- und Poptänze zeigen den charakteristischen Stil afrikanischer Negertänze. Viele Jugendliche tanzen Beat und Pop, ohne solche Tänze gelernt zu haben. Beim Tanzen mit Jugendlichen sollten diese Tänze nicht fehlen. Erfahrungen über die Einbeziehung von Beattänzen in den Tanzunterricht mit Kindern von 4 bis 10 Jahren liegen noch kaum vor.

Gymnastik

Sie ist eine Form der Körpererziehung, die sich die Pflege der menschlichen Bewegung durch Entwicklung, Steigerung und Erhaltung der Bewegungsveranlagung zur Aufgabe macht. Dazu können Handgeräte verwendet werden. Spezielle Gebiete sind z. B. rhythmische, tänzerische und pflegerische Gymnastik, daneben Gymnastik als vorbereitendes Training auf eine bestimmte Sportart (z. B. Skigymnastik).

Eurythmie

Eine von Rudolf Steiner geschaffene und in der Anthroposophie gepflegte Bewegungskunst, die als „sichtbare Sprache" durch beseelte Leibesbewegungen geistige Inhalte darzustellen sucht. Sie ist als künstlerische Ausdrucksform (in betonter Unabhängigkeit von Pantomime und Tanz) als Laut- und Toneurythmie, darüber hinaus auch als Heileurythmie ausgebildet.

Rhythmik, rhythmische Erziehung

Der Musikpädagoge Emile Jaques Dalcroze war zu Beginn des 20. Jahrhunderts darum bemüht, die Isolierung der geistig-seelischen Funktionen von den körperlichen im Sinne der Ganzheitsmethode zu überwinden. Unter rhythmischer Erziehung versteht man eine Pädagogik, die die gesamte Entfaltung der menschlichen Kräfte unter das rhythmische Prinzip stellt. Diese Ideen lassen sich vorwiegend auf dem Gebiet der Musikerziehung, aber auch in der rhythmischen Gymnastik realisieren. In der Heil- und Sonderpädagogik wirken sie sich besonders aus.

Kreative Tanzerziehung

Creative Educational Dance basiert auf dem Werk Rudolf von Labans und ist vor allem in England, einigen skandinavischen Ländern und in abgewandelter Form auch in Amerika verbreitet. Das Hauptgewicht liegt hier auf dem individuellen Bewegungsexperiment des Kindes, seine Ausdrucksfähigkeit soll anhand der 16 „movement themes" von Laban gefördert werden. Überlieferte Tanzformen spielen eine untergeordnete Rolle; die Beziehungen zu Drama und Tanzdrama sind eng.

Elementare Tanzerziehung

Sie geht von der kindlichen Bewegung aus und baut darauf auf. Musik- und Bewegungserziehung sind eng miteinander verbunden, auch besteht eine nahe Beziehung zur Sprache. Neben der Erarbeitung tänzerischer und musikalischer Grundbegriffe steht das eigene schöpferische Tun im Vordergrund. Für Übergänge zu anderen Richtungen (moderner Tanz, Volks- und historischer Tanz u. a.) sind sowohl die kreativen als auch die bewegungstechnischen und musikalischen Vorbedingungen geschaffen.

Verbindung von Tanz, Musik und Sprache

Menschliche Ausdrucksformen, die Tanz, Musik und Sprache in einer ursprünglichen Gestalt umschließen, treffen wir am reinsten beim Kind und bei primitiven Völkern. Die Anlässe zu diesen Äußerungen können verschiedenartig sein, doch entstehen sie letztlich aus Spannungen emotioneller, geistiger oder körperlicher Art, die sich in rhythmisch-akzentuierter oder fließend-schwingender Bewegung lösen. Die Bewegung wird durch Sprache, Gesang und auch durch instrumentale Begleitung intensiviert. Bei frühen Kulturen gibt es auf dieser Stufe noch keine Schauhandlung, Musik und Tanz sind vielmehr ein Geschehen kultischen Ursprungs und Inhalts, das den erfüllt, der daran teilnimmt.

Tanzen ist auf dieser Stufe gleichbedeutend mit „Musikmachen": durch den Rhythmus der Schrittgeräusche, durch spontane Schreie und wiederholte, beschwörend formelhafte Rufe, aus denen Gesang wird. Der Tanzrhythmus wird verstärkt durch das Mitklingen des Tanzschmucks (Ketten, Gürtel, Ohrgehänge und Gelenkschmuck aus Knochen, Muscheln und leeren Früchten), durch das Aufstampfen der Füße oder Tanzstäbe, durch Händeklatschen oder Schläge auf verschiedene Körperteile. Dazu kommen die primitiven Musikinstrumente früher Kulturen (Trommeln aller Arten und anderes Schlagzeug, Flöten und ähnliche Blasinstrumente aus Holz, Rohr und Knochen, einfache Saiteninstrumente).

Die so begleiteten Tänze können bildhaft ein reales Geschehen mit dem erwünschten Ausgang pantomimisch darstellen, auch Sprache und Gesang können zu einer frühen dramatischen Darstellungsform herangezogen werden. Dagegen steht der andere Grundtyp von Tänzen, der bildlos ist, ohne imitatorische Elemente, und seinen Ausdruck in der abstrahierten Form von räumlich, dynamisch und rhythmisch variierten Bewegungsmotiven findet.

In den Arbeiten vergleichender Musikwissenschaftler, Ethnologen und Anthropologen finden wir ausführliche Schilderungen solch ganzheitlicher — Musik, Tanz und Sprache verbindender — Darstellungsweisen, die im einzelnen sehr viele Unterschiede aufweisen, häufig aber gewisse Ähnlichkeiten zeigen: Die Bevölkerung eines Dorfes oder Stammes nimmt teil am Tanzgeschehen, auch die Kinder tanzen am Ende einer langen Kette oder in ihrem eigenen Kreis. Auf diese Weise wachsen sie in der Tanztradition ihres Volkes auf. Tänze, die sich thematisch für ihr Alter nicht eignen, sind tabu, sie dürfen sie erst nach bestimmten Einweihungsriten sehen und selbst tanzen. Sehr häufig wird zu diesen gemeinschaftlichen Formen des Tanzes gesungen, geklatscht oder mit einfachen Instrumenten entsprechend der Bewegung begleitet (z. B. mit allen Arten von Klappern und

Kastagnetten). Oft hat sich ein Tanzorchester am Rand des Tanzplatzes aufgestellt. Wer müde vom Tanzen ist, gesellt sich dazu, spielt, singt oder begleitet die anderen durch Händeklatschen und anfeuernde Rufe. Noch heute können wir bei Volkstänzen, die noch nicht zu touristischen Attraktionen geworden sind, diesen lebendigen Wechsel von Musizieren und Tanzen und manchmal auch die Verbindung von beidem beobachten.

Die Sprache erfährt in ihrer Beziehung zum Tanz eine Veränderung. Zum Tanz und zur rhythmischen, akzentuierten Bewegung werden die Worte in ihren Längen und Kürzen so gesetzt, daß eine Übereinstimmung von Sprach- und Bewegungsrhythmus entsteht. Aus der Verbindung von Bewegungsartikulation und melodischem Sprechen entwickelte sich das Tanzlied. Stand ursprünglich der Inhalt des Textes in engster Beziehung zum Tanz — man findet dies heute noch bei manchen Darstellungsliedern der Kinder —, so finden sich später auch Beispiele, wo vorwiegend der Sprachrhythmus bewegungsauslösend wirkt, ohne daß die Darstellung den sprachlichen Inhalt interpretiert.

Im Laufe der geschichtlichen Entwicklung entfaltete sich jede Kunstgattung mehr und mehr in sich selbst. Die Musik entwickelte sich vor allem im abendländischen Raum immer weiter in Richtung der „absoluten" Musik. Die Sprache löste sich aus ihrer kultischen Gebundenheit an Musik und Tanz und entfaltete sich zur selbständigen Dichtung. Auch der Tanz wird zu einer eigenständigen Kunst, doch kann er sich, seiner Natur nach, am wenigsten von den Geschwisterkünsten lösen. Auf zwei Gebieten treffen sich auch heute noch — oder besser wieder — alle drei Ausdrucksformen: im Theater und in der Tanzmusik. Seit der Renaissance wirken im Theater zumindest zeitweilig alle Künste zusammen. Die Oper braucht das Wort und bezieht sehr häufig den Tanz mit ein, das Schauspiel verwendet oft — wenn auch nicht immer in integrierter Form — die Bühnenmusik und pantomimische oder tänzerische Bewegungen. Im Ballett, präziser ausgedrückt im Theatertanz, ergänzen sich Musik und künstlerisch geformte Bewegung. Auch das Wort, seien es nun Gedichte oder Schlagwortfetzen aus dem Alltag, wird in modernen Choreographien mitunter einbezogen.

Das zweite Gebiet ist das der Tanzmusik. Dieser Begriff umfaßt die Musik der höfischen, bürgerlichen und modernen Gesellschaftstänze, sowie die des Volkstanzes. Musik und Tanz haben sich hier wechselseitig beeinflußt. Das Wort, das früher als Text von Tanzliedern eine relativ große literarische Bedeutung hatte, ist im Laufe der Zeit immer mehr in den Hintergrund getreten und erscheint heute nur noch in getanzten Volksliedern oder in der Schlagerliteratur moderner Tanzmusik.

Es gibt also eine Art der Darstellung, in der Tanz, Musik und Sprache in ausgewogener Form miteinander verbunden sind. Darüber hinaus läßt sich die gegenseitige Durchdringung auch an vielen Erscheinungen des täglichen Lebens wahrnehmen.

Aus der Beobachtung kleiner Kinder wissen wir, daß sie zu ihren frühen Bewegungsversuchen Töne ausstoßen; sie wollen damit nicht nur die Umwelt auf sich aufmerksam machen, sondern auch gleichsam spielend Stimme und Glieder ausprobieren und üben. Wenn ein Baby in den Schlaf geschaukelt wird, wenn seine Mutter dazu singt oder monoton-melodisch mit ihm spricht, so wird das Kind sowohl durch die gleichförmige Schaukelbewegung als auch durch das Auf und Ab des Sprechens oder der Melodie beruhigt und eingeschläfert. Ähnlich ist die Wirkung, wenn sich ängstliche Kinder in einem Winkel oder in ihrem Bett ganz eng zusammenkauern und zu einer leicht schaukelnden, fast wiegenden Bewegung leise vor sich hinsummen.

Wir greifen einige Bewegungsspiele größerer Kinder heraus, die unserem Thema entsprechen. Wir alle kennen jene Art von Hüpfspielen, bei denen nach genauen, von Kind zu Kind tradierten Regeln mit bestimmten Schritten und Wendungen auf einem oder beiden Beinen über eine bestimmte, auf den Boden gezeichnete Figur gehüpft werden muß. Besonders wenn Kinder alleine spielen, singen oder summen sie oft ein Lied oder eine frei erfundene Melodie, die dem Bewegungsrhythmus entspricht oder diesen der Melodie unterordnet.

An Orten, wo Musik noch nicht zur Geräuschkulisse geworden ist, wo Kinder noch aufhorchen, sobald Musik erklingt, geschieht es oft, daß sie einfach nicht mehr still sitzen können; sie zappeln und springen auf und beginnen auf ihre Weise zu tanzen. Wer hat noch nicht beobachtet, wie bei einem Aufzug durch die Straßen die Kinder gleich hinter der Musikkapelle herziehen oder am Straßenrand neben ihr herlaufen und dabei voll Freude und Ausgelassenheit ihre eigenen Tanzschritte erfinden. Oder auch wenn sie, Erwachsene imitierend, zur Radiomusik zu tanzen beginnen, oft viel besser und einfallsreicher als die Großen. Den Kindern kann man den Spaß an diesem Tanzen vom Gesicht absehen, hier wird die Spontaneität noch nicht hinter einer konventionellen Maske versteckt.

Aber auch Erwachsene, die im Konzert oder aus dem Radio Musik hören, beginnen sich mitunter fast unmerklich zu bewegen. Sie wippen mit dem Fuß, markieren den Takt mit den Fingerspitzen oder dem Kopf, schwingen leicht mit dem ganzen Körper hin und her. Diese oft etwas lächerliche, für uns Erwachsene aber sehr bezeichnende Erscheinung ist im Grunde nichts anderes als rudimentäre, verkümmerte Tanzbewegung, die wir aus anerzogener Konvention nicht anders zu äußern imstande sind. Wir tanzen nicht mehr wie das Kind, wenn wir den Wunsch dazu verspüren, sondern nur dann, wenn sich die von der Gesellschaftsordnung vorgeschriebene Gelegenheit dazu bietet.

Es gibt andere Fälle, in denen man sich die Wirkung der Musik bewußt oder unbewußt zunutze macht: Arbeitslieder, Marschmusik, Handwerkerlieder. Viele handwerkliche Arbeiten wurden früher koordiniert, indem man rhythmisch dazu sprach. In manchen Fällen ging die rhythmische Rufformel auch in Gesang über (z. B. beim Heben oder Ziehen von schweren Gegenständen, beim Rudern, beim Einholen von Schiffen oder Netzen). „Shanties" z. B. sind ursprünglich Arbeitslieder von Matrosen. Bei Aufzügen, Prozessionen, Paraden, langen Märschen und selbst beim Wandern wird die Bewegung durch Musik (in diesen Fällen meist Lieder) beeinflußt. Heute erklingt auch in Fabriken, in Supermärkten und Kaufhäusern sehr häufig, fast könnte man sagen ständig, Musik, um die Arbeits- und Kaufwilligkeit damit zu stimulieren.

Die Beobachtung zeigt, daß Musik einen starken Einfluß auf die Bewegung ausübt. Die musikalische Dynamik überträgt sich auf die Bewegung, dadurch wirkt diese im allgemeinen weniger ermüdend. Durch den Rhythmus der Musik wird sie zudem zeitlich geordnet. Die Musik lenkt durch ihren emotionalen Gehalt von der körperlichen Anstrengung ab, die Freude an der Ausführung steigert sich, die ganze Bewegung wird erfüllter und intensiver. Umgekehrt löst eine mehrmals wiederholte Bewegung durch den ihr innewohnenden Rhythmus beim Menschen sehr häufig Musik aus, die sich in rhythmischem Sprechen, Singen, Summen, Pfeifen oder in Klanggesten (Klatschen, Fingerschnalzen, Patschen und Stampfen) äußert.

Als Konsequenz solcher Betrachtungen ergibt sich für den Unterricht, daß gerade im Kindergarten und in den beiden ersten Volksschulklassen die ursprüngliche Einheit von Bewegung, Musik und Sprache bewahrt bleiben muß, etwa in der Weise, wie es im Orff-Schulwerk beabsichtigt und dargestellt ist. Die starke Beeinflussung der Bewegung und des Tanzes durch Musik gilt jedoch für jede Altersstufe. Musik und Bewegung sollten je nach ihrer Eigengesetzlichkeit gleichberechtigt verwendet werden.

Von beiden Seiten sollten die Kinder an Grunderfahrungen und -begriffe herangeführt werden, einmal mit stärkerer Betonung der Bewegung, einmal mit dem Hauptgewicht auf der Musik.

Die Entwicklung der grundlegenden Bewegungskräfte des Kindes

Wie entwickelt sich im Kind der vielfältige Reichtum an Bewegungen, an den die Tanz- und Bewegungserziehung anknüpft? Wie gewinnt das Kind genügend Sicherheit und Erfahrung, um sich in vertrauter oder in unbekannter Umgebung, bei Spiel, „Arbeit" und Tanz allein oder mit anderen zu bewegen?
Der Bewegungsaktivität fällt eine entscheidende Rolle sowohl für die körperliche als auch für die geistige Entwicklung des Kindes zu, die in keiner Weise übersehen oder unterschätzt werden darf. Es ist bekannt, daß das menschliche Neugeborene im Vergleich zu Säugetieren unfertig und hilflos auf die Welt kommt und völlig von der Zuwendung seiner Pflegepersonen abhängig ist. Es benötigt ein Jahr oder länger, um die aufrechte Haltung zu beherrschen. Die Vorstufen zu dieser Haltung sind das Liegen, das Heben des Kopfes, später das Krabbeln und Kriechen auf dem Bauch. In der zweiten Hälfte seines ersten Lebensjahres lernt es, ohne fremde Hilfe zu sitzen und bald darauf auch zu stehen, später sich vorsichtig vom Platz fortzubewegen. Dorothee Günther nennt in ihrem Buch *Der Tanz als Bewegungsphänomen* die aufrechte Haltung eines „der großen ,Werdewunder' der Menschheit". [1]
Mit dem Erwerb der senkrechten Haltung kommt dem Gleichgewichtssinn besondere Bedeutung zu. Ohne ihn wären die aufrechte Haltung und alle von ihr abhängigen Bewegungen unmöglich. Je sicherer die Haltung, um so freier sind Arme und Hände für andere Aufgaben. Auch das Greifen und Zupacken ist ein Prozeß, der vom Kind in stetiger und unermüdlicher Übung erreicht wird. Der Erwachsene kann durch Spiele mit dem Kind, durch Materialien und erstes Spielgerät weitgehend helfen und anregen.
Vom zweiten Jahr an entwickelt das Kind seine lokomotorischen Fähigkeiten. Zuerst das Gehen, das dann im achten bis zehnten Lebensjahr seine dynamische Differenzierung erreicht. Eine Unterscheidung von Gehen und Laufen bildet sich erst im dritten Jahr heraus. Auch die relativ komplexe Bewegungskoordination des Hüpfens und Springens kann vor dieser Zeit nicht erwartet werden. Die individuelle Entwicklungszeit jedes Kindes ist abhängig von seiner körperlichen Konstitution, der Zuwendung und Hilfe, die es von seiten der Eltern oder Pflegepersonen erfährt und von den Anregungen, die von Spielgelände und Objekten ausgehen. Etwas verallgemeinernd könnte man sagen, daß das Kind bis zu Beginn des vierten Lebensjahres die lokomotorischen Grundformen beherrscht und von diesem Zeitpunkt an fähig und bereit ist, deren Differenzierungen, Va-

[1] Der Tanz als Bewegungsphänomen, rde 151/152, Hamburg 1962, S. 28

rianten und Kombinationen im Tanz- und Bewegungsunterricht (wie auch in anderen Unterrichtsweisen körperlicher Erziehung) zu erlernen.

In seinen ersten Lebensjahren gewinnt das Kind den überwiegenden Teil aller Bewegungserfahrungen, die es in seinem ganzen Leben kennenlernen wird. Der Weg vom hilflosen Liegen, in dem es ausschließlich auf die Hilfe seiner Umwelt angewiesen ist, bis zum Gehen, Laufen, Springen, Drehen, Steigen, Klettern, Schwimmen, Fallen, Sichstrecken und Zusammenziehen, zum Balancieren und am Bodenrollen ist unermeßlich reich an Erfahrungen und bringt das Kind in Beziehung zu seiner Umwelt und den Mitmenschen.

Jede Begegnung ist ein Experiment: die Wegstrecke vom Stuhlbein bis zu den Armen der Mutter, eine Türe und was sich dahinter befindet, eine Treppe, die hinauf- oder hinabzusteigen so schwierig ist und die in eine unbekannte Welt führt, Kinder, mit denen man spielen, die man an den Händen fassen kann.

Mit all dem sind physische und psychische Erfahrungen verbunden, die Kontakt zu Objekten und Menschen ermöglichen, den kindlichen Forschungswillen anregen und Lern- und Erkenntnisprozesse einleiten.

Spiel und Bewegung, ausgelöst durch innere oder äußere Anregungen, sind notwendige Wachstumsreize. Durch dieses Tun und seine körperlichen Reaktionen erlernt das Kind jene Bewegungen, die es im täglichen Leben braucht, dazu bilden sich die Bewegungsqualitäten: Schnelligkeit, Kraft, Gewandtheit, Ausdauer, Geschicklichkeit und Präzision immer mehr aus. Darüber hinaus findet es Arten sich zu bewegen, die dem Erwachsenen unmotiviert erscheinen. Es will auf den Zehenspitzen oder auf den Fersen gehen, es versucht auf dem Kopf zu stehen, auf den Händen zu laufen, Purzelbäume zu schlagen, es möchte auf Randsteinen oder kleinen Mäuerchen balancieren, es dreht sich, bis es taumelt und umfällt, und ist dabei glücklich und zufrieden. Es hüpft über Steine und planscht in Pfützen, springt über gezeichnete Felder nach eigenen Regeln. Die räumlichen Gegebenheiten des Spielplatzes werden einbezogen, Alleebäume in Kurven umlaufen, Zickzacklinien werden erprobt, gemeinsame Ketten und Kreise gebildet, in Winkeln und Kurven auf Park- und Gartenwegen gelaufen. Schrittformen und Spiele mit anderen werden erfunden und allerhand „Kunststückchen" erprobt, deren Gelingen das Selbstbewußtsein stärkt.

Auch die Wiederholung einer Bewegung, ihre zeitliche Gebundenheit und rhythmische Variationsmöglichkeit faszinieren das Kind. Es führt seine Hüpfer und Laufschritte, seine Drehungen und kleinen Sprünge in verschiedenen freirhythmischen Abläufen aus. Oft entsteht eine Fixierung durch ein als Begleitung gesungenes Liedchen, eine improvisiert gesummte Melodie oder einen gesprochenen Text. Zusammen mit anderen werden kleine Lieder getanzt oder Szenen gespielt (Rollenspiel). Durch eigenes Probieren und durch Imitation lernt das Kind Spiel- und Brauchtumsformen und Tanzbewegungen. Das Hüpfen, Trippeln, Laufen, Kreiseln und die übrigen, von Kindern bevorzugten Bewegungsarten sind Zeichen eines gesteigerten Lebensgefühls, aber auch eines vitalen Kräfteüberschusses, der sich in einer mehr oder minder intensiven Motorik entladen muß.

Die Spiel- und Bewegungssituation
unserer Kinder

Bis zum Beginn der Vorschulzeit lernt das Kind vorwiegend mit Hilfe seiner Eltern oder Pflegepersonen, aber auch allein oder im Umgang mit anderen Kindern. Je mehr Gelegenheit zum Spiel von den Erwachsenen geboten wird, um so mehr wird das Kind an Gewandtheit, Sicherheit und Selbstvertrauen gewinnen, um so freier und ungehemmter wird es sich bewegen. So wäre die beste Voraussetzung für eine aufbauende Tanz- und Bewegungserziehung gegeben. Doch leider werden heute im Lebensraum der Kinder die Gelegenheiten zum Spiel immer unzureichender. In den meist sehr kleinen Wohnungen ist kein Platz, zudem darf aus Rücksicht auf andere Mieter oder Hausbesitzer nicht gelärmt werden. Lachen, Rufen und Schreien sind jedoch Ausdruck der Spielintensität; wenn sie immer wieder unterdrückt werden müssen, wenn alle lauten und bewegten Spiele von den Eltern oft gegen ihren eigenen Willen verboten werden müssen, so kann das einer spontanen Spielaktivität keineswegs zugute kommen.

Spielräume oder Spielplätze gibt es nur in den allerwenigsten Wohnblocks. Öffentliche Spielplätze sind, vor allem in den Großstädten, selten. Oft sind sie viel zu weit vom Wohnplatz entfernt, die Kinder können noch nicht allein durch den Verkehr, die Mütter haben selten Zeit, sie zu begleiten und am Spielplatz auf sie zu warten. Auch sind die Spielplätze nur selten ausreichend für jüngere Kinder ausgestattet. Eine Kletterstange auf Betonboden läßt noch nicht unbedingt Spielatmosphäre aufkommen.

Wenn Kinder ihre spontane Bewegungsfreude und ihre Einfälle weder zu Hause noch auf Spielplätzen umsetzen dürfen, wenn alle Ansätze dazu schon bei den Kleinen „wegerzogen" werden müssen, kann sich die Reaktion darauf in entgegengesetzten Verhaltensweisen äußern: Die Kinder kommen teilweise bewegungsgehemmt, scheu und ohne Aktivität in den Kindergarten oder in die Schule, bei den anderen entlädt sich der angestaute Bewegungsdrang in einer kaum zu zügelnden Motorik. Diese Kinder können sich dann weder in eine Gemeinschaft einfügen noch Spielregeln befolgen.

In den einzelnen Staaten wird auf dieses Bewegungsbedürfnis der Kinder im Lehrplan der Kindergärten, Vor- und Grundschulen mit unterschiedlichem Verständnis und Aufgeschlossenheit eingegangen. Es wird von Spiel, Rhythmik, Turnen und Gymnastik, Creative Dance gesprochen. Alles steht unter dem Oberbegriff „Leibeserziehung". Die Lehrpläne geben nur selten genaue Anweisungen bezüglich der Auswahl des Unterrichtsmaterials. Vor allem die Hinweise auf die tänzerische Bewegungserziehung sind meist sehr kurz und beschränken sich auf das Anführen einiger Lieder und Spiele, die als Reigen ausgeführt werden können. Später kommen im besten Fall Aufzüge und Volkstänze hinzu. In der überwiegenden Zahl handelt es sich hier um Beispiele von Spielen und Tänzen, die die Kinder Schritt für Schritt lernen sollen.

Um eine schöpferische Ausdrucksform des Kindes mit den Mitteln der Bewegung handelt es sich dabei nur selten. Kaum finden sich in den Lehrplänen Hinweise und Anregungen, wie eigenständige Lösungen und Gestaltungen der Kinder erreicht werden können, oft wird nicht einmal die Möglichkeit einer solchen Unterrichtsweise erwähnt. Obwohl Psychologen und Pädagogen seit langem auf die Gefahren aufmerksam machen, die ein ausschließlich auf Imitation begründetes Lernen mit sich bringt, sieht die Praxis häufig ganz anders aus. Ein Bewegungsunterricht, an dem Lehrer und Schüler schöpferisch beteiligt sind, ist sehr selten.

In der schulischen Erziehung der deutschsprachigen Länder spielt die Tanzerziehung im Vergleich zu England und Amerika eine recht geringe Rolle. An vielen Schulen wird sie entweder überhaupt nicht berücksichtigt, oder sie bildet den immer zu kurz kommenden Teil der Leibeserziehung. Mehrere Gründe können die Ursache dieser Vernachlässigung sein:

1. Immer noch ist die Meinung verbreitet, Tanzerziehung sei Luxus und damit eine außerschulische Angelegenheit.

Die frühe Bewegungserfahrung und -übung muß in der Schule gefördert werden, denn andernorts ergibt sich kaum die Gelegenheit dazu. Es sei denn, besonders aufmerksame und vermögende Eltern geben ihren Kindern eine außerschulische Erziehung auf diesem Gebiet. Die Förderung der Begabung darf jedoch nicht vom sozialen Stand der Eltern noch auch von ihrem nicht immer vorhandenen pädagogisch-künstlerischen Verständnis und Interesse abhängen. So wie jedes Kind die Chance und das Recht hat, in seiner Grundausbildung die sogenannten Kulturtechniken zu erlernen, so muß ihm auch die Möglichkeit gegeben werden, die Kräfte seiner Phantasie, sein Ausdrucksbedürfnis und seine Gestaltungsfähigkeiten in den Fächern Musik, Malen, Werken und Tanzen zu bilden. Die Bewegung ist wie Sprache, Musik, Form und Farbe ein Ausdrucksmedium. Sein Instrument, der Körper, bedarf wie jedes andere Instrument der Bildung und Übung.

Eine Vernachlässigung dieser Erziehungsaufgabe bewirkt Gehemmtheit, Ausdrucksschwäche, Bewegungsscheu und alle damit verbundenen psychischen und körperlichen Schädigungen und Konflikte. An den Jugendlichen kann man im übrigen relativ häufig beobachten, wie sich angestautes Bewegungsbedürfnis auswirkt.

2. Nur selten fühlen sich Lehrer befähigt, Tanz- und Bewegungsunterricht zu geben und lehnen ihn aus diesem Grund ab.

Da nur an wenigen pädagogischen Hochschulen im deutschsprachigen Raum Tanzerziehung unterrichtet wird, ist es keineswegs verwunderlich, daß junge Lehrer weder mit den Aufgaben und Zielen dieses Gebietes noch mit seiner Methodik vertraut sind. An allen Lehrerausbildungsstätten, welchen Namen sie auch in den einzelnen Ländern und Staaten haben, müßte die Tanzerziehung wesentlich ausführlicher und von Fachdozenten gelehrt werden. Sie sollte innerhalb des großen Gebietes der Leibeserziehung stehen und weitgehend mit einer musikalischen Bildung verbunden werden, d. h. Musikdozenten müßten in Zusammenarbeit mit den Tanzdozenten Fächer wie Bewegungsbegleitung übernehmen.

3. Sehr häufig wird argumentiert, daß der Sportunterricht dem Bewegungsdrang genügend Raum gebe und die Bewegungsschulung angemessen berücksichtige — Tanzerziehung sei also überflüssig.

Auch in Fachkreisen ist man sich trotz der beispielhaften Arbeit einiger Autoren noch immer nicht genügend darüber im klaren, daß die Leibeserziehung auch den künstlerischen Aspekt beinhalten muß. Es kann nicht nur die Aufgabe dieses umfangreichen Erziehungsbereiches sein, für sportliche Höchstleistungen zu sorgen und Nachwuchs für Wettkämpfe heranzubilden. Es geht mindestens ebenso sehr darum, die kindliche Phantasie und Gestaltungsfähigkeit zur Entfaltung zu bringen. Tanzerziehung mit Kindern und Jugendlichen muß sowohl unter dem Aspekt körperlicher wie auch ästhetisch-künstlerischer Erziehung gesehen werden, sie fördert nicht nur die Entwicklung und Leistung des einzelnen, sondern bildet auch eine hervorragende Hilfe zur Kommunikation.

4. In der Praxis wird die Vernachlässigung der Tanz- und Bewegungserziehung von Lehrern und Schulleitern mit dem Mangel an Räumen, Instrumenten, didaktisch-methodischer Literatur und dem Desinteresse der Kinder begründet. Gewiß, es gibt sehr wenig deutschsprachige Fachliteratur auf diesem Gebiet, aber auch aus der vorhandenen bzw. aus der fremdsprachigen (überwiegend englischen) Literatur können wesentliche Anregungen genommen werden. Die fehlende Ausbildung wurde bereits besprochen. Musikinstrumente sind in den meisten Schulen vorhanden, es fehlen aber die Lehrer, die sinngemäß damit umgehen können. Desinteresse der Kinder ist meist das Resultat der negativen Einstellung des Lehrers oder der Eltern und kann, solange sie noch keinen Unterricht dieser Art erfahren haben, nur als übernommenes Vorurteil gewertet werden. Und wie in allen anderen Gebieten hängt auch hier das Interesse, das Kinder einem Fach entgegenbringen, weitgehend von den Fähigkeiten des Lehrers ab, eben dieses Interesse zu erwecken. Über die Schwierigkeiten der Organisation wird später noch zu sprechen sein.

Abschließend wollen wir darauf hinweisen, daß man sich über Zielsetzungen, Organisation und Ausbildungsformen in diesem Fach an den Ländern orientieren sollte, die uns in der Entwicklung voraus sind.

Bildungsinhalte der Tanzerziehung in Kindergarten, Vor- und Grundschule

Tanzerziehung gehört auch zum Bereich der ästhetischen Erziehung. Sie ist bestrebt, die physischen, affektiven und intellektuellen Fähigkeiten des Kindes durch die Bewegung zum Ausdruck und zur Entfaltung zu bringen.

Zu ihren Zielen gehört deshalb:
a) die Erziehung durch Bewegung und Tanz
b) die Hinführung und Vorbereitung auf eine schöpferische und künstlerische Form des Tanzes, also die Erziehung zum Tanz.

Diese beiden Aufgaben sind eng miteinander verbunden: a) bildet die Basis, auf der b) breit angelegt für alle Kinder weitergeführt oder für spezielle Begabungen in gesonderten Kursen (Tanzgruppen als Arbeitsgemeinschaften, außerschulischer Tanzunterricht, Fachschulen) intensiviert werden kann.

Die durch die Bewegung gewonnenen Erfahrungen wirken sich primär auf die allgemeine Entwicklung der kindlichen Persönlichkeit aus und sind erst in ihrer weiteren Intensivierung und Ausprägung „fachspezifische" Bildungsinhalte.

Im folgenden sollen Bildungsinhalte der Tanzerziehung in ihrer allgemeinen und speziellen Aufgabe kurz skizziert werden:

Die Erfahrung der Bewegungsmöglichkeiten des eigenen Körpers

Geraume Zeit körperlicher Entwicklung ist notwendig, bis sich das Kind bewußt wird, daß sein Körper aus einzelnen Teilen besteht und bis es schließlich lernt, diese willkürlich und differenziert zu bewegen. Die körperliche Sensibilität und Beherrschung in der Bewegungsausführung nimmt von Stufe zu Stufe zu, ebenso die Erkenntnis der zahllosen Variationsmöglichkeiten, die abhängig sind von funktionellen Gegebenheiten und unterschiedlicher Ausführung im Räumlich-Zeitlich-Dynamischen entsprechend der Bewegungsmotivation. Die Bewegungsbildung muß Aufgaben bringen, die das Kind einerseits neue, unbekannte Bewegungen finden und erproben läßt, die andererseits ermöglichen, Erfahrenes weiterzuüben und zu jeweils neuer und variierter Anwendung verfügbar zu machen.

Koordination

Die Schulung der Koordination macht einen wichtigen Teil der Bewegungsbildung aus. Die Zusammenarbeit einzelner Teile des Körpers muß in häufiger Übung geschult werden, sie ist um so schwieriger, je mehr sich die Bewegung beispielsweise der Arme von der der Beine unterscheidet (z. B. durch anderes Tempo und andere Rhythmisierung, durch entgegengesetzte Richtung, Unterschied im Fluß oder in der Betonung der Bewegung). Zudem muß auch die Koordination von Musik und Bewegung oder von Bewegungsausführungen zu zweit oder zu mehreren beobachtet und geübt werden.

Orientierung und Raumgefühl

Mit zunehmendem Körpergefühl wird die Stellung des Körpers im Raum und seine Beziehung zu anderen Objekten deutlicher. Das Kind lernt Entfernungen abzuschätzen, seinen Weg auf den anderen einzustellen, Hindernissen auszuweichen, Raumrichtungen zu unterscheiden, verschiedene Gruppierungen zu erkennen. Es macht die Erfahrung, daß sich der ganze Körper oder Teile desselben in verschiedenen Richtungen und Ebenen des Raumes bewegen können, es übt sich darin, das Ausmaß seiner Bewegungen den räumlichen Gegebenheiten anzupassen. Es vermag sich schließlich im leeren oder mit Menschen gefüllten Raum und innerhalb verschiedener Aufstellungen zu orientieren. Dabei kann die Ausrichtung auf eine bestimmte Seite des Raumes oder auf einen Partner erfolgen oder unterbleiben. Die wachsende Sicherheit auf diesen Gebieten wirkt sich sowohl in der Alltagsbewegung als auch im Tanzunterricht aus.

Hilfe für bewegungsgehemmte und übermotorische Kinder

In jeder Klasse gibt es Kinder, die durch ihre übermotorische Unruhe oder durch Bewegungsscheu und Gehemmtheit auffallen. Der Lehrer sollte versuchen, festzustellen, ob dieses Verhalten aus der Erregbarkeit oder Labilität eines entwicklungsbedingten Umbruchs kommt oder ob eine Krankheitsursache vorhanden ist. Im letzten Falle könnte das betroffene Kind nach ärztlichem Rat eventuell durch die „psychomotorische Übungsbehandlung"[2] von H. Hünnekens und E. Kiphard eine spezielle Förderung[3] erfahren.

Bei den übermotorischen oder bewegungsenthemmten Kindern führt eine von außen kommende Disziplin zu einem Scheinergebnis. Solche Kinder haben ein sehr starkes Bedürfnis nach Bewegung, dem man weitgehend entgegenkommen muß. Sie müssen aber lernen, sich der Gemeinschaft einzuordnen, andere Kinder und den Unterricht nicht über Gebühr zu beeinträchtigen. Ihre Motorik müssen sie allmählich zügeln und die Notwendigkeit dieser Beherrschung verstehen lernen; ihre eigene Einsicht, ihr eigener Wille und nicht das äußere Muß, der Zwang des Lehrers, soll sie zu diesem veränderten Verhalten bringen.

2 Hünnekens, H. und Kiphard, E.: Untersuchungen und Betrachtungen zur Individualmotorik von Schulkindern. In: Gesundheitsfürsorge 5/1963
3 Hünnekens, H. und Kiphard, E.: Bewegung heilt, Flöttmann, Gütersloh 1966

Das andere Extrem sind bewegungsmäßig stark gehemmte Kinder. Sofern diese Hemmung nicht in besonderem Maße psychisch oder physisch bedingt ist (die Entscheidung darüber sollte beim Facharzt liegen), können besondere Zuwendung des Lehrers und individuelle Aufgabenstellung helfen. Häufige kleine Erfolgserlebnisse regen zu intensiverem Mittun an. Überforderung und Mißerfolge sind besonders entmutigend und dadurch gefährlich.

Sinnesschulung

In der Tanzerziehung geht es darum, diejenigen Sinne anzuregen, die mittelbar oder unmittelbar mit der Bewegung selbst (dem Körper) zu tun haben und mit der Ausführung von Bewegungen (in einem bestimmten Raum, in Beziehung zu anderen Kindern, zu einer eventuell vorhandenen Begleitung, im Zusammenhang mit der Einbeziehung von Objekten und anderen Hilfsmitteln).
Die anzusprechenden Sinne sind:
kinetischer Sinn
Gleichgewichtssinn
visueller Sinn
akustischer Sinn
taktiler Sinn
Kinetischer Sinn: Er gibt Auskunft über den Spannungszustand von Muskeln und Sehnen und orientiert über Gelenkstellungen. Mitunter wird er auch als Muskel- oder Lagesinn bezeichnet. Bei der Bewußtwerdung dieser Wahrnehmungen geht es darum, fühlen zu lernen, ob der Körper oder einzelne Teile gespannt oder locker sind und in welcher Stellung oder Lage sie sich befinden. Für jede sichere und später auch bewußt eingesetzte Bewegung ist die Kontrolle dieser Wahrnehmung von Bedeutung.
Gleichgewichtssinn: Der statoakustische Apparat im Ohr ist sowohl Sitz des Gehörs als auch des Gleichgewichtssinns. In der Bewegungserziehung ist vor allem das Empfinden von Richtungen und Richtungswechsel und die Wahrnehmung von Geschwindigkeiten zu intensivieren.
Visueller Sinn: Das Auge läßt uns den Raum erkennen, in dem wir uns bewegen. Es hilft uns den Partner oder die Gruppen zu finden, denen wir uns beim Tanz zuwenden wollen oder vermittelt uns optische Anregungen, die zu einer Inspiration tänzerischer Art werden können. Das Auge ermöglicht uns, den Tanz anderer zu beobachten, Linien und Formen zu erkennen und zu verfolgen.
Einfache Aufgaben der Bewegungsschulung werden mehr und mehr differenziert (Wer bewegt sich, wohin? Welcher Teil des Körpers bewegt sich? — Ist die ausgeführte Bewegung symmetrisch oder nicht, ist sie langsam oder wird sie beschleunigt? ...). Ziel ist, die Ausführung einer Bewegung in ihrer räumlichen, zeitlichen und dynamischen Formung genau zu verstehen. Diese Fähigkeit ist eine notwendige Voraussetzung für jede Bewegungsbegleitung. Eine andere Aufgabe besteht in der Beobachtung und im Erkennen von fehlerhaften Ausführungen.

Akustischer Sinn: Hier geht es um die Anfänge der Hörerziehung, um das Hinhören auf die vielfältigen Geräusche um uns, die unterschieden und benannt werden sollen. Tonhöhe, Tondauer, Tonstärke und Klangfarben werden festgestellt, selbst produziert und bezeichnet. Einfache rhythmische und melodische »Bausteine« sollen erkannt und wiedergegeben werden. Einstimmige Melodien aber auch einfache Formen der Mehrstimmigkeit sollen eingeführt werden. Relative Solmisation und Taktsprache erleichtern die Arbeit. Die weitere Ausbildung des Gehörs wird dann vom Musikfachmann übernommen.

Taktiler Sinn: Die Berührung mit dem Boden oder anderen Teilen des Umraumes, mit Geräten und Objekten, mit dem Partner oder mit dem eigenen Körper sollen in ihren unterschiedlichen Intensitätsgraden erfahren werden. Die Oberfläche und die Form, die Temperatur und die Konsistenz können gefühlt werden. Druck und Gegendruck, Beschaffenheit und Gestalt sollen im Tasten und Fühlen erkannt und nach der Rezeption in der eigenen Wiedergabe gestaltet werden.

Konzentration

Von Eltern und Schule wird immer häufiger über mangelnde Konzentrationsfähigkeit der Kinder geklagt. Diese Schwäche ist nur zu gut zu verstehen, wenn man sich die vielfältigen und oft gegensätzlichen Eindrücke vor Augen hält, denen die Kinder tagtäglich ausgesetzt sind. Unkonzentriertheit ist meist nicht Zeichen mangelnden Interesses, sondern beruht auf den störenden Nachwirkungen zu vieler unverarbeiteter Eindrücke. Die intensive Beschäftigung über längere Zeit mit ein und demselben Thema muß geübt werden. Es gibt in der Bewegungserziehung und im Zusammenhang mit der Musik Aufgabenstellungen, die immer wieder leichte Veränderungen bringen, so daß die Kinder scheinbar neuen Problemen gegenüberstehen, dabei aber doch am gleichen Thema weiterarbeiten. Höhepunkte der Konzentration müssen kurz und von Entspannungspausen unterbrochen sein. Die Aufmerksamkeit kann sich sowohl auf die eigene Körperbeherrschung und Geschicklichkeit beziehen als auch auf die unerwartete Reaktion eines Partners, auf das Entgegenkommen eines Balles, auf verschiedene Qualitäten der musikalischen Begleitung (Tondauer oder -höhe, Lautstärke, formale Struktur, Wiedererkennen eines Motivs). Ruhe im Raum vermeidet unnötige Ablenkung. Es erweist sich als sinnvoll, die Aufgaben zu einem natürlichen Ende kommen zu lassen, sie nicht abrupt zu unterbrechen (z. B. Nachzeichnen eines Raumweges, den ein Partner geht; Ausklingen der Bewegung gemeinsam mit dem Verklingen der Musik; Beobachten einer immer kleiner werdenden Bewegung, die zur Ruhe kommt, ruhiges Abwarten, bis jeder seine Aufgabe zu Ende gebracht hat).

Gedächtnis

Das Gedächtnis ist weitgehend von verschiedenen Sinneseindrücken abhängig. In der Tanzerziehung wird vor allem das motorische, das akustische und das visuelle Gedächtnis geschult. Erst die Speicherung der einzelnen Faktoren und ihrer Reihenfolge, aus denen ein selbstentworfener oder ein gemeinsam erarbeiteter Tanz besteht, ermöglicht die Wiederholung der Bewegungen und ihre Übertragbarkeit auf andere. Die Erinnerung an Bewegungsfolgen und damit ihre Wiederholbarkeit wird unterstützt: durch Verbindung mit Musik, durch ein jedem immanentes Zeitgefühl, durch bestimmte räumliche Anordnungen und durch das während der Bewegung entstandene Körpergefühl. Die Leistung des Gedächtnisses ist schulbar, anders kann nicht erklärt werden, wie Tänzer sich auch komplizierte Abläufe verschiedenster Tänze und Tanzrollen merken können. Sowohl in der Musik als auch in der Sprache und im Tanz bedient man sich zur Unterstützung des Gedächtnisses einer entsprechenden Notation. Die verschiedenen Arten der Tanzschrift (Laban-Kinetographie, Benesh-Notation) erweisen sich für Kinder und Laien im allgemeinen als zu kompliziert. Einfache Symbole können bei ihnen an die Stelle von schwierigen Schriftzeichen treten, Skizzen helfen, sich an Aufstellungen, Raumwege und einzelne Figuren zu erinnern.

Reaktion

Jede Bewegung, die als Antwort auf einen inneren oder äußeren Reiz erfolgt, ist als Reaktion zu verstehen. In der Tanz- und Bewegungserziehung werden vorwiegend Reaktionen auf akustische, visuelle, seltener auch auf taktile Zeichen geübt. Dabei soll die Bedeutung des Zeichens erkannt und in eine der jeweiligen Aufgabe entsprechende mehr oder weniger persönliche Bewegungsantwort umgesetzt werden. Übungen dieser Art schulen die Konzentration und Aufmerksamkeit, sie stellen eine Assoziation zwischen dem Zeichen und dessen Bedeutung her und erfordern eine schnelle Entscheidung, wie darauf zu antworten ist. Ihr Wert liegt aber nicht in der schnellstmöglichen Reaktion auf ein gleichbleibendes Signal, sondern in der Anpassung an immer neue Situationen, die ein bestimmtes Verhalten erfordern.

Soziales Verhalten

Die Bewegungserziehung bietet besonders zahlreiche und günstige Gelegenheiten, soziales Verhalten zu entwickeln. Bei vielen Aufgaben, die die Kinder zu gleicher Zeit, aber unabhängig von den anderen, ausprobieren, müssen sie lernen, andere nicht zu behindern und zu stören, trotzdem aber Raum für ihre eigene Übung zu finden. In Partner- oder Gruppenaufgaben hängt eine gemeinsame Lösung weitgehend davon ab, wie sehr in der Bewegung, im Spiel mit Geräten oder Instrumenten aufeinander geachtet wird, wie weit man auf die Fähigkeiten des anderen eingeht und sich ihnen anpaßt. Erst recht in der Führung von Gruppen muß der Leiter die Aufgabe so zu lösen versuchen, daß jedes Gruppenmitglied Zeit und Platz hat, ihm zu folgen. In der Arbeit an kleinen gemeinsamen Gestaltungen soll jedem Kind die Möglichkeit geboten werden, seine Vorschläge vorzubringen, es muß sich im gegebenen Fall aber auch der im Augenblick als günstiger erkannten Idee eines anderen unterordnen lernen. Je selbständiger die Kinder miteinander zu arbeiten lernen, um so eher wird der Lehrer bei solchen Aufgaben nur eine beratende Funktion auszuüben brauchen.

Kommunikation

Heute wird als Grund für die Vereinsamung vieler Menschen Kontaktmangel und Kommunikationsschwäche angegeben. Auch in der Schule erschweren Hemmungen, Ängstlichkeit oder Mißtrauen die Kontaktaufnahme. Wir wissen noch nicht, wie sich die zukünftige Schule mit variabler Leistungsgruppenbildung, mit der isolierenden Arbeit an Lernmaschinen und anderen neuen Arbeitsformen auf die Kommunikationsfähigkeit von Kindern und Jugendlichen auswirkt.
Gemeinsames Tanzen ist seit frühesten Zeiten ein hervorragendes Mittel zur Bildung von Gemeinschaften (die Tanz- und Kulturgeschichte bringt dazu zahllose Beispiele). Daß solches Tanzen nicht erzwungen, sondern freiwillig stattfinden muß, versteht sich von selbst und spricht für die Einrichtung von Arbeitsgemeinschaften. Unterschiedliche Wirkungen gehen vom Tanzen miteinander aus. Bei der gemeinsamen Ausführung tradierter Tänze überwiegt die Freude am gemeinsamen Tun, das Gemeinschaftsgefühl. Bei der Erarbeitung neu zu gestaltender Tanzformen lernen auch die Mitwirkenden sowohl die Schwierigkeiten gemeinsamen Produzierens als auch die Überwindung solcher Probleme kennen. Beide Erfahrungen sind kommunikationsfördernd.

Kreativität

Darunter wird auf Grund der neueren Forschung eine schöpferische Auseinandersetzung mit der Umwelt verstanden. Die Kinder sollen dazu angeregt und darin bestärkt werden, Probleme selbst zu erkennen und sie auf individuelle und für sie selbst immer neue Weise zu lösen. Spontane Einfälle zu bestimmten Aufgaben können durch Betonung verschiedener Aspekte zu einer Vielzahl von Lösungen und Antworten führen. Das divergente Denken, das standardisierte Formen und Beispiele nicht kritiklos übernimmt und keine „einzig richtigen" Lösungen anstrebt, sondern im Gegenteil neue, noch unerprobte Möglichkeiten wagt und eine Vielzahl von richtigen, der Aufgabe entsprechenden Antworten hervorbringt, sollte nicht nur auf künstlerischen, sondern auf allen Gebieten gefördert werden. Bei Berücksichtigung und Unterstützung der Kreativität verschiebt sich auch die Auffassung von „Leistung", die nicht mehr einseitig nach einem konformen Schema gemessen werden kann, bei der vielmehr Originalität und schöpferisches Denken und Tun als wesentliche Faktoren besonders anerkannt werden müssen.

Differenzierung und Individualisierung

Aus den Bemerkungen zur Kreativität geht bereits deutlich hervor, daß nicht die Ausrichtung auf eine (meist vom Lehrer bevorzugte Richtung) angestrebt werden darf, sondern daß jedes Kind seine ihm entsprechende Ausdrucksform in der Bewegung finden soll. Hilfen dabei bedeuten die vielfältigen Aufgaben, die individuell gelöst oder aber von den Kindern sich selbst und anderen gestellt werden können; bei ihrer Lösung erreicht jedes Kind den Grad von Differenzierung, den es entwicklungsmäßig gerade erreicht hat. Die Notwendigkeit solcher Arbeitsweisen kann allerdings nicht bedeuten, daß der Unterricht nur noch aus diesen Elementen besteht. Auch Einordnung und gleichzeitiges Arbeiten an einem gemeinsamen Thema entwickeln im Kind wichtige Fähigkeiten.

Begriffsbildung und sprachliche Förderung

Jedes Spezialgebiet hat im allgemeinen ein eigenes Vokabular, dessen Kenntnis nötig ist, wenn man sich über gewisse Fakten verständigen will. In der Tanzerziehung mit vier- bis zehnjährigen Kindern handelt es sich jedoch keineswegs um die Vermittlung einer Tanzterminologie, sondern um das gegenständliche, körperhafte „Begreifen" und Erfahren von Begriffen der allgemeinen Sprache und von solchen Ausdrücken, die sich auf Musik, Bewegung, Raum und Zeit beziehen. Hinzu kommen differenzierende Bezeichnungen, die einzelne Bewegungen charakterisieren. Wesentlich ist, daß vor der Begriffsklärung die Erfahrung der Wortbedeutung durch eigenes Tun steht. Einige Beispiele sollen das verdeutlichen:
gemeinsam — einzeln, miteinander — gegeneinander, zusammen — auseinander, gleichzeitig — nacheinander;
oben, unten, vorne, rückwärts, rechts, links, unter, auf, neben, über, durch, gegen, hoch, tief;
rund, kurvig, gerade, winklig, eckig;
Kreis, Bogen, Reihe, Gruppe, Paar, Kette;
laut, leise, schwer, leicht, betont, kräftig;
Gehen, Schreiten, Spazieren, Schlendern, Schlurfen, Hinken, Eilen, Laufen, Schwanken, Ziehen, Drücken, Schlagen, Stoßen, Tupfen, Gleiten, Schweben, Fließen, Pressen.

Kritikfähigkeit und Stilempfinden

Diese beiden Bereiche bedeuten schwierige Aufgaben für den Lehrer. Subjektive Begriffe wie „schön" oder „häßlich" werden oft unsachlich gebraucht und führen zu unkritischen Fixierungen an traditionelle Normen. Trotzdem sollen die Kinder lernen, eine Bewegung oder einen Tanz zu beurteilen, und zwar nach möglichst objektiven Faktoren. Die einzelnen Faktoren einer solchen Beurteilung müssen den Kindern aus ihren eigenen Versuchen bekannt sein. Lehrer und Klasse sollten gemeinsam Maßstäbe der Beobachtung und Kritik erarbeiten. Dazu gehören:

Einfallsreichtum, Sicherheit in der Ausführung, Eingehen auf die Musik oder den verwendeten Text, räumliche oder zeitliche Präzision, lebendige Dynamik, Anpassung an Partner oder Gruppe.

Nicht allein schon subjektive Eindrücke, sondern ihre begründende Klärung machen den Wert von Beurteilung und Kritik aus. Vorschläge zur Verbesserung sollten von den Kindern selbst gemacht werden. Eine Schulung der eigenen und der fremden Bewegung ist Grundlage solcher Wertung, die im übrigen sehr vorsichtig einsetzen muß und niemals eine gezeigte Lösung einfach als gut oder schlecht abtun darf. In der Besprechung sind diejenigen Faktoren hervorzuheben, die der Aufgabe entsprachen, außerdem ist die Art und Weise zu diskutieren, in der die Aufgabe ausgeführt wurde. Spätestens in der dritten und vierten Klasse sind die Kinder zu der dazu erforderlichen genauen Beobachtung und zu klaren Argumenten fähig.

Sobald neben den eigenen Gestaltungen oder solchen, die in Zusammenarbeit von Lehrer und Gruppe entstanden sind, auch Tänze verschiedener Epochen getanzt werden, können stilistische Merkmale der Musik, der Tanzschritte, der Fassungen und Bewegungsausführungen besprochen werden. Daraus erwächst allmählich Erkennen von stilistischen Eigenheiten verschiedener Epochen. Mit dieser Aufgabe beginnt man schon in der Grundstufe, um eine geeignete Grundlage für die intensivere Beschäftigung in der Sekundarstufe zu haben.

Zweiter Teil
Hinweise zur Unterrichtsgestaltung

Organisationsfragen

Das Interesse am Unterricht wird um so größer und das Ergebnis um so besser sein, je mehr sich die Kinder von Inhalt und Gestaltungsart angesprochen fühlen. Die Auswahl des gesamten Materiales und der einzelnen Beispiele muß jeweils auf die einzelne Klasse abgestimmt sein und ist von verschiedenen Faktoren abhängig. Nähere Ausführungen dazu sind der Übersicht zur Stoffverteilung vorangestellt.

Die räumlichen und zeitlichen Schwierigkeiten und die Probleme der Ausstattung sind in Kindergarten und Schule sehr ähnlich. Eine generelle Lösung kann nicht vorgeschlagen werden, vielleicht vermögen jedoch einige Anregungen zur individuellen Lösung beizutragen.

Unterrichtszeit

Im Kindergarten ist es empfehlenswert, den Tanz- und Bewegungsunterricht in Verbindung mit dem Musikunterricht so in das Tagesprogramm einzubauen, daß die Kinder täglich für kurze Zeit (einmal 20 bis 25 Minuten oder zweimal 10 bis 15 Minuten) mit diesen Dingen beschäftigt werden. Eventuell kann man die Gruppe teilen, so daß die eine sich bewegt, während die andere spielt oder malt. Auch in der ersten und zweiten Klasse der Grundschule sollten täglich etwa 20 bis 30 Minuten gearbeitet werden. Das so erreichte Resultat ist wesentlich besser, als wenn ein- oder zweimal wöchentlich längere Zeit unterrichtet wird. In der dritten und vierten Klasse kann man den Unterricht auf eine Stunde erhöhen, zwei Stunden wöchentlich (eventuell in Verbindung mit Musik und Leibeserziehung) sind zu empfehlen.

Unterrichtsraum

Ein häufiges Argument gegen die Tanz- und Bewegungserziehung ist die Raumknappheit der meisten Schulen oder deren ungünstige Raumanlage und Bauweise. Trotzdem sollte dies kein unüberwindliches Hindernis sein. Turnsaal, Gymnastikraum, Pausenzimmer, Aula oder ein größeres, für den Unterricht teilweise auszuräumendes Klassenzimmer könnten benutzt werden. Steht dem Lehrer nicht regelmäßig ein bestimmter Raum zur Verfügung, so ist es angebracht, das Thema der Stunde dem Unterrichtsraum anzupassen.

Viele Aufgaben lassen sich, wenn auch nicht ideal, im Klassenraum ausführen. Tische und Stühle werden an die Wand gestellt. Solche Stunden sollten, wenn möglich, am Anfang oder am Ende des Unterrichts liegen, so daß nur ein „Umbau" mit den Kindern nötig ist, der in die Unterrichtszeit fällt. Im Laufe der Zeit wird man die günstigste Lösung für das Beiseiteräumen des Mobiliars finden. Jedes Kind bekommt seine Aufgabe, die leise und schnelle Lösung wird zu einer Art Wettkampf. Steht ein größerer und für die Bewegung geeigneter Raum zur Verfügung, so wird man die Stunde nützen, um Raumaufgaben zu stellen und solche Tanzformen zu lernen oder zu wiederholen, die Platz benötigen. Kann man aus Organisationsgründen nur in einem kleinen Raum arbeiten, so sind Themen wie Bewegungsbegleitung, Sinnesschulung, Koordinationsübungen und dergleichen günstiger.

Der Arbeitsraum sollte im Idealfall einen Holzschwingboden haben, der sauber und splitterfrei ist. Schädigend für Füße und Wirbelsäule sind Stein- und Zementböden. Die Temperatur sollte etwas niedriger sein als im Klassenzimmer, in dem sitzend und ohne Bewegung gearbeitet wird. Ausreichende Belüftung ist erforderlich. Wird in einem Raum gearbeitet, der sonst zu anderen Zwecken verwendet wird, so müssen alle gefährlichen und Platz beanspruchenden Gegenstände entfernt werden.

Bei Neubauten von Schulen, wie sie heute glücklicherweise doch einigermaßen zahlreich errichtet werden, sollten die Lehrer für Musik, Tanz und szenisches Spiel durch möglichst präzise Vorschläge zur Anlage und Ausstattung des von ihnen benützten Raums mithelfen, unzweckmäßige Lösungen zu vermeiden und günstige Arbeitsbedingungen zu schaffen.

Kleidung

Im allgemeinen ist eine einfache, leicht waschbare Kleidung (Gymnastiktrikot) zu empfehlen. Im Turn- und Gymnastiksaal mit Holzboden sind auch Turn- oder Gymnastikschuhe unnötig. Wird jedoch im Klassenzimmer gearbeitet oder ist die körperliche Tätigkeit nicht sehr intensiv oder lange andauernd, so genügt für solche Stunden eine bequeme, nicht einengende und nicht zu warme Schulkleidung und weiche Schuhe (nicht Straßenschuhe, auch keine Hausschuhe, in denen der Fuß wenig oder keinen Halt findet).

Es ist verständlich, wenn der Lehrer, um Zeit zu sparen und weil ihm für die entsprechende Stunde kein günstiger Raum zur Verfügung steht, in manchen Stunden auf das Umkleiden der Kinder verzichtet, doch muß sich die Bewegung auch danach richten. Die Übungen dürfen nicht so anstrengend sein, daß die Kinder mit naßgeschwitzten Kleidern in der nächsten Stunde dasitzen; andererseits sollte die Bewegung auch nicht aus Angst vor intensiverer Tätigkeit zu gering gehalten werden. Das Nichtumziehen sollte eine Ausnahme für solche Tage bilden, an denen man im Klassenzimmer Tanz- und Bewegungsunterricht gibt.

Gruppeneinteilung

Es ist jedem Pädagogen bekannt, daß eine zu große Gruppe jeden individuellen Unterricht unmöglich macht, und gerade um einen solchen muß es sich in der Tanzerziehung handeln. Eine Idealzahl für Tanz- und Musikgruppen sind 20 bis 25 Kinder in der Grundschule und etwa 15 im Kindergarten. Die wirkliche Situation in den Schulen ist jedoch ganz anders, manche Klassen umfassen die doppelte Schülerzahl.
Unbestreitbar ist die von unzähligen Lehrern gewonnene Erfahrung, die von Wissenschaftlern nachdrücklich bestätigt wird, daß sich die Überfüllung unserer Klassen im Verhalten und in der Leistung der Kinder bedenklich auswirkt. Für den Lehrer, der nach akzeptablen Zwischenlösungen sucht, seien einige — allerdings keine idealen — Vorschläge gebracht.
1. Die Teilung der Klasse ist eine — wenn auch nicht ganz unkomplizierte — Möglichkeit. Wird zumindest ein Fach von einem anderen Lehrer unterrichtet, so ist es vielleicht möglich, die Klassen in zwei Gruppen zu teilen. Der Unterricht wird also in zwei verschiedenen Fächern von zwei Lehrern in zwei Räumen gegeben. Es erscheint besser, einmal wöchentlich konzentriert zu arbeiten als zweimal einen sinnlosen Massenunterricht durchzuführen. Eventuell könnte auch halbstündig gewechselt werden, Voraussetzung ist natürlich, daß zwei Räume zur Verfügung stehen.
2. Kann der Unterricht so gelegt werden, daß die Tanz- und Bewegungsstunde entweder als erste oder als letzte Stunde des Tages gehalten wird, so könnte einmal die eine Gruppe zum Unterricht kommen — die andere hätte unterdessen frei — an einem anderen Tag wechseln die Gruppen.
3. Nachmittagsunterricht in Form von Arbeitsgemeinschaften ist eine weitere Möglichkeit für eine Gruppe von besonders interessierten Kindern. Der große Nachteil liegt allerdings darin, daß dabei wieder nicht jedes Kind, sondern nur die besonders begabten und interessierten Kinder beteiligt werden.

Musikinstrumente

Für den Unterricht sollte ein elementares Instrumentarium vorhanden sein, mit vielerlei kleinem Schlagwerk (Klangstäbe, Handtrommeln, Schellentrommeln, Rasseln, Cymbeln, Becken, Triangeln, Kastagnetten, Holzblocktrommeln, Schellenbänder), dazu Stabspiele (Glockenspiele, Xylophone, Metallophone), große Trommeln und Pauken, eventuell auch Baßinstrumente und Flöten.
Der Beschaffung eines Instrumentariums steht an den meisten Schulen nichts im Wege, allerdings findet sich oft niemand, der mit dem teuren Instrumentarium umgehen kann. Kann der Lehrer auf dem Klavier zur Bewegung improvisieren, so ist auch ein Klavier im Unterrichtsraum wünschenswert.
Andere, von einzelnen Kindern erlernte Instrumente, können von Zeit zu Zeit in den Unterricht mitgebracht und eingebaut werden.

Geräte und technische Apparate

Verschiedene Geräte sind mitunter zur Verdeutlichung bei einzelnen Aufgaben nötig. Dazu gehören die „klassischen" gymnastischen Handgeräte wie Ball (Gymnastikball, aber auch kleine, z. B. Tennisbälle oder sehr große, leichte, aufzublasende Plastikbälle oder schwere Medizinbälle), Seile, Reifen und Stäbe. Reifen und Stäbe sollten in genügender Anzahl für eine Gruppe und am besten in zwei Größen vorhanden sein, je nachdem, ob sie von kleineren oder größeren Kindern benutzt werden. Die genauen Maße sind Katalogen aus Sportgeschäften zu entnehmen.

Zu den bekannten Geräten kommen noch Tücher, Luftballons, Sandsäckchen und Hocker, ebenso große Papierbögen, Filzstifte oder Tafelkreide. Alle diese Geräte sollen in geeigneten Schränken aufbewahrt werden können. Die Kinder selbst übernehmen nach einiger Zeit die Verantwortung für das Ein- und Ausräumen der Geräte und Instrumente.

Außerdem werden für den Tanzunterricht hin und wieder Plattenspieler und Tonbandgeräte benutzt. Auch sollte die Möglichkeit bestehen, Filme und Dias vorzuführen.

Klassenlehrer – Fachlehrer – Teamarbeit

Die Schulsituation im deutschsprachigen Raum ist so unterschiedlich, daß nicht festgelegt ist, wer den Tanzunterricht gibt. Im Idealfall sind es sowohl tänzerisch-bewegungsmäßig wie musikalisch ausgebildete Kindergärtnerinnen bzw. Klassenlehrer. Sind jedoch die entsprechenden Fähigkeiten und die Vorbildung des Klassenlehrers zu gering, so ist es besser, daß eine speziell geschulte Fachkraft den Unterricht erteilt. In diesem Fall ist eine intensive Verständigung mit dem Klassenlehrer erforderlich, damit der Tanz- und Bewegungslehrer auch die besonderen Möglichkeiten dieses Unterrichtes z. B. in bezug auf die Verhaltensweisen und die Lernfähigkeit des einzelnen Kindes voll nutzen kann.

Auf jeden Fall ist auch eine intensive Zusammenarbeit der einzelnen Fachlehrer wünschenswert, vor allem für die Bereiche, in denen sich die Fächer überschneiden. Der Musiklehrer verfügt z. B. über ein größeres Repertoire an Liedern und Musikstücken, der Tanz- und Bewegungslehrer kann Hilfen geben für Gebiete, die wesentlich mit Bewegung zu tun haben, z. B. Dirigieren, entspannte Atmung beim Singen, richtige Bewegung beim Instrumentalspiel.

Teamarbeit ist auch in bezug auf eine gemeinsame Gestaltungsaufgabe für eine Aufführung angebracht (im Zusammenwirken von Musik, Tanz und Kunsterziehung). Teamarbeit kann zwar durch gegensätzliche Auffassung oder persönliche Probleme sehr erschwert werden. Wo sie jedoch durchführbar ist, gewinnt jeder Mitarbeiter. Viele Umwege bleiben erspart, manches Experiment, zu dem einer alleine nicht den Mut hätte, wird gewagt.

Arbeitsweisen im Unterricht
(kreativ - imitativ)

In der Literatur zur Tanz- und auch zur Bewegungserziehung lassen sich zwei gegensätzliche Lehrmeinungen unterscheiden: Die eine propagiert das imitative Aufnehmen und Aneignen, die andere sucht die kreative Auseinandersetzung. Wir wollen sie im folgenden kurz kennzeichnen.

Imitatives Aufnehmen und Aneignen

Eine technisch ausgefeilte Übung wird vom Lehrer oder einem fortgeschrittenen Schüler vorgemacht und von der Klasse so oft mit Korrekturen durch den Lehrer wiederholt, bis der Bewegungsvorgang vom größten Teil der Kinder beherrscht wird. Diese, oft auch „Lernschulmethode" genannte Arbeitsweise, vermittelt eine objektive Technik. Durch die unterschiedliche Begabung und Konzentrationsfähigkeit der einzelnen Kinder wird der Lernvorgang bei den einen schneller, bei den anderen langsamer vor sich gehen, das heißt, eine Gruppe wird zumeist unterfordert, eine andere, schwächer begabte, überfordert. Auf die individuelle Anlage des einzelnen kann dabei nicht eingegangen werden. Phantasie und Ausdrucksfähigkeit der Kinder werden kaum angesprochen.
Das Erlernen bestimmter, meist rein äußerlich nachvollzogener Bewegungsabläufe und Tanzschritte steht dabei im Vordergrund und wird häufig zum Selbstzweck. Dabei werden nur zu oft die Erfordernisse der Kindgemäßheit, Anschaulichkeit, Spontaneität, Individualisierung und andere Grundgedanken moderner Pädagogik außer acht gelassen. Wo ein äußeres Resultat für den Lehrenden (und seine Vorgesetzten) wichtiger ist als die Entwicklung der individuellen kindlichen Anlagen (nicht nur der Imitation), geht er an seiner eigentlichen erzieherischen Aufgabe vorbei.

Kreative Arbeitsweise

Das zu erarbeitende Material wird vom Lehrer gegliedert und in verschiedene Arbeitsetappen eingeteilt. Aus den einzelnen Stufen werden den Kindern nach ihren Möglichkeiten entsprechende Aufgaben gestellt, durch deren Lösung sie technische Fertigkeiten sowie räumliche, dynamische und rhythmische Erfahrungen gewinnen.

Durch die Art der Aufgabenstellung kann das Hauptgewicht einmal auf rhythmische Varianten, dann auf Partnerarbeit, musikalische Begleitung, räumliche Experimente, technische Schwierigkeiten, Gruppierungen und Fassungen gelenkt werden. Einzelne Aufgaben werden von den Kindern individuell gelöst, andere werden in verschieden großen Gruppen ausprobiert. Entscheidend ist dabei, daß den Kindern kein nachzuahmendes Vorbild gezeigt wird, sondern daß sie aus eigenen Versuchen und Vorstellungen zu einer Lösung kommen müssen. Zunehmende Erfahrung, Anregung durch die Lösung anderer und durch gelungene Aufgaben gesteigertes Selbstvertrauen werden zu immer besseren Ergebnissen führen. Sobald eine gewisse Grunderfahrung vorhanden ist, können auch die Kinder selbst Anregungen zu Aufgaben geben.

Schwierigkeiten und Gefahren ergeben sich auch bei dieser, der „Arbeitsschulmethode" verwandten Arbeitsweise. Sie erfordert eine viel differenziertere Beobachtung der Kinder durch den Lehrer. Nicht mehr die Klasse ist sein Partner, sondern jedes einzelne Kind. Um bei der kreativen Arbeitsweise zu einem „Resultat" zu kommen, braucht es im allgemeinen mehr Zeit als bei der imitativen. Doch kann man durch die individuelle Aufgabenstellung jede Begabung so fördern, daß die durch Unter- oder Überforderung entstehenden Zeitverluste besser genutzt werden können.

Eine andere Gefahr mag auch darin liegen, daß jedes Kind auf seine ihm entsprechende Bewegungsart fixiert wird. Bei guter Beobachtung und ausgleichender Aufgabenstellung läßt sich das jedoch vermeiden. Selbstverständlich wird der Bewegungsstil jedes einzelnen Kindes ziemlich ausgeprägt sein, doch handelt es sich dabei immerhin um seinen persönlichen Bewegungscharakter und nicht um den von allen imitierten des Lehrers.

Verbindung beider Arbeitsweisen

Aufgabe der Tanzerziehung ist es nicht nur, technisches Material und fixierte Tänze beizubringen oder im Gegensatz dazu die Kinder als eine Art Beschäftigungstherapie spielen zu lassen, vielmehr ist es wichtig, daß die Kinder lernen, sich tänzerisch auszudrücken und zu bewegen. Diese Fähigkeit wird sich in kleinen Improvisationen, in Gruppentänzen elementaren oder folkloristischen Charakters, in der tänzerischen Darstellung von Märchen oder anderen kleinen Szenen entwickeln. Bei den Jugendlichen kommen zeitgenössische oder historische Gesellschaftstänze, abstrakte oder dramatische Tanzthemen hinzu. Die Verbindung mit dem „Schulspiel" läßt sich häufig herstellen.

Um diese Ziele zu erreichen, ist es notwendig, primär die Spontaneität der Bewegung zu erhalten, die Phantasie und den Experimentierwillen anzuregen. Nur so kommen die Kinder zu eigenen Ergebnissen, die Imitation des Lehrers wird weitgehend vermieden. Dieser Weg wird am sinnvollsten durch individuell ausgerichtete Aufgabenstellungen begonnen. Zuspruch und Anerkennung, auch bei den einfachsten Aufgaben, sind wichtig, sie geben Selbstvertrauen und ermutigen zu neuen und schwierigeren Aufgaben. Die Kinder lernen nicht nur durch die Überwindung ihrer eigenen Schwierigkeiten, sondern auch durch Beobachtung der anderen. Darum sollten öfters verschiedene Lösungen von einzelnen oder Gruppen vorgemacht werden. Aus der Beobachtung ergibt sich dann eine kleine Besprechung.

Andererseits sollten die Kinder einer Klasse oder eine Gruppe nach einer angemessenen Zeitspanne möglichst auch eine gemeinsame, objektive Grundtechnik erworben haben. Gerade die Acht- bis Zehnjährigen zeigen günstigste psychische und physische Bedingungen zu einer wohldosierten, intensiven Arbeit an Grundformen der Bewegung, an Varianten und Verbindungen. Auch hier wird sowohl mit eigenen Versuchen als auch mit Vormachen gearbeitet. Im Anschluß an die Beobachtung und den Vergleich von Einzellösungen (nicht vor dem zweiten Schuljahr) können Elemente herausgegriffen und geübt werden, oder Beispiele, die die Kinder selbst als gelungen bezeichnen, werden von allen in der gesehenen Ausführung probiert. Bei Korrekturen oder nicht ausgeschöpften Möglichkeiten sollte der Lehrer selbst durch sein Beispiel helfen und anregen.

Kreative und imitative Arbeitsweise schließen einander nicht völlig aus im Unterricht, doch sollte genau erwogen werden, welche Inhalte und Ziele auf welchem Weg am besten erreicht werden können.

Gegenüberstellung der Arbeitsweisen

Genormte Bewegungsausführung objektive Technik.

Durch gleiche Aufgabenstellung für verschieden Begabte entsteht oft Über- oder Unterforderung.

Unterordnung, Anpassung, »Befehlsausführung«.

Isoliertes Lernen mit Wettbewerbscharakter.

Beobachtungsfähigkeit, Imitation und Präzision werden entwickelt.

Gefahr der äußerlichen Imitation ohne Eigenerfahrung.

Leistung im Vordergrund.

Zeitsparend - ökonomisch - objektiv.

Normale Disziplinschwierigkeiten bei gleichzeitiger und uniformer Ausführung.

Lehrerorientiert durch Ansage, Kontrolle und Beurteilung.

Konvergentes Denken wird gefördert. »Autokratischer Führungsstil«.

Individuelle Bewegungsfindung und -ausführung, subjektive Technik.

Individuelle Aufgabenstellung ermöglicht subjektives Lerntempo und optimale Förderung des einzelnen.

Selbständigkeit, Verantwortlichkeit und Kooperationsbereitschaft.

Partner- und gruppenbezogenes Tun (positives Sozialverhalten).

Kommunikation, Phantasie und kreatives Verhalten werden angeregt.

Gefahr der äußeren Formlosigkeit und ausschließlicher Subjektivierung.

Erfahrungsprozeß im Vordergrund.

Subjektive Resultate — mehr Zeit.

Größere Schwierigkeiten durch mehr Freiheit in zeitlicher und räumlicher Bewegungsausführung.

Lehrer tritt zurück in die Rolle des Ansagers und Helfers.

Divergentes Denken wird gefördert. »Demokratischer Führungsstil«.

Mögliche Schritte eines Lernprozesses

Für einen bewußten Lernprozeß beim Tanzen lassen sich in Anlehnung an die neuere Lernpsychologie aufbauende Lernschritte beschreiben, die den Prozeß der Verarbeitung eines Themas demonstrieren. Im einzelnen aber müssen diese Schritte je nach Alter der Schüler und Themeninhalt der Situation angepaßt werden, d. h. mit Schwerpunkten versehen.

1. Motivation: Auf der ersten Stufe soll ein Themenvorschlag der Kinder aufgegriffen bzw. Interesse für ein vom Lehrer gewähltes Thema geweckt werden. Nach einer Einstimmung wird die Problemstellung genauer definiert.

2. Experiment — erste Aktionsphase: Hier soll den Kindern Gelegenheit gegeben werden, das Problem von verschiedenen Seiten aus anzugehen und eigene Erfahrungen dazu zu sammeln, evtl. auch die des eigenen Noch-Nicht-Könnens. Dabei vollzieht sich eine individuelle Auseinandersetzung, die subjektive Erkenntnisse vermittelt.

3. Auswahl — erste Reflexionsphase: Das Erprobte wird überprüft, indem die unterschiedlichen Realisierungsmöglichkeiten gezeigt, besprochen und unter dem Blickwinkel sondiert werden, inwieweit sie der ursprünglichen Aufgabenstellung am besten entsprechen. Mit den geeignetsten Vorschlägen wird ein Plan für die technische und gestalterische Lösung des Themas entworfen. Dabei müssen Schwierigkeiten einzelner Schüler, die während der 2. Phase sichtbar wurden, durch konkrete Hilfen des Lehrers aufgefangen werden.

4. Ausarbeitung — zweite Aktionsphase: Realisierung und Präzisierung der Einfälle und der im Experiment angedeuteten Lösungen gehören hierher. Der Schwerpunkt der Ausarbeitung kann sowohl im Bereich der Technik als auch im Bereich der Gestaltung liegen.

5. Resultat — kombinierte Aktions- und Reflexionsphase: Die erarbeiteten Lösungen der einzelnen und der Gruppen können verglichen werden. Bei mehreren Lösungen zu einer Aufgabe sind Unterschiede und Gemeinsamkeiten festzustellen. Vorschläge zur Verbesserung, Fortsetzung oder Variation können eingebracht werden. Neue Erfahrungen sind — soweit von den Kindern verbalisierbar — zu formulieren und neue Begriffe noch einmal zu definieren. Verbindungen zu schon bekannten Themen kann man herausstellen und freie Assoziationen zum Thema anregen.

Es ist zu hoffen, daß Erfahrungen sowohl im Bereich der Gestaltung als auch in der Kooperation mit anderen so intensiv aufgenommen werden, daß sie in vergleichbaren Situationen in verändertem Verhalten wirksam werden. Etwas Ähnliches gilt für die technischen Fertigkeiten. Doch ist hier in stärkerem Maße Wiederholung und Übung notwendig, um sie verfügbar zu machen.

Verbindung mit anderen Fachgebieten

In einem früheren Abschnitt wurde versucht, die Verbindung von Tanz, Bewegung, Musik und Sprache aufzuzeigen. Daraus ging hervor, daß die einzelnen Gebiete sich gegenseitig durchdringen und beeinflussen. Dieser fächerübergreifende Aspekt soll in einigen Möglichkeiten kurz skizziert werden.

Musik

Der Unterricht in den beiden Gebieten Musik und Tanz bzw. Bewegungserziehung soll sich weitgehend durchdringen. Im Orff-Schulwerk und in der Rhythmik finden wir eine Grundkonzeption, die Bewegung und Musik für die elementare Erziehung als untrennbar ansieht. Im Schulwerk und in anderen, meist auf diesem aufbauenden Beispielsammlungen findet sich eine Fülle von Modellen, darüber hinaus auch ein methodischer Weg für die elementare Musik- und Bewegungserziehung.

Die Elemente der Musik und des Tanzes sind nahe miteinander verwandt: Tempo, Rhythmus, Dynamik, verschiedene Metren und elementare Formen lassen sich von beiden Seiten erarbeiten. Anfänge der musikalischen Notation (Vornotation) und das Dirigieren, oder etwa weniger anspruchsvoll das Taktieren, können im Bewegungsunterricht vorbereitet werden. Darüber hinaus ist es möglich, verschiedene Stilbereiche, z. B. Folklore und höfische Kunst, in ihrer tänzerischen und musikalischen Entsprechung darzustellen. Diese Aufgabe sollte durchaus mit neun- bis zehnjährigen Kindern begonnen werden, damit die Hauptbeschäftigung mit solchen Problemen in der Sekundarstufe darauf aufbauen kann. Lieder und Instrumentalstücke von stark motorischem Charakter regen zu bewegungsmäßiger Darstellung an. Umgekehrt geben tänzerische Formen, Bewegungsverbindungen oder kleine Motive Ideen und Anregungen für musikalische Improvisation. Bewegungsbegleitung, durch die Kinder selbst ausgeführt, fördert dynamisches, rhythmisches und formales Empfinden. Sowohl zu Übungs- als auch zu fixierten kleinen Tanzformen kann eine eigene Musik von den Kindern mit Hilfe des Lehrers entworfen und gespielt werden.

In den nachfolgenden Kapiteln wird an Hand einer Reihe von Beispielen die praktische Anwendung des oben dargestellten erläutert. Die musikalische Erarbeitung des jeweiligen Phänomens ist in diesen Beispielen so weit berücksichtigt, wie sie in diesem Rahmen von Bedeutung ist.

Sprache — Literatur

Reime, Sprüche, Verse und Lieder gehören von jeher zu Kindertänzen und Spiel. Oft ist der Inhalt, wenn er beschreibend oder dramatisierend ist, häufig aber auch der Sprachklang oder Rhythmus anregend für die tänzerische Verwendung. Freilich muß die Auswahl nach besonderen Gesichtspunkten getroffen werden. Für die hier gemeinte Altersstufe bieten sich Auszählreime, Rätsel, Sprüche, Kinderverse, auch Sprichwörter, Märchen und Fabeln an. Abgesehen von der Einbeziehung dieser literarischen Kleinformen kann eine sprachliche Förderung durch den Bewegungsunterricht unterstützt werden. Zu diesem Thema wurde bereits an anderer Stelle (S. 32 f.) einiges ausgeführt.

Zeichnen — Malen — Werken

Linie, Gestalt und Form sind sowohl Begriffe der bildenden Kunst als auch des Tanzes. Je vielseitiger die Erfahrungen sind, die Kinder im Umgang mit beiden Ausdrucksmöglichkeiten gewinnen, um so deutlicher werden sie in kindlichen Gestaltungen zum Ausdruck kommen, um so besser werden später Kunstwerke der Architektur, der Plastik, der Malerei, der Graphik und Ornamentik verstanden.
Bestimmte Aufgabenstellungen regen dazu an, z. B. verschiedene Raumwege zu finden und auszuprobieren. Dabei entstehen allerlei Spirallinien, Mäander, Winkel und Kurven. Diese Formen werden allein, zu Paaren, in kleinen Gruppen, Ketten oder Reihen gegangen oder in anderen Bewegungsarten ausgeführt. Am Boden, in der Luft, an der Tafel oder auf großen Papierbögen können sie mit verschiedenen Materialien gezeichnet werden. Außerdem kann man überlegen, wo einem sonst noch solche Formen begegnen. Beobachtungen werden besprochen, Fotos und Bilder betrachtet und einige der Formen wieder in Bewegung zurückgeführt.
Auch formale Begriffe wie Wiederholung, Kontrast, Gegenbewegung und Variation gehören zur Musik, zum Tanz und zur bildenden Kunst. Sie können durch bewegungsmäßige Darstellung konkret erfahren werden.
Fließende, kontinuierliche Arm- und Handbewegungen, das Zeichnen von melodischen und räumlichen Formen in der Luft und auf dem Boden sind Vorübungen, die sowohl dem Schreiben als auch der musikalischen Notation zugute kommen.
Mit einfachen zeichnerischen Skizzen können die Kinder auch versuchen, kleine Tanzformen festzuhalten. Solche Anfänge der Bewegungsnotation sind möglich, sobald einzelne Symbole verstanden werden. Inhalte von Liedern und getanzten Texten regen zum Zeichnen und Malen, auch zum plastischen Gestalten an. Kostüme und Dekorationen, nicht nur für Aufführungen, sondern auch für die Verwendung im Unterricht, können von den Kindern mit Hilfe des Lehrers entworfen und gestaltet werden.

Dritter Teil
Material zur Tanzerziehung

Erklärungen zur Notation

rechte Hand oder rechtes Bein: Notenhals aufwärts ♩

linke Hand oder linkes Bein: Notenhals abwärts ♩

beide Hände oder beide Beine: Notenhälse auf- und abwärts ♩

unbelastetes Anstellen: eingeklammerte Note (♩) (♩)

Stampfschritt	♩ ♩	Anschlagen der Beine in der Luft	♩ × ♩
		Wechselschritt	W. S.
Absprung	♩ ♩	Wechselsprung	W. Sp.

Front in Bewegungsrichtung – vorwärts ▷ >————————

Rücken in Bewegungsrichtung – rückwärts ◁ >————————

rechte Schulter in Bewegungsrichtung – rechts seitwärts △ >———— oder ▷ ↓

linke Schulter in Bewegungsrichtung – links seitwärts ▽ >———— oder ▷ ↑

fortlaufende Bewegungen in einer Richtung >—— oder >————— >————
  z. B. Gehen   Gehen   Laufen

fortlaufende Bewegungen mit Richtungswechsel >———— ←—— >————

Bewegungen am Platz   a. Pl.

Ganzdrehung

Halbdrehung

Vierteldrehung

Schnalzen	Schna.	Stampfen	Sta.	Schellentrommel	Sch.Tr.
Klatschen	Kla.	Sprechen	Spre.	Sopran Xylophon	S.Xyl.
Patschen	Pa.	Schritte	Schri.	Alt Xylophon	A.Xyl.

49

Vorbereitende Übungen
zu gelöstem Bewegen und Musizieren

Eine freie, gelöste Haltung ist die notwendige Voraussetzung für eine fließende, harmonische Bewegung, ein entspanntes Instrumentalspiel, eine gute Tonerzeugung im Sprechen, Singen und Flöten und für das Dirigieren und Taktieren.
Auch der Lehrer, der keine spezielle Fachausbildung auf dem Gebiet der Bewegung hat, muß einen aufbauenden Bewegungsunterricht geben und Fehlhaltungen erkennen und korrigieren können. Aus diesem Grunde soll hier eine Auswahl an Übungen und Spielformen gegeben werden, die unerläßlich sind, wenn der Unterricht mehr als nur eine Beschäftigung der Kinder sein soll. Zwar brauchen kleine Kinder noch keine spezifische Körperbildung, doch muß dem Lehrer eine Hilfe gegeben werden, wie er Fehlhaltungen bekämpfen und eine gute Haltung fördern kann. Je kleiner die Kinder sind, um so mehr müssen die Übungen Spielcharakter haben.
Einige der hier aufgeführten Beispiele (besonders aus der Gruppe der Lockerungs- und Haltungsübungen) sollten in variierter Form in jeder Stunde kurze Zeit angewendet werden. Die Auswahl des Materials hängt von den Bedürfnissen der Kinder ab.

Spiele und Übungen zur Erwärmung am Stundenanfang

Mit den sogenannten „Erwärmungsübungen" werden mehrere Ziele angestrebt. Einmal soll der erste Bewegungshunger, das spontane Bedürfnis, durch den Raum zu laufen und sich zu tummeln, gestillt werden. Sind auf diese Weise die überschüssigen und aufgespeicherten Kräfte entladen, ist das Interesse und die Konzentration für ein stilleres und differenzierteres Tun bedeutend stärker. Außerdem soll die Muskulatur des Körpers erwärmt werden. Dies geschieht durch Bewegungen, die Atmung und Durchblutung intensivieren. Besonders im Winter und nach langem Sitzen in der Schule ist dies dringend notwendig; denn das Üben mit kalten Muskeln kann zu Verletzungen führen. Bei kleineren Kindern tritt das allerdings seltener auf als bei Jugendlichen und Erwachsenen.

Übungen in der Fortbewegung
— Fangenspielen bewirkt eine rasche Erwärmung der Kinder und macht ihnen besonders Spaß. Folgende Spielregel ist einzuhalten: Weder die Wand noch

ein anderes Kind darf angestoßen werden. Variationsmöglichkeiten: Alle bewegen sich auf allen Vieren (die Hände müssen den Boden berühren, beim Fänger natürlich nur eine).
— Der Lehrer gibt das Bewegungstempo mit der Trommel, die Kinder nehmen es ab. Dabei können z. B. Laufen, Hüpfen und zum Ausruhen Gehen miteinander abwechseln. Das geschieht frei im Raum oder in der Gruppe, wobei der Lehrer möglichst oft ein anderes Kind zum Anführen bestimmt.
— Die Kinder laufen. Auf ein bestimmtes Signal des Lehrers (Ruf, akzentuierter Trommelschlag, Pause in der Begleitung) sammeln sich die Kinder in einer Ecke oder bei der Tafel, bei den Fenstern, in der Mitte des Raumes oder in einem Kreis um den Lehrer. Das angegebene Ziel soll möglichst rasch erreicht werden.
— Die Kinder laufen oder hüpfen. Auf Zuruf des Lehrers soll sich jedes Kind so schnell wie möglich auf den Bauch oder auf den Rücken legen, hinhocken, in Türkensitz, Fersensitz oder Langsitz springen.

Verschiedene Sitzhaltungen: Einseitiger Türkensitz, Grätschsitz, Hocksitz, Fersensitz, Langsitz, Türken- oder Schneidersitz

— Aus dem freien Laufen soll auf Zuruf möglichst rasch ein Kreis, eine Kette, Paare, eine Reihe, ein Doppelkreis gebildet werden. (Hier werden Reaktionsübungen mit Orientierungs- und Raumübungen verbunden.) Hinweise auf Raumaufstellungsmöglichkeiten sind auf S. 69—71.

Übungen am Platz
— Die Kinder stehen gut verteilt im Raum, jedes hat genügend Platz um sich. Sie räkeln sich „weit" und „eng", machen zuerst langsam, dann immer schneller.
— Dasselbe kann auf dem Boden liegend ausgeführt werden. Hierbei kann die Bewegung von der Rückenlage in den Sitz, dann wieder in die Bauch- oder Seitenlage führen.
— Jedes Kind probiert für sich aus, wie sich Hand, Ellbogen, der ganze Arm, die Schultern bewegen lassen. Beugen und Strecken, Ein- und Ausdrehen, Kreisen und Schütteln ist möglich. Man kann die Kinder darauf aufmerksam machen, daß sie sowohl Tempo als auch Krafteinsatz variieren können.

51

Entspannungs- und Lockerungsübungen

Viele Erwachsene und häufig auch schon Kinder sind übermäßig verkrampft und verspannt. Beim Ausführen einer musikalischen oder bewegungsmäßigen Aufgabe kann man beobachten, daß die natürliche Fähigkeit, eine Spannung durch Entspannung aufzulösen, weitgehend nicht mehr vorhanden ist. Viele befinden sich in einer Dauerspannung. Das äußert sich in verspannten Gesichtszügen, hochgezogenen Schultern, verengtem Oberkörper, steifen Armen und Beinen, einem unruhigen und flachen Atem und einem übersteigerten Kraftaufwand auch bei der kleinsten Bewegung. Die Folgen dieser Fehlhaltung sind: vorzeitige Ermüdung, unrhythmische und daher unpräzise Bewegung und ebensolches Musizieren, unsicherer und übertrieben starker Ton im Sprechen, Singen und Flöten, übermäßige Muskelkontraktion, daher unschöne, unharmonische Bewegung. Sehr oft haben Verkrampfungen neben körperlichen auch seelische Gründe. Im Unterricht wird es dem Lehrer nur selten möglich sein, die Ursachen aufzuspüren. Vielleicht ergibt sich aber außerhalb des Unterrichtes die Gelegenheit, mit den Kollegen und mit den Eltern des Kindes zu sprechen und so die Gründe zu erfahren. Durch eine freundliche und ruhige Atmosphäre im Unterricht kann der Lehrer jedoch manches dazutun, um schüchternen und ängstlichen Kindern Hemmungen und Verspannungen zu nehmen.

Lockerungs- und Entspannungsübungen sollen nicht zu lange hintereinander gemacht werden, sie sollten aber vor allem dann eingeschoben werden, wenn Verkrampfungen auftreten. Auf diese Weise werden die Kinder verstehen, warum die Übungen gemacht werden und ihre Wirkung erkennen. Sie sollen an sich selbst spüren und an anderen beobachten lernen, ob eine Bewegung mit zuviel, zuwenig oder mit dem richtigen Aufwand an Kraft ausgeführt wird.

Entspannungsübungen

— Nach anstrengenden Übungen legen sich die Kinder auf den Rücken und schließen die Augen. Dabei reguliert sich der Atem von selbst (1, 2, 3).[4]
— Die Kinder liegen am Boden. Der Lehrer geht von einem zum anderen und hebt einen Arm oder ein Bein etwas in die Höhe und läßt es vorsichtig wieder zu Boden gleiten. Ist noch Spannung vorhanden, so bleiben Arm oder Bein in der Luft „stehen", ist es entspannt, so fällt es der Schwere nachgebend sofort nach unten (1, 2, 3).
— Die Kinder liegen auf dem Bauch. Der Lehrer faßt das Kind um die Taille und hebt es hoch. Oberkörper, Kopf und Extremitäten sollen völlig entspannt herunterhängen. Dieselbe Übung kann auch in der Rückenlage ausgeführt werden (2, 3).
— Aus der verlängerten Grundhaltung (die Arme werden über dem Kopf gehalten) läßt man sich bis in die Hocke zusammenfallen, federt aus und richtet sich langsam wieder auf. Der Atem darf dabei nicht gestaut werden. Als allgemeine

---

[4] Die Zahlen in Klammern bedeuten die im Stoffverteilungsplan angegebenen Stufen, für die die jeweilige Übung gedacht ist.

Regel gilt, daß bei der Entspannung die Ausatmung, beim Aufrichten die Einatmung erfolgt. Das Mitsummen oder Zischen eines Konsonanten (s, pf, w) erleichtert die Kontrolle (3).

— Fallübungen können bei jüngeren Kindern mit verschiedenen Vorstellungshilfen verbunden werden (ein Schneemann schmilzt, ein Baum wird vom Wind umgeworfen). Meistens sind die Kinder so intensiv vom Spiel erfüllt, daß sie sich nicht vor dem Fallen fürchten. Sollte es aber doch so sein, kann man eine Matte als Unterlage verwenden (1, 2, 3).

— Marionettenspiel: Am besten bringt der Lehrer eine Handpuppe oder eine Marionette in den Unterricht mit und zeigt, was beim Nachlassen eines

Totale Entspannung –
Hilfe durch den Lehrer

Marionettenspiel: Partielle, fortschreitende Lösung

53

Fadens mit der Marionette passiert: Der betreffende Körperteil fällt nach unten. Die Kinder versuchen es nun an ihrem eigenen Körper. Dadurch lernen sie spielerisch, einen Körperteil nach dem anderen zu entspannen. Sie sollen die Schwere ihrer Gliedmaßen empfinden. Zuerst fallen die Hände, dann die Arme, der Kopf, der Rumpf, bis schließlich der ganze Körper zu Boden sinkt. (Ängstliche Kinder dürfen es auf der Matte ausprobieren.) (2, 3)

Lockerungsübungen
Aktive Lockerungsübungen sind solche, bei denen ein Körperteil durch selbsttätiges Schütteln, Pendeln oder Schwingen gelockert wird.
- Kopf: Auf die Brust, zur Seite oder in den Nacken fallen lassen. Kreisen des Kopfes in beide Richtungen, nicht zu schnelles Kopfschütteln und Nicken (1, 2, 3).
- Schultern: „Zucken" mit den Schultern, Hochheben und Fallenlassen, Kreisen über vor und zurück, später auch in Gegenbewegung (2, 3).
- Rumpf: Rasches Strecken und Zusammensinken im Wechsel (2, 3). Oberkörper aus dem Sitz oder aus dem Stand (mit gegrätschten Beinen) nach vorn fallen lassen, kleine wellenartige Bewegung durch den Oberkörper, leichtes Nachfedern beim entspannten Hängen (Kopf, Nacken und Arme sind entspannt) (3).
- Hände: Schütteln in allen Richtungen (Handflächen zueinander, zum Gesicht, von sich weg). Vorstellungshilfen: Sich mit nassen Händen anspritzen, die Tropfen von den Fingern schütteln, Klavierspielen in der Luft (1, 2, 3).
- Arme: Sehr lockeres, „schlappes" Klatschen vor, über und hinter sich oder seitlich (1, 2, 3). Auf- und Abfedern der Ellenbogen bei fixierten Händen (diese werden am Anfang von einem anderen Kind gehalten, später werden die Finger locker verschränkt oder die Hände bleiben in der Luft „stehen") (3). Seitliches Pendeln der Arme neben dem Körper (2, 3).
- Beine: Abwechselndes Ausschütteln und Schlenkern der Beine nach vor, seit und rück (1, 2, 3). Pendeln eines Beines von vor nach rück und von außen nach innen (2, 3). Beine aus der Rückenlage in die Senkrechte heben und strampeln und schütteln. Unterschenkel aus derselben Lage nach unten fallen lassen, Knie an die Brust sinken lassen (2, 3).
- Füße: Abwechselndes Schütteln des rechten und linken Fußes im Hocksitz (1, 2, 3), leichtes Aufschlagen mit dem Fußballen auf den Boden (2, 3).
Passive Lockerungsübungen werden am besten im Liegen und mit geschlossenen Augen ausgeführt. Dadurch werden überflüssige Spannungen vermieden und die Passivität unterstützt. Der zu lockernde Körperteil wird selten mit den eigenen Händen, meist mit Hilfe des Lehrers oder des Partners leicht geschüttelt.
- Bauchlage: Ein Kind oder der Lehrer faßt die Beine des liegenden Kindes an den Fesseln und schüttelt sie vorsichtig in alle Richtungen. Die Bein- und Fußmuskulatur wird dadurch intensiv gelockert (1, 2, 3).
- Nun wird das im Knie gebeugte Bein am Knöchel gefaßt und mit kleinen, raschen Bewegungen seitlich hin- und hergeschüttelt. Der Partner kniet dabei

am besten zu Füßen des passiven Kindes. Durch die Übung wird eine Lockerung der Unterschenkelmuskulatur erreicht (2, 3).
— Rückenlage: Fassung am Unterarm, nahe dem Handgelenk, Lockerung der Hände. Fassung an der Mittelhand, Lockern des ganzen Armes bis zu den Schultern (1, 2, 3).
— Fassung an den Fußfesseln, Lockerung der Bein- und Gesäßmuskulatur (1, 2, 3).

Passive Lockerung der Extremitäten —
Partnerhilfe

Beim passiven Lockern ohne fremde Hilfe ist der Erfolg geringer, weil die schüttelnde Hand dabei stark ermüdet.

Spannungsübungen

Spannung und Kraftballung in verschiedenen Graden sind sowohl in der Bewegung als auch in der Musik nötig. Doch dürfen solche Übungen nur mit Vorsicht gemacht werden. Der Lehrer muß erkennen, welches Kind einen geringeren Muskeltonus hat; hier sind Spannungsübungen zweckmäßig. Bei ohnedies ver-

55

spannten Kindern sollen die angeführten Beispiele und ihre Varianten nur selten und wohldosiert verwendet werden.

Bevor man seinen Körper spannen kann, muß man lernen, Kraft richtig einzusetzen. Das geschieht anfänglich am besten gegen einen Widerstand (Wand, Boden oder Partner). Wir beginnen mit einem totalen Krafteinsatz des ganzen Körpers, da dies die stärkste Erfahrung vermittelt, und gehen später dazu über, den Krafteinsatz differenziert auf einzelne Körperteile anzuwenden.

Übungen mit Krafteinsatz
— Ein Kind sitzt am Boden, ein anderes versucht, es aufzuheben (1, 2, 3). (Ziehendes Kind: Kraft; sitzendes Kind: Kraft und Schwere.)
— Zwei Kinder stehen mit dem Rücken zueinander und probieren, ob sie sich gegenseitig wegschieben können; dazu stemmen sie sich sowohl gegen den Boden als auch gegen den Körper des Partners (1, 2, 3).
— Ein Kind steht breitbeinig und gespannt, das andere versucht es umzuziehen (1, 2, 3).
— Auch Tauziehen und ähnliche Übungen gehören in diese Kategorie.
— Später wird man versuchen, den Krafteinsatz zu lokalisieren, indem man das Kind z. B. etwas mit einer Hand ziehen oder mit einem Bein wegdrücken läßt (1, 2, 3).

Ganzkörperliche Spannungsübungen in Spielform
— Ein Kind steht zwischen zwei anderen, es macht sich ganz steif, d. h. es spannt Bein-, Becken-, Rumpf- und Armmuskeln an. Nun wird es von den beiden anderen Kindern ganz leicht und vorsichtig hin- und hergestoßen. Das Spiel ist unter verschiedenen Namen bei Kindern sehr beliebt und verbreitet (3).

Totale Spannung mit Partnerhilfe

— Die Kinder liegen am Boden, steif wie gefällte Bäume. Der Lehrer hebt einen Arm, dann ein Bein, um zu sehen, ob es wirklich steif wie ein Ast ist. Er kann auch den ganzen „Baum" hochheben, indem er das Kind unter den Schultern faßt und aufhebt. Arme, Kopf und Beine dürfen nun nicht herunterfallen, das Becken nicht durchhängen (2, 3). (Gegensatz: S. 52.)

— „Verzaubern — Entzaubern": Wir greifen ein Kinderspiel auf, das uns gute Anregungen für Spannung, aber auch für den Wechsel von Entspannung und Spannung bringt. Es ist unter den Namen „Versteinern" oder „Figurenmachen" bekannt. Ein Kind spielt den Zauberer; wen es berührt, der muß in einer von ihm selbst gewählten Stellung „erstarren" wie eine Statue. Wenn es von einem noch nicht verzauberten Kind „erlöst" wird, darf es die Stellung auflösen und frei im Raum herumlaufen.

Spannungsübung „Verzaubern"

Soweit das Spiel. Es läßt sich für unsere Absicht leicht variieren. Auf ein bestimmtes akustisches Zeichen (Beckenklang, Zauberwort und ähnliches) müssen alle Kinder in ihren Stellungen verharren; meist wählen sie sehr seltsame und groteske Positionen. Der Zauberer geht nun herum und berührt die Statuen leicht, um zu sehen, ob sie wirklich aus Stein sind oder ob sie sich bei jedem kleinen Anstoß bewegen. Das „Entzaubern" (wieder auf ein akustisches Zeichen) kann total oder partiell erfolgen, z. B. dürfen sich zuerst nur die Arme, dann der Kopf, dann die Hände aus der Starre lösen, bis schließlich aus „Statuen" wieder Kinder geworden sind (2, 3).

Partielle Spannungsübungen
Bei den folgenden Übungen ist vom Lehrer sorgfältig darauf zu achten, daß keine Verkrampfungen an anderen Stellen des Körpers (Hals, Gesicht, Hände) entstehen:

— Ein eben noch pendelnder Arm oder ein locker geschütteltes Bein wird gespannt, und zwar entweder in extremer Streckung oder extremer Beugung (2, 3).

— Langsitz: Wechsel von Spannung und Entspannung in den Bein- und Beckenmuskeln. Durch die Anspannung der Bein- und Beckenmuskeln wird der Kör-

per deutlich sichtbar etwas in die Höhe gehoben, bei der Entspannung sinkt er wieder zurück (2, 3).
— Rückenlage: Aus dem Ausschütteln der Arme und Beine (wie ein auf dem Rücken liegender Käfer) wird auf Zuruf plötzlich das eine Bein oder der eine Arm gespannt, ein anderes Mal beide Beine oder Arme, später auch z. B. der linke Arm und das rechte Bein. Dazu muß allerdings die Koordination schon ziemlich geschult sein (3).

Haltungsübungen

Unter Haltung versteht man ein funktionell richtiges Aufgerichtetsein im Stehen, Sitzen und in der Fortbewegung. Zweifellos besteht eine starke Wechselwirkung von innerer und äußerer Haltung des Menschen. Jede innere Bewegung hat ihren Einfluß auf die äußere Haltung, ebenso kann auch die äußere Schulung auf die psychische Haltung einwirken. Durch Erfahrung und Beobachtung lernen die Kinder, wie eine gute und aufrechte Haltung im Stehen aussieht: Ein Gelenk soll über dem anderen aufgebaut sein, d. h. Kniegelenk über dem Fußgelenk, darüber das Hüftgelenk, über dem Beckengürtel der Schultergürtel, Nacken und Kopf hochaufgerichtet, der Scheitel (nicht die Nase) zur Decke.
Mit der Zeit lernen sie, an sich selbst und an anderen Fehler zu beobachten. Der Lehrer selbst soll als Vorbild auf seine eigene Haltung achten und bei den Kindern, wenn es notwendig ist, korrigierend helfen.

Allgemeine Haltungsübungen
— Im Stehen und Gehen: Um das Gefühl für die Aufrichtung zu stärken, verwenden wir reale Gegenstände, die von den Kindern auf dem Kopf getragen werden können (mit Sand gefüllte Säckchen, Handtrommeln, Kleidungsstücke, Bücher). Zuerst wird dieses Tragen im Stehen, dann im Vor- und Rückwärtsgehen versucht, schließlich drehen sich die Kinder oder gehen auf ein Knie nieder. Nur am Anfang dürfen die Hände zu Hilfe genommen werden (1, 2, 3). Dasselbe (ohne Gerät) mit Vorstellungshilfen (z. B. Schreiten mit einer Krone oder einem Krug auf dem Kopf) (1, 2, 3).
— Streckung und Aufrichtung im Sitzen (Lang- oder Türkensitz): Wechsel von Strecken und Zusammensinken (Vorstellungshilfe des nachgelassenen und wieder angezogenen Marionettenfadens). Werden die Arme dabei in Hochhaltung genommen, so wird die Streckung noch intensiviert (2, 3).
— Streckung im Liegen: Rückenlage, Arme in verlängerter Grundhaltung über dem Kopf. Aus dieser Streckung sollen die Kinder nun von der Rücken- in die Bauchlage rollen und umgekehrt, bis sie zuletzt um ihre eigene Achse durch den Raum rollen (1, 2, 3).
— Ein Kind und der Lehrer halten ein Seil knapp über den Köpfen der darunter durchgehenden Kinder (bei kleineren etwas senken, bei größeren anheben). Bei guter Streckung soll das Seil mit dem Kopf erreicht werden können (1, 2, 3).

- Übungen mit dem Stab, dem Ball oder dem zwischen den Händen gespannten Seil geben neue Anregungen. [5]
- Schlängeln am Boden in Rücken- oder Bauchlage erhöht die notwendige Beweglichkeit der Wirbelsäule. Schlängeln um Hindernisse (1, 2).

Die am meisten verbreiteten Haltungsschäden sind Hohlkreuz und Rundrücken. Bei schweren Fällen sollte der Lehrer orthopädisches Turnen empfehlen, da die Kürze der zur Verfügung stehenden Zeit wie auch das Üben in der Gruppe die notwendige individuelle Arbeit mit dem einzelnen Kind nicht genügend zuläßt. Einige Grundübungen für alle Kinder sollen jedoch erwähnt werden. [6]

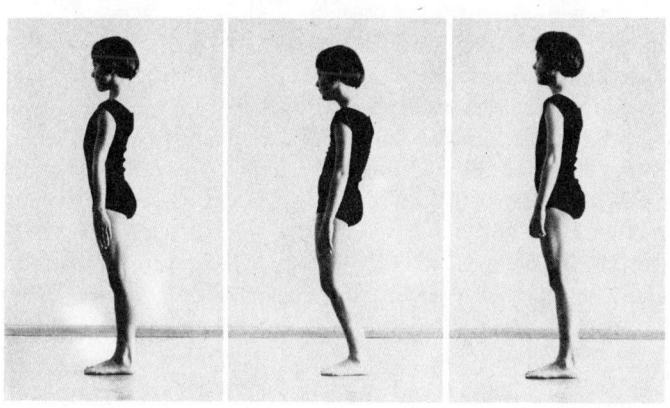

Extreme Haltungsfehler: Überspannung und Hohlkreuz, schlaffe Haltung und Rundrücken, korrekte Haltung

Übungen gegen das Hohlkreuz
Grundsätzlich sind alle Übungen hilfreich, die den Rücken runden, und alle jene gefährlich, die zu starkem Rückbeugen führen:
- Federn in der Hocke, Abrollen nach hinten, wobei die Arme um die Knie geschlungen sind (2, 3).
- Rückenlage: Die Beine sind angezogen, die Sohlen bleiben auf dem Boden, das Kreuz ebenfalls. Die Beine werden langsam gestreckt, aber nur so weit, daß das Kreuz den Boden noch berührt (3).
- Die Kinder stehen an der Wand, die Fersen berühren diese nicht ganz. Andrücken des Kreuzes an die Wand (3).
Variation 1: Einrollen der Wirbelsäule, Kopf auf die Brust, Rundmachen des Oberkörpers, die Kreuzwirbel sollen dabei an die Wand gedrückt bleiben (2, 3).
Variation 2: Die ganze Wirbelsäule wird an die Wand gedrückt, dann rutschen die Kinder an der Wand nach unten bis in die Hocke (2, 3).
Die nächsten beiden Übungen sollen den Kindern den Unterschied zwischen geradem Rücken, Hohlkreuz und gerundetem Rücken verständlich machen:
- Rückenlage: Beine mit gebeugten Knien angezogen. Fußsohlen auf dem Boden. Die Kinder heben das Kreuz so weit hoch, daß die eigene Hand sich zwi-

5 Seybold-Brunnhuber, A.: Üben und Spielen mit dem Seil, Limpert, Frankfurt 1962
  – Üben und Spielen mit dem Ball, Limpert, Frankfurt 1962
6 Kochner, G.: Haltungsschäden und ihre Bekämpfung, Limpert, Frankfurt 1956

schen Boden und Rücken durchschieben kann (wie ein Schiff, das unter einer Brücke durchfährt). Dann wird das Kreuz gegen den Boden gedrückt (die Brücke wird gesenkt, kein Schiff kann durchfahren) (1, 2, 3).
— Vierfüßlerstand: Der Lehrer legt seine Hand auf das Kreuz des Kindes, dieses soll nun die Hand nach oben wegdrücken (die Wirbelsäule rundet sich), langsam läßt es den Rücken in Hohlkreuzhaltung sinken (ohne Druck der unterstützenden Lehrerhand) und drückt anschließend wieder nach oben (2, 3).

Übungen gegen Rundrücken
Hilfreich sind solche Übungen, die zur Streckung und zum Beweglichwerden der Wirbelsäule im Bereich der Brustwirbel führen.
— Vierfüßlerstand: Das Brustbein wird möglichst tief zum Boden gedrückt, Nachfedern, auch Fortbewegung in dieser Stellung (2, 3).
— Kriechübungen in der Bauchlage, mit und ohne Hilfe der Hände (1, 2, 3).
— Bauchlage: Der Oberkörper und die nach vorne gestreckten Arme werden abwechselnd mit den beiden Beinen hochgehoben. Später gleichzeitig. Wippen nach vor und rück (Vorstellungshilfe: Schaukelpferd) (3).
— Partnerübung: Zwei Kinder sitzen Rücken an Rücken, die Arme sind gestreckt über dem Kopf gefaßt, nun versucht jeweils ein Kind, das andere über seinen Rücken zu ziehen, wobei die Wirbelsäule des passiven Kindes nach rückwärts gedehnt wird (3).
— Beugen und Strecken im Türkensitz oder Langsitz, wobei die Arme im Nacken verschränkt werden (3).

Kräftigungsübungen

Wenn im Unterricht manche Bewegungsarten besonders häufig und intensiv angewendet werden, muß der Körper des Kindes zuerst genügend darauf vorbereitet sein, andernfalls entsteht eine Überanstrengung, die Fehlhaltungen und Schäden nach sich ziehen kann. Aus diesem Grund soll hier eine kleine Auswahl an Übungen beschrieben werden, die zur Fuß- und Rumpfkräftigung beitragen können.

Übungen zur Kräftigung der Fuß- und Beinmuskulatur
Gutes Greifen der Zehen, Anpassung an den Boden, weiches Abrollen der Füße und entwickelte Federkraft im Sprunggelenk sind wichtige Voraussetzungen für die Fortbewegung. Solche Übungen sollten ohne Fußbekleidung ausgeführt werden.
— Verschiedene Greifübungen: Kleine Gegenstände mit den Zehen ergreifen (Taschentücher, Stäbe, kleine Kugeln, Schlegel), Papier zerreißen, die ergriffenen Gegenstände aufheben und herumtragen (1, 2, 3).
— Anpassung des Fußes an verschiedene Unterlagen: Gehen auf Rasen, glattem Boden, über Teppiche, Gehen auf einem Seil, wobei sich die Zehen um das Seil legen (1, 2, 3).

– Beweglichmachen der Zehen: Auf- und Abbiegen, Spreizen. Diese Bewegungen können von Händen und Füßen gleichzeitig geübt werden. Soweit im Sitzen oder Stehen gearbeitet wird, muß die Aufrichtung des Rumpfes beachtet werden. Ein freundlicher Blick des Lehrers sollte genügen, um die Kinder daran zu erinnern.
– Beugen und Strecken der Füße ohne Belastung. Kreisen der Füße in beiden Richtungen (2, 3).
– Stehend auf beiden Beinen federn, später abwechselnd auf dem einen und dem anderen Bein. Dabei kann jedesmal von rechts auf links gewechselt werden (2, 3), oder man federt auf jedem Fuß zwei-, drei- oder mehrmals (3).
– Federn in der Hocke ohne Stütze der Hände kräftigt die ganze Beinmuskulatur (1, 2, 3).
– Fersensitz: Auf- und Abfedern. Vorstellungshilfe des Reitens (Kräftigung der Oberschenkel- und Beckenmuskulatur) (2).
– Stand: Federndes Abstoßen des Fußes vom Boden, dabei wird das Knie bis zur Brust hochgezogen, das Standbein bleibt gestreckt (auch seitlich in leichter Ausdrehung zu üben) (3).

Übungen zur Kräftigung der Rumpfmuskulatur
Durch diese Übungen sollen teils die Bauch-, teils die Rückenmuskeln gestärkt werden.
– Wechsel von Lang- und Hocksitz, zuerst in langsamem, dann in schnellerem Tempo. Auch Wechsel von Grätsch- und Hocksitz (2, 3).
– Rückenlage: Die Beine werden gebeugt bis zur Brust hochgezogen, das Kreuz soll den Boden berühren (Handkontrolle: Zwischen Kreuz und Boden darf kein Raum für die Hand sein), langsames Ausstrecken der Beine, jedoch nur so weit, wie das Kreuz am Boden bleiben kann (1, 2, 3).
– Rückenlage (Arme in Verlängerung des Rückens): Schnelles Zusammenziehen in den Hocksitz, Arme um die Knie geschlungen, Kopf auf den Knien. Langsam abrollen. In Seitenlage: Wechsel von Strecken und Zusammenziehen (2, 3).
– Im Stand: Ein Knie wird rasch hochgehoben und mit den Armen umfaßt; schneller Wechsel von einem Bein auf das andere (2, 3).
Die Verwendung von Bällen und Stäben kann ähnliche Übungen variieren und die Aufgaben abwechslungsreicher machen.
– Bauchlage: Hochheben des Rumpfes oder der Beine im Wechsel; auch beides zugleich (3).
– Türkensitz oder Grätschsitz: Den Rumpf rund vorbeugen und nachfedern; den Rücken durchstrecken und nachfedern (3).
– Grätschstand: Der Oberkörper hängt entspannt nach unten, den Rücken erst durchstrecken und dann aufrichten (3).
– Fersensitz: Die Hände fassen die Fersen. Das Becken hochdrücken bis zur Streckung in den Leisten, zum Ausgleich sofort wieder den Rücken runden, dabei berührt die Stirn den Boden, die Hände bleiben an den Fersen (3).

Zwischenübungen während des Instrumentalspiels

Bei längerem Sitzen an den Instrumenten oder konzentriertem Notenschreiben tritt nach einiger Zeit Müdigkeit, Unaufmerksamkeit und Verspannung in den Schultern-, Arm- und Rückenmuskeln ein. Hier helfen zwei Minuten Unterbrechung mit körperlicher und geistiger Entspannung viel mehr als jede Ermahnung. Gähnen und allgemeine Unaufmerksamkeit zeigen ein Nachlassen der Konzentrationsfähigkeit, nicht Interesselosigkeit.

— Schlegel, Bleistifte, Kugelschreiber werden aus den Händen gelegt, nun lassen sich die Kinder ganz entspannt zusammensinken, bis der Oberkörper auf den Oberschenkeln liegt und die Arme zu Boden hängen.

— Die Kinder stehen auf, stellen die Hocker unhörbar etwas nach hinten, so daß die Instrumente außer Gefahr sind. Arme und Hände werden geschüttelt, hochgenommen und locker fallen gelassen, dabei wird im Knie nachgefedert. Mehrmals wiederholen. Beim letzten Mal lassen sich die Kinder bis in die Hocke fallen und federn dort einige Male nach.

— Kniefederungen mit geschlossenen Füßen, die Arme werden um den Körper geschlenkert (genügend Abstand zwischen den Kindern ist notwendig). Die Bewegung soll groß beginnen und langsam kleiner werden.

— Extrem langsames Nicken mit dem Kopf, so daß dieser einmal in den Nacken, dann auf die Brust fällt (auf lockeres Fallen ist zu achten). Ebenso übertrieben langsames Schütteln des Kopfes, so daß das Kinn einmal über die rechte, dann über die linke Schulter kommt. Schließlich schwunghaftes Rollen des Kopfes von einer Seite zur anderen, zuletzt im Kreis herum.

— Die Finger beider Hände werden vor dem Körper ineinander verflochten, die Handinnenseiten zur Decke hochgedrückt, dabei entsteht eine leichte Rückbeuge, der Kopf fällt in den Nacken.

— Nun werden die Finger hinter dem Körper verflochten, die Handaußenseite weit nach rück gezogen, so daß sich die Schulterblätter schließen. Werden die Hände zur Decke gedrückt, so entsteht eine Vorbeuge.

— Zuletzt laufen alle Kinder um ihre eigenen Hocker herum und dann frei im Raum oder als Kette bzw. Gruppe hinter einem Anführer her (ebenso im Hüpfen möglich). Auf ein Zeichen des Lehrers steigen sie rasch und leise auf ihre Hocker (natürlich darf keiner umfallen oder wegrutschen), sie springen dann leise herunter.

Solche oder ähnliche Übungen sollen nicht als „Training" aufgefaßt werden; sie sollen den Kindern Spaß machen. Sie können auch durch frei zu lösende Aufgaben ersetzt werden.

— Die Kinder sollen sich strecken und dehnen und dabei ruhig gähnen, sich ganz plötzlich auf den Boden setzen und Hände und Füße schlenkern und „fliegen" lassen, vom Sitzen zum Liegen und dann wieder zum Stehen kommen und dabei immer einen neuen Übergang von einer Lage in die andere ausprobieren.

— Zuletzt setzen sie sich wieder auf ihre Hocker, schließen die Augen und pendeln mit dem Oberkörper in immer kleiner werdender Bewegung hin und her, bis die Bewegung in der Senkrechten aufhört.

Nun können Instrumentalspiel, rhythmische Übung, Singen oder Schreiben von neuem beginnen; die Müdigkeit ist für einige Zeit verschwunden, die Kinder können sich wieder konzentrieren.

Vorübungen für das Dirigieren

Einfache Lieder und Instrumentalstücke können bald von den Kindern selbst dirigiert werden. Dynamisch-agogische Führung einer Gruppe oder musikalische Interpretation eines Stückes kann von Kindern selbstverständlich noch nicht erwartet werden. Mit Hilfe der einfachen Schlagfiguren, die durch Patschen, Klatschen und Schnalzen vorbereitet werden, lernen sie verschiedene Taktarten (zweiviertel, dreiviertel und vierviertel, später auch fünfviertel oder siebenviertel) darzustellen. Einsatz und Abschluß müssen deutlich vermittelt werden. Wenn ein Kind die Aufgabe des „Dirigenten" übernimmt, wird es zugleich eine gewisse Verantwortung für die Gruppe und das Lied bzw. Instrumentalstück, das es dirigieren möchte, spüren.

Durch die folgenden Übungen soll eine gewisse Sensibilität der Armbewegungen (pointiert gefederte und geführte Bewegungen) erreicht und die Schlagfiguren erarbeitet werden.

— Der Lehrer spielt eine kurze rhythmische Phrase, die mehrmals wiederholt wird (Handtrommel, Klatschen, Klangstäbe). Die Kinder skizzieren die Hauptakzente in die Luft (Vorstellungshilfe: Sie halten Pinsel in den Händen und setzen Farbtupfer in die Luft, möglichst nach allen Richtungen). Dadurch entsteht eine federnde, präzise Handbewegung, eine Notwendigkeit für das spätere Dirigieren, das hier auf spielerisch-imaginative Weise vorgeübt wird. Diese wie die folgende Übung kann vorerst wirklich zum Malen verwendet werden, doch soll die Bewegung später auch ohne Papier und Farben erfolgen.

— Nun bläst der Lehrer auf der Blockflöte eine Legato-Melodie; ist kein Instrument vorhanden, wird die Melodie gesungen. Die Melodiebögen werden von den Kindern in die Luft gemalt, erst mit der einen, dann der anderen und zuletzt mit beiden Händen. Durch dieses Nachzeichnen melodischer Linien soll die fließende Armbewegung erreicht werden.

— Üben der Einsatzbewegung: Diese darf zuerst ruhig übertrieben und grob sein, so, als wollten die Kinder etwas hochnehmen und zu Boden werfen, oder als wollten sie mit der Faust auf den Boden schlagen (Türkensitz). Dabei sollen sie beachten, daß die Aushol-(Auftakt-)Bewegung mit der Einatmung, die Abschlag-Bewegung mit der Ausatmung verbunden sein muß. Der berühmte „Schnaufer" macht ihnen Spaß, und sie vergessen ihn nicht mehr. Die Einatmung darf allerdings nicht langsamer sein als der Abschlag. Ein gutes Vorbild des Lehrers hilft dabei viel. Später wird die Einsatzbewegung kleiner und präziser.

— Zweivierteltakt: Abwechselnd Patschen und Schnalzen, dabei entsteht die Schlagfigur des Zweivierteltaktes. Die Hände federn nach dem Patschen auf den betonten Taktteil von den Oberschenkeln ab und werden zum Schnalzen nach oben geführt (unbetonter Taktteil).

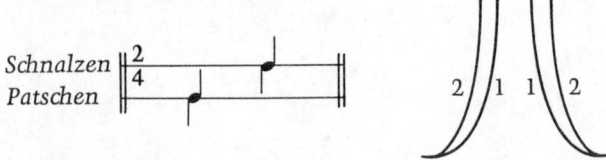

— Dreivierteltakt: Federndes Patschen auf den Oberschenkeln auf eins, nach außen führen und Schnalzen auf zwei, Hochführen und Schnalzen auf drei.

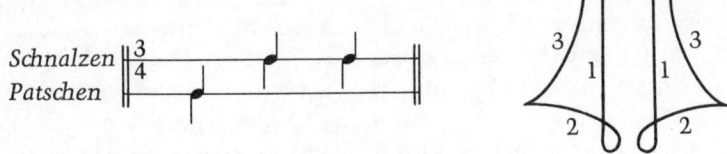

— Viervierteltakt: Der Schwerpunkt wird gepatscht, auf zwei werden die Hände gegeneinander geführt (klatschen), auf drei Hand- und Armbewegung nach außen (schnalzen), auf vier Hochführen der Arme und wieder schnalzen.

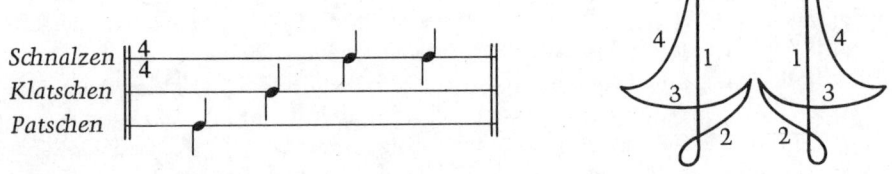

Bei all diesen Übungen muß der Lehrer auf eine lockere Ausführung achten (siehe dazu Lockerungs- und Entspannungsübungen).
Selbstverständlich werden diese Taktierbewegungen nicht abstrakt geübt, sondern jeweils als rhythmische Begleitung in Verbindung mit Liedern, Sprüchen oder Reimen.
— Die Kinder sitzen im Halbkreis und sprechen einen kleinen Vers im Zweivierteltakt, dazu spielen sie die oben beschriebene rhythmische Begleitung mit Klanggesten. Ein Kind sitzt an der Stelle des Lehrers vor der Gruppe, gibt den Einsatz und versucht nach einiger Zeit, die akustischen Akzente wegzulassen, so daß es nun also im Zweivierteltakt dirigiert.
— An einem anderen Text oder einem Lied (diesmal im Dreivierteltakt) wird der Wechsel von hörbarer und unhörbarer Ausführung der Schlagfigur ausprobiert, also einmal mit Verwendung der Klanggesten, einmal ohne.
Sobald die akustischen Akzente weggelassen werden, soll die Bewegung der Arme kleiner werden, jedes „Fuchteln" mit Armen und Händen ist zu vermei-

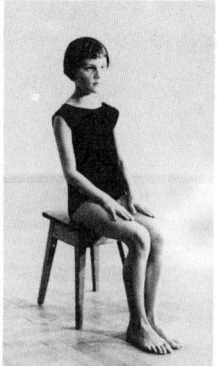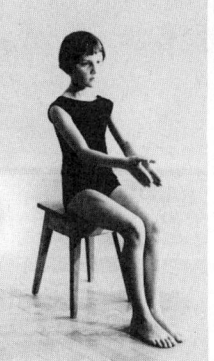

Vorübung zum Dirigieren durch Klanggesten: Viervierteltakt

den. Nach einiger Zeit soll die Dirigierbewegung der Dynamik entsprechend kleiner oder größer, auf jeden Fall aber deutlich und präzis sein.

— Die Kinder stehen sich in zwei Gruppen gegenüber, der Lehrer spielt eine Melodie auf der Flöte. Durch einen Wink zeigt er an, welche Gruppe dazu dirigieren soll. Der Wechsel erfolgt jeweils am Ende einer Phrase. Dabei ist es mitunter zweckmäßig, das Tempo zu verändern (der Wechsel muß allerdings sehr kontinuierlich geschehen), die Kinder versuchen, darauf zu hören und ihre Bewegungen der Geschwindigkeit des Lehrers (oder eines stellvertretenden Kindes) anzupassen.

Sind den Kindern Zweiviertel- und Dreivierteltakt in der Ausführung und in den Akzenten vertraut und klargeworden (das bedeutet nicht unbedingt, daß sie bereits in der Notation sicher sind), so kann man Zweiviertel- und Dreivierteltakt miteinander verbinden.

— Eine Gruppe (eventuell nur Mädchen) spricht einen Vers oder eine Namenreihe im Dreivierteltakt:

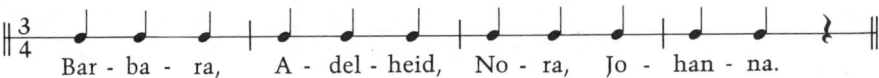

Bar - ba - ra,   A - del - heid,   No - ra,   Jo - han - na.

Dann setzt die zweite Gruppe (nur Knaben oder Kinder mit tiefen Stimmen) mit einer Namenreihe oder einem Vers im Zweivierteltakt ein.

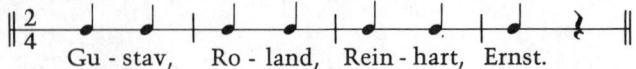

Gu - stav,   Ro - land,   Rein - hart,   Ernst.

Zuerst spricht die jeweilige Gruppe ihren Text zweimal in Verbindung mit den hörbaren Dirigierbewegungen. Hierauf werden die Worte nur noch unhörbar gesprochen und ebenso unhörbar dirigiert.

— Es kann eine Melodie zu den Worten gefunden werden; eine Gruppe singt, die andere dirigiert, später wird gewechselt.

— Der Lehrer spielt eine kurze Melodie im Taktwechsel einige Male vor, die Kinder sollen zuerst dazu klatschen und dann versuchen, dazu zu dirigieren. Dann können zunächst nur der Rhythmus und schließlich auch die Tonhöhen notiert werden.

— Als Aufgabe sollen die Kinder sich zu Hause zwei oder drei Lieder überlegen und sie dirigierend singen. Möglichst soll jedes in einer anderen Taktart sein.

— Ein Kind beginnt eine bekannte Melodie zu singen, die anderen Kinder fallen ein und dirigieren (ebenso umgekehrt). Der Lehrer oder ein Kind dirigiert in einem bestimmten Tempo, z. B. einen Dreivierteltakt. Jedes Kind soll eine bekannte oder auch eine improvisierte Melodie dazu finden.

— Wechsel von „laut" und „leise": Zwei Gruppen sitzen sich gegenüber, ein Lied oder ein Text wird von der ersten Gruppe gesungen oder gesprochen, von der zweiten Gruppe im piano wiederholt. Dazu dirigieren die Kinder entweder in großer, dem forte, oder kleiner, dem piano entsprechender Bewegung.

Nun soll ein Kind den Einsatz geben, je nach seinen Bewegungen singen oder sprechen die Kinder laut oder leise.

Es ist sinnvoll, die Kinder möglichst oft zum Dirigieren vor der Gruppe heranzuziehen. Jedes Lied und jedes Instrumentalstück, das gerade erarbeitet wird, kann bei der Wiederholung von einem anderen Kind der Gruppe dirigiert werden. Das Dirigieren fördert die Selbständigkeit und die Disziplin der Kinder. Sowie ein Kind merkt, wie schwierig es ist, anzufangen, wenn einzelne Kinder unaufmerksam sind, benimmt es sich in der Gruppe viel konzentrierter.

Räumlicher, zeitlicher und dynamischer Aspekt der Bewegungsausführung

Jede Bewegung vollzieht sich im Raum. Sie benötigt eine bestimmte, durch den Rhythmus des Tuns gegliederte Zeit und ist untrennbar verbunden mit der Dynamik, d. h. mit dem Krafteinsatz, durch den die Bewegung entsteht. Raum, Zeit und Dynamik bestimmen also die Art der Bewegung. In einer Übersicht sollen die wichtigsten Varianten solcher Ausführung dargestellt werden. Es ist eine konzentrierte Zusammenfassung, die ihre Anwendung in den zahllosen kleinen Beispielen des täglichen Unterrichts erfährt.

Raum

Bei der räumlichen Beschreibung einer Bewegung sind folgende Aspekte zu unterscheiden:
Richtung: Es gibt 6 Hauptrichtungen: vorwärts — rückwärts, aufwärts — abwärts, rechts — links; Diagonalen (sie haben allerdings für den tänzerischen Anfangsunterricht noch keine große Bedeutung), dazu die Drehungsrichtungen einwärts und auswärts.
Ausmaß: weit — eng, groß — klein, hoch — tief, breit — schmal.
Stellung: Sie wird durch die Position im Raum gekennzeichnet: liegen, sitzen, knien, stehen, hocken.
Ebene: Sie wird durch die Lage des Schwerpunktes bestimmt:
Tief: gebeugte Knie, tiefverlagerter Schwerpunkt.
Mittel: ganze Sohle, Schwerpunkt wie beim normalen Gehen.
Hoch: Ballenstand, gestreckte Beine, hochverlagerter Schwerpunkt.
Blickrichtung: Der Focus (Brennpunkt des Blickwinkels) kann sein:
gleichbleibend in der Bewegungsrichtung;
gleichbleibend in einer der Bewegungsrichtung entgegengesetzten Richtung;
wechselnd zwischen oben und unten, rechts und links usw.
Raumwege: Grundsätzlich sind nur zwei Arten von Raumwegen möglich, geradlinige oder kurvige.

Grundformen geradliniger Raumwege

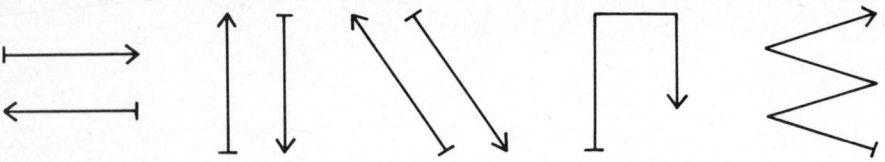

Varianten geradliniger Raumwege (jede Seite kann aus einem oder mehreren Schritten bestehen)

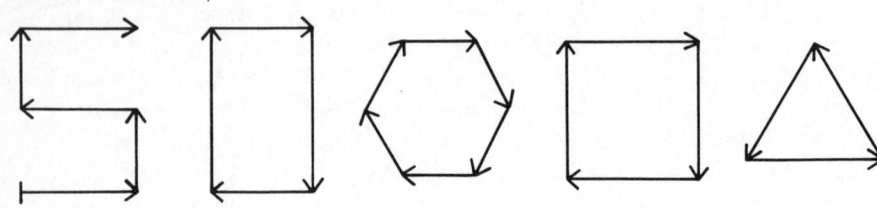

Grundformen kurviger Raumwege

Kreis — Schlange — freie Kurven

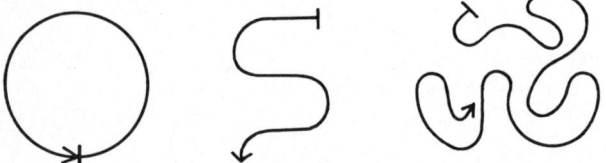

Varianten kurviger Raumwege

Spirale — Acht — verschiedene Formen

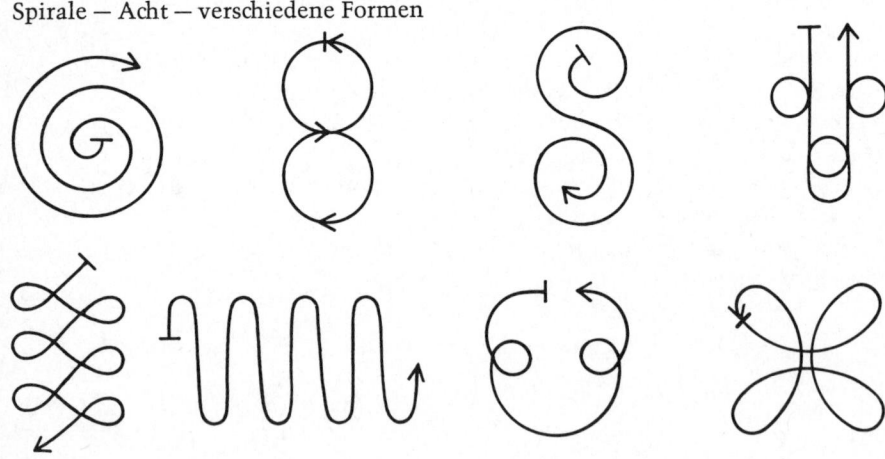

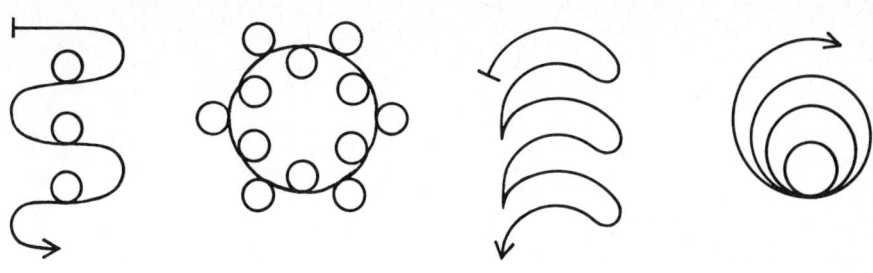

Alle diese Raumwege können von einzelnen, Paaren, Ketten usw. ausgeführt werden. Kurvige und geradlinige Raumwege lassen sich auch kombinieren.

Aufstellungen und Gruppierungsmöglichkeiten:

Geradlinige Grundformen

Kette: Aufstellung hintereinander   Reihe: Aufstellung nebeneinander

◁ ◁ ◁ ◁ ◁ ◁   ▽ ▽ ▽ ▽ ▽ ▽

Varianten geradliniger Grundformen durch verschiedene Raumaufstellungen

Ketten in offener Form

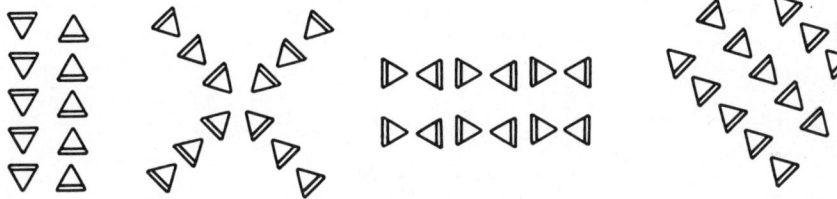

Reihen in offener Form

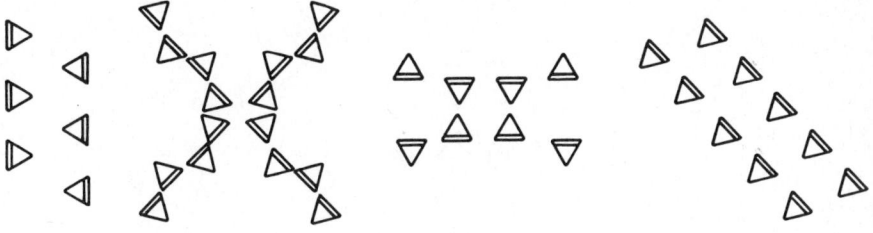

Ketten oder Reihen in geschlossener Form

Kurvige Grundformen

Kreis — Halbkreis oder Bogen

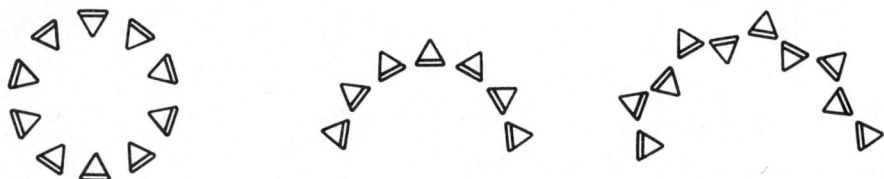

Varianten kurviger Grundformen

Doppelkreis — Doppelhalbkreis — verschiedene Anordnungen von Kreisen und Halbkreisen

Aufstellungen zu zweit

nebeneinander, mit der Front in die gleiche oder in die entgegengesetzte Richtung

gegenüber oder schräg gegenüber

hintereinander oder mit dem Rücken zueinander

Aufstellungen zu dritt

nebeneinander als Reihe   hintereinander als Kette

im Dreieck (mit oder ohne Fassung)

Aufstellungen in der Gruppe

Front nach vorne   -zur Mitte   -nach außen

71

Verschiedene Fassungen: Die einzelnen Aufstellungen sind variabel durch verschiedene Fassungen. Die gebräuchlichsten sollen hier dargestellt werden.

Einhandfassungen

Beidhändige Fassungen

Zeit

Jede Bewegung kann unter verschiedenen zeitlichen Aspekten gesehen werden.

Tempo:
langsam, mittelschnell, schnell
accelerando (sich kontinuierlich steigerndes Tempo)
ritardando (sich kontinuierlich verlangsamendes Tempo)
plötzlicher Wechsel (verdoppeln oder halbieren) des Tempos
rubato (beliebig zu veränderndes Tempo)

Gleichmäßiger oder ungleichmäßiger Bewegungsfluß: Eine Bewegung kann über einen gleichmäßigen Grundschlag (der allerdings nicht unbedingt realisiert werden muß) so ausgeführt werden, daß in gleicher Zeit jeweils der gleiche Raumweg zurückgelegt wird. Der Bewegungsfluß kann jedoch auch ungleichmäßig sein, so daß mehr Zeit für die eine Bewegung, weniger für eine andere verwendet wird.

Gleichmäßiges Gehen   Ungleichmäßiges Gehen

Gleichmäßiges Doppelfedern   Ungleichmäßiges Doppelfedern (Hüpfen)

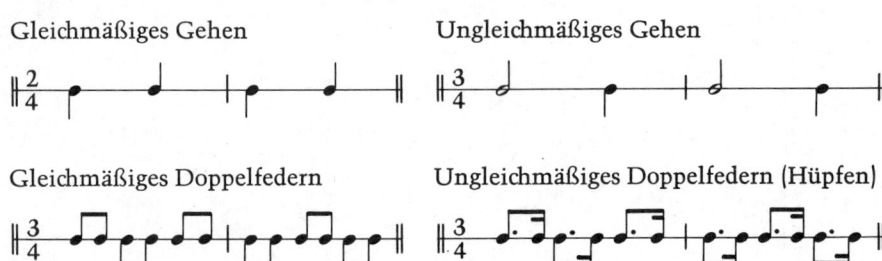

Aus der fortlaufenden Wiederholung eines an sich ungleichmäßigen kann ein gleichmäßiger Ablauf entstehen.

Rhythmisierung: Durch Kombination von Bewegungen unterschiedlicher Dauer entstehen rhythmisierte Bewegungsmotive. Ein bestimmtes Schrittmaterial kann je nach dem beabsichtigten Charakter der Bewegung verschiedene Rhythmisierungen erfahren.

Wechselschritt   Wechselschritt in anderer Rhythmisierung

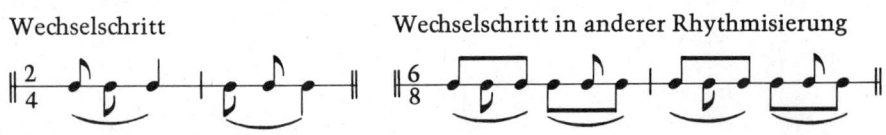

Taktarten und Taktwechsel: Der Charakter einer Bewegung ist durch die Taktart, in der sie ausgeführt wird, veränderbar. So unterscheidet sich beispielsweise ein straffes Gehen im Viervierteltakt deutlich von einem schwingenden im

Sechsachteltakt. Durch Taktwechsel können kontrastreiche und besonders reizvolle Bewegungsverbindungen entstehen.

Schwingendes Gehen und gestampfte Anstellschritte

Dynamik

Die Dynamik einer Bewegung ist abhängig vom *Einsatz des Gewichtes, der inneren Intensität* und *der muskulären Spannung.* Die daraus resultierende Bewegungsqualität kann man als „gelöst", „zart", „weich", „leicht", „flüchtig", oder als „stark", „gespannt", „kräftig", „schwer", „energisch" charakterisieren. *Plötzlicher Spannungswechsel, kontinuierlicher Spannungswechsel* (crescendo oder decrescendo) und *regelmäßige* oder *unregelmäßige Akzentsetzung* sind weitere Aspekte der Dynamik einer Bewegung.

An einem Beispiel soll die gegenseitige Beeinflussung von räumlichen, zeitlichen und dynamischen Faktoren und ihre Auswirkung auf die Bewegung gezeigt werden.

Aus dem Gehen wird durch Tempoveränderung (accelerando) ein Laufen, durch verstärkten dynamischen Einsatz ergibt sich ein intensives Abdrücken vom Boden bei gleichzeitiger Hochbetonung, die Schrittgröße verringert sich, es entsteht ein hochbetontes Federn in der Fortbewegung. Durch Richtungswechsel aus der Vorwärts- in die Seitbewegung kommt es zu gefederten Anstell- oder Kreuzschritten. Die Entwicklung läßt sich beliebig fortsetzen. Aus der Veränderung jeweils nur eines Faktors ergibt sich eine deutlich erkennbare Konsequenz auf die gesamte Bewegungsausführung.

Übersicht über Bewegungsarten
(Charakteristik, Fehler und Korrekturen)

Eine Bewegungscharakteristik wird erschwert durch die vielfältigen, einander widersprechenden Auffassungen in einzelnen Ländern und Schulen. Die einzig vollständige, uns bekannte Analyse von Bewegungen, die für Tanz, Sport und Arbeitsbewegungen zutrifft, wurde von Rudolf von Laban ausgearbeitet. Mit Hilfe seiner „Kinetographie" (Bewegungsschrift) sind diese Vorgänge auch notierbar. Die Labansche Bewegungslehre setzt ein intensives Studium voraus, sie würde weit über die Aufgaben hinausgehen, mit denen eine Kindergärtnerin oder ein Grundschullehrer konfrontiert wird. Mit Rücksicht auf die in der Unterrichtsrealität erforderlichen Probleme wird im folgenden eine vereinfachte Darstellung der Bewegungscharakteristik, der Variationsmöglichkeiten zur Bewegungsausführung, der Hauptfehler und ihrer Korrekturen versucht.

Besonders wichtig sind für die Praxis Aufgabenstellungen, die sich zu den einzelnen Grundformen und ihren Kombinationen ergeben. Um Wiederholungen in der Darstellung zu vermeiden, können sie nicht gesondert aufgeführt werden. Sie sind aus der Bewegungscharakteristik, die nach Raum-, Zeit-, Dynamik- und Gruppierungsaspekten erfolgt, zu entnehmen. Durch solche Aufgaben lernen die Kinder Möglichkeiten der Bewegung kennen, die — ohne daß sie es wissen — Varianten des Bewegungsansatzes, der räumlichen, zeitlichen und dynamischen Ausführung und damit des Bewegungsausdrucks bewirken. Lösungen solcher Aufgaben können mitunter Beispiele bringen, die vom Lehrer normalerweise als „unrichtig" oder „unökonomisch" abgelehnt würden, die vielleicht sogar unter den Hauptfehlern aufgeführt werden. Trotzdem sollen die Kinder so viel als möglich ausprobieren dürfen, um ihren Bewegungssinn und ihre Phantasie zu schulen. Im Vergleich der Lösungen wird ihnen bald klarwerden, welche Art zwar lustig aussieht, aber sehr anstrengend oder nach einiger Zeit sogar schmerzhaft ist und welche Lösungen am entsprechendsten, praktischsten oder schönsten sind.

Am Beispiel des Gehens soll die Art der Aufgabenstellung gezeigt werden:
— *Raumaufgaben:* Wie kann man mit möglichst wenig Schritten, ohne zu springen oder zu laufen, über die Diagonale in die andere Raumecke gelangen; wie ist es mit vielen kleinen Schritten? Jedes Kind soll einen bestimmten Raumweg ausprobieren (kurvig, gerade). Wie sieht es aus, wenn man sich beim Gehen ganz groß oder ganz klein macht; was passiert dabei mit den Beinen oder dem Rumpf? Welche Teile des Fußes können beim Gehen den Boden zuerst berühren; wie ist das beim Rückwärtsgehen? Wie kann man einen geschickten

Wechsel von Vorwärts- und Rückwärtsgehen ausführen? Wann kommt es zu einer Richtungsänderung (z. B. durch Wendung oder Drehung)? Auf welche Weise kann man seitwärts gehen? Wer kann während des Gehens das ganze Zimmer, die Decke und die anderen Kinder sehen, ohne dabei vom Wege abzukommen (Blickrichtung)? Wer kann während des Gehens mit einem Ball oder einer Handtrommel spielen?

— *Zeitaufgaben:* Wer geht ganz langsam, wer ganz schnell, wie sieht das eine, wie das andere aus? Wer kann so gehen, wie die Trommel oder ein anderes Begleitinstrument spielt? Wie geht man gleichmäßig, wie ungleichmäßig (Hinken, Wechselschritt)? Wer kann ein rhythmisches Motiv im Gehen erfinden und dazu auch klatschen? Wie schnell können die Schritte werden, ohne daß man zum Laufen kommt? Wer kann mit der Begleitung einsetzen und mit ihr wieder aufhören? Wer kann bei der Wiederholung der Melodie die Richtung wechseln?

— *Dynamikaufgaben:* Wer geht so leicht, daß man gar nichts hören kann? Wie ist es, wenn man ganz feste, gespannte Schritte macht? Wann braucht man mehr Kraft — wenn man jemanden zieht oder schiebt, oder wenn man ihn fast ohne Berührung führt? Wie kann man regelmäßige oder unregelmäßige Akzente im Gehen ausdrücken?

— *Gruppierungsaufgaben:* Die Kinder sollen frei im Raum herumgehen ohne sich anzustoßen; im Gehen einen Partner finden oder eine kleine Gruppe bilden; diese wieder auflösen und eine neue formieren; einen Partner führen oder sich ihm anpassen (mit oder ohne Fassung). Wie kann man in einer Kette den Anführer wechseln ohne stehenzubleiben? Welche Fassungsmöglichkeiten ergeben sich für eine Dreiergruppe?

— *Darstellerische Aufgaben:* Jeder kann sich eine Person vorstellen und zeigen, wie sie sich fortbewegt: Schleichen wie ein Indianer, schwerfälliges Gehen wie ein Kohlenträger, am Stock Gehen, vorsichtiges Gehen wie auf Eis, behutsames Gehen mit einem kostbaren Gegenstand auf dem Kopf, schlenderndes Gehen eines Spaziergängers. Die Lösungen werden verglichen, einzelne Darstellungen können in verschiedener Weise interpretiert werden.

Diese allgemeinen, nur auf das Gehen bezogenen Beispiele, die nicht für eine bestimmte Altersstufe spezifisch sind, zeigen, wie man aus der Bewegungscharakteristik Aufgaben entwickeln kann. Selbstverständlich trifft dies auch für alle anderen Bewegungsarten zu. Die Formulierung der Aufgabe und ihr Inhalt müssen dem Alter und Verständnis der Kinder entsprechen.

Die Terminologie der amerikanischen Tanzerziehung bedient sich der beiden Ausdrücke „locomotor movements" und „non locomotor movements". Im Deutschen stehen dafür die weniger präzisen Bezeichnungen „Bewegung mit Ortsveränderung" und „Bewegung ohne Ortsveränderung", kürzer:
locomotion — Fortbewegung, non locomotion — Bewegung am Ort.
Diese Begriffe sollen im folgenden für eine schematische Übersicht übernommen werden.

Fortbewegungsarten

Dazu gehören Gehen, Laufen, Hüpfen, Federn, Springen (aber auch Kriechen, Krabbeln, Rollen, Vierfüßlergang, Radschlagen' etc.). Wir wollen uns hier auf die wichtigsten Grundformen beschränken, die im elementaren Tanz der Kinder am häufigsten vorkommen.

Gehen

Allgemeine Charakteristik

An der Ausführung dieser, allen körperlich gesunden Menschen selbstverständlichen Bewegungsart kann ein geübter, aufmerksamer Lehrer viel von der psychischen Haltung seiner Schüler ersehen.

Gehen entsteht durch Gewichtsübertragung von einem Bein auf das andere, wobei das ausgreifende Bein eng am Standbein vorbeigeführt wird (Knie und Hüftgelenk sind dabei leicht gebeugt). Das Aufsetzen ist abhängig von der Richtung des Schrittes (im natürlichen Vorwärtsgang erfolgt das Abrollen über Ferse und

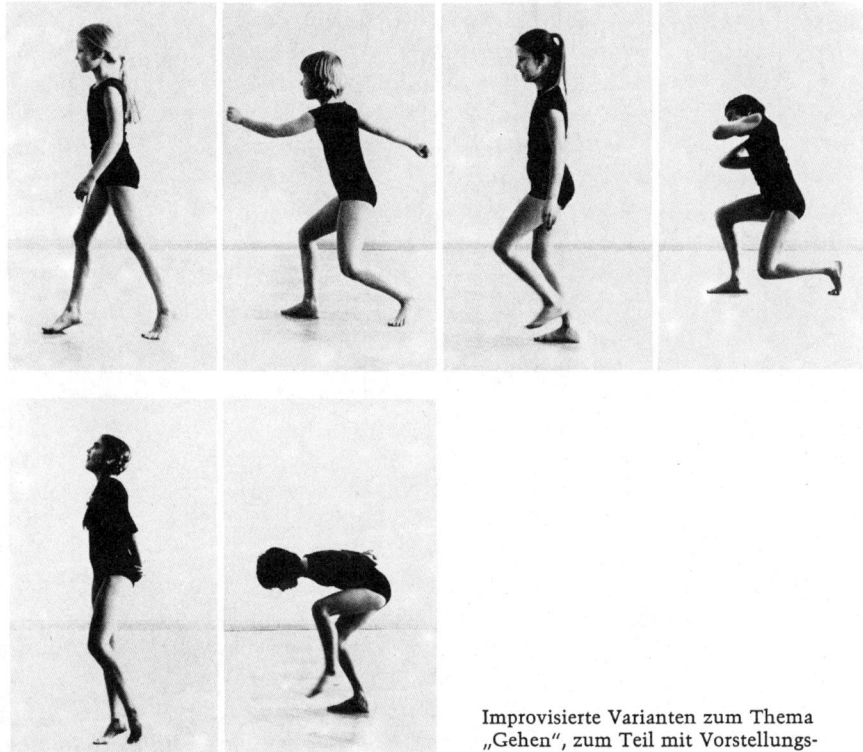

Improvisierte Varianten zum Thema „Gehen", zum Teil mit Vorstellungshilfen

Mittelfuß zum Ballen und bis zum Zehenabdruck, beim stilisierten Vorwärtsgang ebenso wie beim Rückwärtsgehen rollt der Fuß umgekehrt, vom Ballen zur Ferse, ab). Die Schrittgröße ist abhängig vom Abdruck des Spielbeins und der Weite des Ausgreifens. Der Körper ist aufgerichtet, die Augen auf das Raumziel gerichtet, die Arme pendeln in Gegenbewegung locker mit.

Bewegungsvarianten: Gehen auf den Fersen, den Ballen und den Außenkanten der Füße im Wechsel; mit gestreckten, extrem gebeugten oder hochgezogenen Knien; mit lautlosen, schleifenden oder stampfenden Schritten; mit verschiedenen Formen der Spielbeineinführung; mit aufrechtem oder gebeugtem Oberkörper; mit ein- oder ausgedrehten Beinen; mit oder ohne Einbeziehung der Arme.

Zusammenfassung

Raum: Richtungen vorwärts, rückwärts, rechts, links (Seitbewegung im Kreuz- oder Anstellschritt) und gedreht (Drehung mit einem oder mehreren Schritten). — Gerade oder kurvige Raumwege in freien oder geometrischen Figuren. — Schrittdimension von eng bis weit. — Schwerpunktslage normal, tief und hoch. — Blick in Bewegungsrichtung oder frei.

Zeit: Langsames bis schnelles Tempo (Kinder haben ein schnelleres Normaltempo als Erwachsene). — Accelerando und ritardando oder plötzlicher Wechsel. — Gleichmäßig oder ungleichmäßig. — Verschiedene Rhythmisierung, in geraden und ungeraden Taktarten, auch freimetrisch. — Mit und ohne Begleitung.

Dynamik: Leicht bis kraftvoll. — Kontinuierlicher oder plötzlicher Spannungswechsel. — Regelmäßige oder unregelmäßige Akzente.

Gruppierung: Allein (Orientierung im Raum, Anpassung an andere sich im Raum befindende Kinder, Umgehen von Hindernissen). — Zu zweit in verschiedenen Aufstellungen und Fassungen, ebenso zu dritt und in kleineren oder größeren Gruppen, in Ketten, Reihen, Kreisen.

Hauptfehler und Korrekturen

Hier können nur die allgemeinsten Fehler angeführt werden, für schwerwiegendere ist das Schulsonderturnen oder ein Arzt zuständig.

— Verspanntes Gehen mit durchgedrückten Knien und steifen Armen: Die Ursache dafür muß nicht unbedingt im Körperlichen liegen, das Kind kann besonders ängstlich und bewegungsscheu sein. Oft entsteht diese Fehlhaltung aus dem übertriebenen, krampfhaften Bemühen, es möglichst schön zu machen. Lockerndes, hoch-tiefbetontes schlenderndes Gehen, verbunden mit Vorstellungshilfen, kann als Ausgleich dienen. Zuspruch und Ermutigung werden helfen, die Verspannung zu lösen.

— Zu starkes Ein- oder Auswärtssetzen der Füße: Bewußtmachen des Fehlers durch Ausprobieren des „Enten"- oder „Clownganges". Gehen auf einer zuerst konkreten, dann imaginären Linie auf dem Fußboden.

— Einsinken des Fußgewölbes (Senkfuß) oder zu starkes Abrollen über die Außenkanten (Knickfuß): Diese Fehler können nur durch eine sorgfältige und kontinuierliche Fußgymnastik behoben werden. In schweren Fällen sollte ein Orthopäde aufgesucht werden.

— Breitspuriges Gehen, wobei ein Fuß nicht vor dem anderen, sondern diagonal aufgesetzt wird: Gehen auf einer Langbank, einem Seil oder einem am Boden gezeichneten Kreidestrich kann nach dem Bewußtwerden des Fehlers helfen, ihn zu beheben.

— Lautes Aufsetzen der Fersen oder Nachziehen der Füße, verbunden mit einem schleifenden Schrittgeräusch: Übertreiben lassen, damit dieser Nachlässigkeitsfehler erkannt wird. Dann betontes Abheben der Füße, Vorstellungshilfen für leises Gehen und Bewußtmachen, wie der Fuß abgerollt wird.

— Schlechte Haltung, gekennzeichnet durch nach vorne hängenden Oberkörper: Dies kann ein Zeichen von großer Müdigkeit sein, ist meist jedoch eine dauernde Haltungsschwäche. In diesem Falle müssen diesbezügliche Übungen intensiviert werden. Kleine Spiele, bei denen Bücher, Sandsäckchen, Trommeln auf dem Kopf getragen werden oder Vorstellungshilfen können die Aufmerksamkeit auf die Haltung lenken.

Je besser die Körperbildung und Haltungsschulung, um so seltener werden solche Fehler auftreten. Auf jeden Fall soll möglichst früh mit der Korrektur begonnen werden, die in einer dem Spiel angepaßten, kindgemäßen Form freundlich erfolgen muß. Das berüchtigte „halt dich gerade" ist wenig wirksam.

Laufen

Allgemeine Charakteristik

Laufen bezeichnet ein rasches Übertragen des Gewichts von einem Bein auf das andere, wobei der Körper zwischen Abstoß von einem und Aufkommen auf das andere Bein einen Augenblick ohne Unterstützung in der Luft bleibt. Das Abrollen beim·Aufkommen erfolgt vom Ballen über den ganzen Fuß (Abrollen von der Ferse zu den Zehen ergibt ein schwerfälliges, engschrittiges Laufen). Durch weites Ausgreifen des Spielbeins — abhängig von der Hüftbeweglichkeit — wird

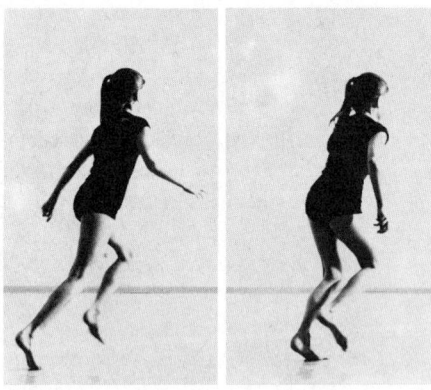

Vorwärtsdrängendes Laufen,
Phase des Abdrückens und Durchziehens

80

weitschrittiges Laufen erzielt. Der Rumpf ist leicht vorgeneigt, der Blick auf das Raumziel gerichtet, die Arme pendeln im Ellbogen leicht angewinkelt neben dem Körper.

Neben dieser Grundform gibt es besonders charakteristische Arten des Laufens:
Federndes Laufen: Im allgemeinen stark hochbetont (nur in Ausnahmefällen tiefbetont), meist engschrittig, dem Federn von einem Bein auf das andere sehr ähnlich, in der Bewegungsqualität dem staccato vergleichbar.

Schwingendes Laufen: Meist im Dreiviertel-, Sechsachtel- oder Neunachteltakt. Durch die ungerade Zahl der Schritte kommt die Betonung abwechselnd auf das rechte und das linke Bein. Dadurch entsteht der schwingende Charakter, der durch eine leichte Beugung des Oberkörpers über das betonte Bein noch unterstützt werden kann. Die Schrittgröße ist entweder einheitlich oder es wird der erste und betonte Schritt groß, die unbetonten kleiner ausgeführt. Die Arme werden eingestützt oder seitlich getragen; hängende oder pendelnde Arme wirken hemmend auf die Bewegung. Schwingendes Laufen eignet sich besonders für Mädchen, die bereits ein gut entwickeltes Bewegungsgefühl haben. In der Grundschule wird es daher meist nur mit den ältesten Mädchen begonnen werden können. Die Bewegungsqualität ist dem legato vergleichbar.

Sprunglauf: Er ist ein besonders kraftvoller Lauf. Der Abdruck vom Standbein ist sehr intensiv, dadurch bleibt der Körper etwas länger in der Luft, das Spielbein hat Zeit, weit auszugreifen und sich in der Luft zu strecken. Das Aufkommen soll weich und leise erfolgen. Die Arme schwingen in Gegenbewegung mit. Sprunglauf ist besonders für Knaben geeignet.

Bewegungsvarianten: Das Spielbein kann im Knie gebeugt und hochgezogen werden, es kann auch nach rückwärts angebeugt werden, so daß die Füße beinahe das Gesäß berühren. Auch eine seitliche Führung des Spielbeins ist möglich. Der Oberkörper kann aufrecht gehalten werden oder absichtlich vor und rück pendeln. Auch die Arme können je nach dem beabsichtigten Charakter der Bewegung getragen, eingestützt, in Gegenbewegung pendelnd eingesetzt werden.

Zusammenfassung
Raum: Richtungen vorwärts (auch mit Drehungen), rückwärts, seitwärts (nur mit Kreuzschritten vorwärts und rückwärts im Wechsel). — Richtungswechsel. — Raumwege gerade oder in engen und weiten Kurven mit Innen-, seltener Außenneigung. — Schrittdimension von eng (Trippeln) bis weit (Sprunglauf). — Schwerpunktslage normal, tief und hoch. — Blickrichtung normalerweise auf das Raumziel, durch besondere Motivation in andere Richtung oder frei veränderlich.
Zeit: Normales Lauftempo ist zwar rascher als das Gehtempo, aber keineswegs eine Verdoppelung desselben, wie häufig behauptet wird. — Tempo von relativ langsam (weitschrittiges Laufen) bis zu sehr raschem Trippeln. — Kontinuierlicher oder plötzlicher Tempowechsel, rubato. — Rhythmisierungen unterbrechen den Fluß der Bewegung. — In verschiedenen Taktarten. — Mit oder ohne Begleitung.

Dynamik: Von leicht und federnd bis kraftvoll und gesprungen. — Akzent der Bewegung in die Höhe oder in die Weite. — Regelmäßige oder unregelmäßige Schrittbetonungen.

Gruppierung: Einzeln, in Paaren, zu dritt, in kleineren oder größeren Gruppen mit oder ohne Fassung (je enger die Fassung, um so schwieriger die Anpassung bzw. Führung). — In Ketten und Reihen mit Führungswechsel.

Hauptfehler und Korrekturen

— Lautes, plumpes Laufen auf der ganzen Sohle, ohne Abrollen des Fußes: Das weiche, abrollende Aufkommen sowie das Nachfedern in allen Gelenken ist noch nicht genügend entwickelt. Übungen zur Schmeidigung und Kräftigung des Fußes sind notwendig. Oft handelt es sich aber auch um eine Unachtsamkeit der Kinder, die durch einen kleinen Hinweis korrigiert werden kann.
— Hörbares Schleifen der Schritte: Das Abheben des Spielbeins muß verstärkt werden, dies ist durch ein extrem hohes Anziehen des Knies bewußt zu machen.
— Beschleunigung des Tempos beim Rückwärtslaufen: Das Körpergewicht hängt zu weit nach rückwärts, die Beine rutschen fast unter dem Schwerpunkt weg; um dem Fallen vorzubeugen, werden die Schritte immer schneller. Wenn die Beine weit nach rückwärts ausgreifen und mit den Zehenspitzen zuerst aufkommend über den Ballen zur Ferse abrollen, muß das Körpergewicht zum Ausgleich leicht nach vorne genommen werden.
— Spannungsloses Laufen bei schlechter Haltung und zu Boden gesenktem Blick: In solcher Haltung äußert sich meist Bewegungsgehemmtheit und innere Kraftlosigkeit, denen mit Haltungsübungen allein nicht beizukommen ist. Oft handelt es sich allerdings nur um momentane Müdigkeit, die durch einen Themenwechsel (z. B. Partneraufgaben) und die damit verbundenen neuen Anreize überwunden werden kann.
— Laufen mit vorgeschobenem Becken: Der Oberkörper hängt zu weit rückwärts, daher wird zum Ausgleich das Becken vorgeschoben. Um die Vor- und Rückneigung des Oberkörpers bewußt zu machen, muß mit der Gewichtsverlagerung experimentiert werden, bis die richtige Neigung herausgefunden wird.

Federn

Allgemeine Charakteristik

Unter Federn versteht man in erster Linie ein rasches, leichtes Beugen und Strekken in jedem beliebigen Gelenk; die Bewegung kann mit oder ohne Belastung erfolgen. Es kann sich dabei um eine ausklingende Bewegung handeln, die bis zur Ruhehaltung führt, oder aber um eine gleichbleibende Bewegung, die durch ständigen Muskelantrieb aufrechterhalten wird. Federungsübungen für Sprung-, Knie- und Hüftgelenk sind wesentliche Voraussetzungen für alle Arbeit am Laufen, Hüpfen und Springen. Sie tragen zur Beweglichkeit und zur Kräftigung bei. Federn als Fortbewegungsart entwickelt sich aus der Übung am Platz, aus dem vorbereitenden Wippen mit geschlossenen Füßen. Bei der Beugung werden Sprung-, Knie- und Hüftgelenke beansprucht, bei der Streckung in Bein oder Rumpf heben sich die Fersen vom Boden ab. Der Abdruck oder Abstoß kann immer stärker werden, bis sich zuletzt auch die Fußspitzen vom Boden lösen. Ein weiches Abrollen beim Aufkommen ist notwendig.

Man unterscheidet:
– Federn (Wippen) mit geschlossenen Füßen (in der Hocke oder im aufrechten Stand)
– einfaches Federn von einem Bein auf das andere
– Doppelfedern, zweimal auf dem einen, dann auf dem anderen Bein
– Trippel- oder Mehrfachfedern auf jedem Bein, dann Gewichtsübertragung (der Wechsel muß nicht unbedingt regelmäßig sein).

Alle erwähnten Arten des Federns können sowohl am Platz als auch in der Fortbewegung ausgeführt werden.

Bewegungsvarianten: Variationen im Spielbein; dieses kann gebeugt oder gestreckt im Knie oder Sprunggelenk vorwärts, rückwärts oder seitwärts angehoben oder gekreuzt werden: Fußspitze oder Ferse des Spielbeins kann leicht oder kraftvoll den Boden berühren. Regelmäßiger oder unregelmäßiger Wechsel von einem Bein auf das andere ist möglich. Für Oberkörper und Arme gelten ähnliche Möglichkeiten wie beim Gehen und Laufen.

Federn in der Hocke   Federn von einem Bein auf das andere

Zusammenfassung

Raum: Richtungen vorwärts, rückwärts, seitwärts (mit kreuzenden oder anstellenden Schritten), gedreht. – In der Fortbewegung und am Platz. – Raumwege gerade (günstig im Zickzack) oder in kleinen Kurven. – Schrittdimension vorwiegend eng, selten weit. – Schwerpunktslage meist zwischen normal und hochbetont, kaum tiefbetont. – Blickrichtung meist auf das Bewegungsziel, selten wechselnd.

Zeit: Tempo von relativ langsam (erfordert viel Kraft) bis ziemlich rasch (für Ungeübte ist ein mittleres Tempo am günstigsten). — Verschiedene Rhythmisierungen. — In allen bekannten Taktarten und im Taktwechsel (durch Verbindung von einfachem und mehrfachem Federn). — Zweimaliges Federn auf einem Bein in gleichmäßigem Grundschlag nennt man Doppelfedern oder unpunktiertes Hüpfen, zweimaliges Federn in ungleichmäßigem Grundschlag (punktiert) nennt man Hüpfen.

Dynamik: Leicht, spritzig, elastisch bis kraftvoll und hoch- oder weitbetont. — Der Wechsel von leichten und unbetonten zu kraftvollen und akzentuierten Federungen kann auch bei gleichbleibendem Tempo geübt werden.

Gruppierung: Allein, zu zweit, zu dritt oder in kleinen und größeren Gruppen (Kette, Reihe), in verschiedenen Aufstellungen mit einheitlicher oder unterschiedlicher Bewegungsrichtung. — Enge Fassung (Taillen- oder Schulterfassung) erfordert eine sehr gute Anpassung an Schrittweite und Höhe der Federung.

Hauptfehler und Korrekturen
— Übermäßige Anspannung beim Abdruck vom Boden, dadurch verkrampfte Haltung: Der Versuch, bei mangelnder Körperbeherrschung besonders hoch zu federn, läßt ein ungeübtes Kind leicht das Gleichgewicht verlieren. Konzentration auf niedriges, gleichmäßiges Federn ist in diesem Stadium wirkungsvoller.
— Lautes Aufprallen auf der ganzen Sohle, Umknicken im Sprunggelenk: Feder- und Schnellkraft sind noch nicht genügend entwickelt, erst wenn das Gelenk durch viele Vorübungen stark genug ist, darf hoch- oder weitbetont gefedert werden.
— Bei Wechsel von Vorwärts- und Rückwärtsfedern ist das Rückwärtsfedern weniger raumgreifend als die entsprechende Vorwärtsbewegung: Das Spielbein muß vom Oberschenkel aus weit genug nach rückwärts geführt werden. Im Gehen wird diese Bewegung in langsamem Tempo vorgeübt, dann erst zum Federn gesteigert.
— Vorgebeugter Oberkörper und hängende Schultern: Der Grund liegt oft in einer schwachen Rückenmuskulatur und der mangelnden Fähigkeit, den Rumpf aufzurichten. Intensivierung der Haltungsschulung ist notwendig. Hilfsvorstellungen: Etwas in den Händen oder auf dem Kopf tragen. Der Blick soll auf das Raumziel oder — bei Partneraufgaben — auf diesen gerichtet werden.
— „Klebenbleiben" am Boden: Mangelnde Beckenspannung und zu wenig Schnellkraft im abdrückenden Bein können die Ursache sein. Manchmal liegt der Grund allerdings auch in der fehlerhaften Begleitung durch den Lehrer. Nicht das Aufkommen auf den Boden darf betont werden, sondern das Abdrücken des Fußes vom Boden.

Hüpfen

Allgemeine Charakteristik

Das Hüpfen nimmt im Anfangsunterricht eine besonders breite Stellung ein, aus diesem Grund wird es hier als eigene Bewegungsgrundform ausführlich beschrieben. Terminologisch ist es ein (kleiner oder größerer) Sprung von einem Bein auf dasselbe. Wie beim Doppelfedern berührt auch hier ein Bein zweimal unmittelbar hintereinander den Boden, bevor eine Gewichtsübertragung erfolgt. Der Körper wird vom Standbein in die Luft geschnellt (das Spielbein kann dabei im Knie leicht gebeugt angezogen werden, der Fuß ist mehr oder weniger gestreckt). Das Aufkommen erfolgt auf dem Absprungbein, das Spielbein greift zum neuen Schritt aus und wird nun seinerseits zum Sprungbein. Der Oberkörper ist aufgerichtet, der Blick auf das Raumziel gerichtet, die Arme pendeln in Gegenbewegung mit.

Drei Phasen
des Hüpfens

Man unterscheidet folgende charakteristische Formen des Hüpfens:
Einfacher Hüpfer oder „Kinderhüpfer": Bei der einfachsten und von allen Kindern ausgeübten Form des Hüpfers wird das gebeugte Spielbein hochgehoben, der Fuß ist (nicht überbetont) gestreckt. Diese Bewegungsart ist fast allen Schulanfängern, meist auch schon den Kindergartenkindern, vertraut.
Schwingender Hüpfer: Meist im Dreiviertel- oder Sechsachteltakt oder einer ähnlichen Taktart. Das Spielbein wird dabei nicht hochgehoben, sondern leicht im Knie gebeugt nach vor oder rück geschwungen oder vor bzw. hinter dem Standbein gekreuzt.
Flach- bzw. Hochhüpfer: Je nach dem Bewegungsansatz kann das Hüpfen sehr flach, infolgedessen mit weiten Schritten, oder besonders hochbetont, dann mit kleineren Schritten, ausgeführt werden. Auch eine Kombination von hoch- und weitbetontem Hüpfen ist bei gut entwickelter Sprungkraft möglich.

Bewegungsvarianten: Der Bewegungsansatz (besonders tiefer oder weiter Schritt) wie auch die Haltung des Spielbeins (gestreckt, gebeugt, gekreuzt, abgespreizt) kann verändert werden, ebenso auch die Normalhaltung des Oberkörpers und der Arme.

Zusammenfassung
Raum: Am Platz (Hochhüpfer). — Richtungen vorwärts, rückwärts (etwas schwieriger), seitwärts (als gehüpfter Kreuz- oder Anstellschritt), gedreht und im Richtungswechsel. — Auf kurvigen und geraden Raumwegen. — Mit kleinen oder großen Schritten. — In mittlerer (Flachhüpfer) oder hoher Schwerpunktslage. — Blick in die Bewegungsrichtung oder frei veränderlich.

Gedrehtes Hüpfen am Platz

Zeit: In relativ langsamem oder schnellem Tempo. — In punktiertem oder Triolenrhythmus. — In verschiedenen Taktarten, mit oder ohne Begleitung.

Hüpfer

Dynamik: Leicht bis kraftvoll. — Einfache zeitlich-dynamische Kombinationen sind: leicht und schnell, bzw. kraftvoll und langsam. Doch kann mit Fortgeschrittenen auch die Verbindung leicht und langsam, kraftvoll und schnell geübt werden.
Gruppierung: Einzeln, in Paaren, zu dritt oder mehreren, neben-, hintereinander oder gegenüber in der Aufstellung. — In verschiedenen Fassungen, auch in Ketten, Reihen oder im Kreis (enge Fassung erschwert die Ausführung für Anfänger).

Hauptfehler und Korrekturen
Es gibt nahezu in jeder Gruppe ein oder mehrere Kinder, die anfänglich Schwierigkeiten mit dem Hüpfen haben. In diesem Fall kann ein gutes Bewegungsvorbild sehr hilfreich sein. Der Lehrer oder geschickte Kinder hüpfen mit den „Nachzüglern". Im allgemeinen können sie es dann ganz plötzlich. Drängen oder

besonders nachdrückliches Üben ist nicht zu empfehlen. Im Prinzip sind die Fehler beim Hüpfen sehr ähnlich wie beim Federn, was Haltung, Abdrücken und Aufkommen betrifft.

— Unpräzises Hüpfen: Der Krafteinsatz kann noch nicht richtig eingeschätzt werden. Ist er zu groß, so verzögert sich das Aufkommen, ist er zu klein, so hüpfen die Kinder schneller als die Begleitung und können die Zeit nicht füllen. Daher soll am Anfang möglichst ohne Begleitung gehüpft werden, später nimmt der Lehrer das Tempo von einzelnen Kindern ab. Erst dann wird der Begleitrhythmus gegeben, und die Kinder sollen sich ihm anpassen.

Springen

Allgemeine Charakteristik
Das Springen wird aus dem Laufen, Federn und Hüpfen entwickelt. Durch die Intensität des Absprungs befindet sich der Körper für einen Augenblick ohne Unterstützung in der Luft, er „fliegt". Die Überwindung der Schwerkraft, wenn auch nur für einen kurzen Moment, macht das Springen zu einem besonderen Erlebnis.

Vorbedingungen zum Springen sind gut entwickelte Federkraft, Spannungsfähigkeit im Abdruck, weiches Aufkommen und eine sichere Haltung. Erst wenn diese Bedingungen weitgehend erfüllt sind, darf mit dem Springen begonnen werden, andernfalls können schwere Fußschäden die Folge sein. Der Unterschied zwischen Hüpfer und Sprung, zwischen Laufsprung und Sprunglauf ist nicht eindeutig festzulegen. Die Bezeichnungen in den einzelnen Fachschulen sind unterschiedlich, auch die volkstümliche Ausdrucksweise verwendet mitunter beide Formen (Galoppsprung oder Galopphüpfer, Pferdchensprung oder Pferdchenhüpfer).

Man unterscheidet fünf verschiedene Sprungmöglichkeiten:
— von einem Bein auf das andere (z. B. Laufsprung)
— von einem auf beide Beine (z. B. Schlußsprung)
— von einem Bein auf dasselbe (z. B. Wendesprung, Hüpfer, Anschlagsprung)
— von beiden Beinen auf beide (z. B. Standsprünge, Hocksprung)
— von beiden Beinen auf ein Bein (im Deutschen fehlen unseres Wissens Bezeichnungen dafür; vgl. Sissonne in der Terminologie des klassisch-akademischen Tanzes).

Im folgenden werden nur die wichtigsten Sprünge angeführt, die mit Kindern zumindest begonnen werden können. Als Regel gilt, daß sowohl das rechte als auch das linke Bein als Absprungbein zu üben ist.

Laufsprung: Er entsteht nach einigen Anlaufschritten durch besonders kräftiges Abdrücken vom Standbein, dadurch wird der Körper in die Luft geschnellt, das Spielbein greift möglichst weit nach vorne aus, am Höhepunkt des Sprungs ist ein Bein nach vorne, das andere nach hinten gestreckt, der Oberkörper ist ein wenig in die Bewegungsrichtung, also nach vorne, geneigt, die Arme schwingen in Gegenbewegung mit oder werden seitlich getragen. Laufsprünge übt man am besten aus dem Anlauf und dem Überspringen von kleinen Hindernissen (z. B. Kleidungsstücke, da man sich dabei nicht verletzen kann). Laufsprünge ohne Zwischenschritte sind sehr anstrengend und erst bei gut entwickelter Sprungfähigkeit einzuführen.

Anlauf und Laufsprung

Bei der Verbindung mit Zwischenschritten ist darauf zu achten, daß beide Beine als Sprungbeine geübt werden. Bei einer geraden Zahl von Zwischenschritten wechselt das Sprungbein, bei einer ungeraden bleibt es gleich, darum muß die ganze Sprungverbindung einmal mit dem rechten, dann mit dem linken Bein begonnen werden.

Laufsprung mit gleichbleibendem Sprungbein

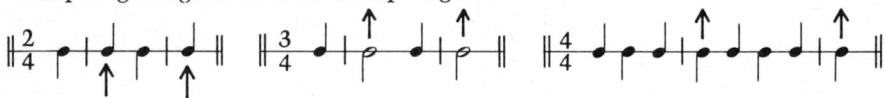

Laufsprung mit wechselndem Sprungbein

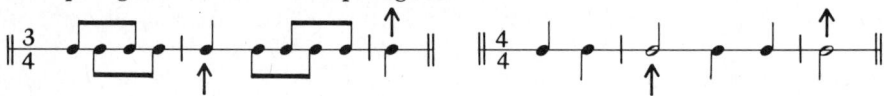

Wechselsprung: Der Wechselsprung kann mit gestreckten oder gebeugten Beinen ausgeführt werden. Nach dem Abdrücken wird das Spielbein in der Bewegungsrichtung hochgeworfen, das zweite Bein folgt in der gleichen Haltung, so daß beide Beine einen Moment in der Luft sind. Beim Aufkommen wird das Gewicht auf dem anderen Bein abgefangen, daher „Wechsel"sprung.

Wechselsprung mit gleichbleibendem Sprungbein

Wechselsprung mit wechselndem Sprungbein

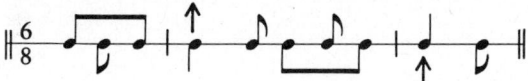

Gestreckter (auch Scherensprung) und gebeugter (Pferdchensprung) Wechselsprung eignen sich am besten zur Vorwärtsbewegung oder zur Drehung, dabei
entsteht aus dem gestreckten ein weiter, aus dem gebeugten ein enger Drehsprung. Rückwärts wie auch seitwärts sind beide relativ schwierig auszuführen.

Schlußsprung: Dies ist für Kinder einer der einfachsten Sprünge. Aus dem Stand,
dem Gehen, Laufen oder Federn erfolgt ein hochbetonter Abdruck vom Standbein, das Spielbein wird in die Bewegungsrichtung geworfen, das Aufkommen
erfolgt auf beiden Beinen, lautloses Abrollen bis zur Ferse, leichtes Nachfedern in
allen Beingelenken. Der Schlußsprung ist nach allen Richtungen (vorwärts, rückwärts, seitwärts und auch gedreht) auszuführen. Im allgemeinen wird er als Abschluß einer Phrase eingesetzt, soll er jedoch fortlaufend (mit oder ohne Zwischenschritte) ausgeführt werden, so kann nach dem Aufkommen sowohl das
rechte als auch das linke Bein mit dem neuen Schritt beginnen. Gedrehte Schlußsprünge können (je nach Fähigkeit der Kinder) mit Viertel-, Halb- oder Ganzdrehungen ausgeführt werden.

Schlußsprung mit gleichbleibendem Sprungbein

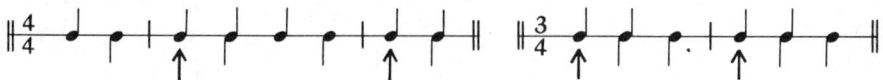

Schlußsprung mit wechselndem Sprungbein

Anschlagsprung: Er ist eine etwas schwierigere Variante des Schlußsprungs. Dabei
werden die Beine vor dem Aufkommen in der Luft gestreckt (seltener auch gebeugt) aneinandergeschlagen. Vorwiegend in der Seitbewegung, aber auch vorwärts oder rückwärts auszuführen, wobei das Spielbein von oben, das Absprungbein von unten an das andere schlägt. Das Aufkommen erfolgt im Gegensatz
zum Schlußsprung nur auf dem Absprungbein. Als Vorübung wird auf einem
Bein (z. B. auf dem rechten) in die Gegenrichtung (also nach links) gehüpft, das
Spielbein wird leicht abgespreizt. Durch das Hüpfen in die Richtung des Spielbeins kann eine leichte Berührung der Beine vor jedem Aufkommen erfolgen.

Vorübung zum Anschlagsprung

89

Anschlagsprung mit Zwischenschritten

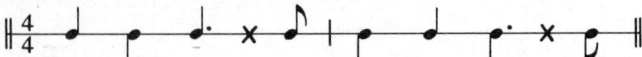

Drehsprung: Fast alle Sprünge können gedreht werden (siehe Wechselsprung, Schlußsprung, Hüpfer). Als „Drehsprung" bezeichnet man jedoch im allgemeinen einen der Schrittdrehung entwickelten Sprung (vergleichbar dem „grand jeté en tournant" des klassisch-akademischen Tanzes). Der Sprung kann aus der Vorwärts- oder aus der Seitwärtsbewegung angesetzt werden, dementsprechend gibt es zwei Wege der Vorbereitung:

a) Im Gehen oder Laufen (am besten im Dreivierteltakt mit deutlicher Betonung des ersten Schrittes) wird eine Drehung versucht. Vom ersten zum zweiten Schritt entsteht eine halbe Drehung (dadurch wird der zweite Schritt rückwärts angesetzt), ebenso vom zweiten zum dritten (der dritte Schritt erfolgt wieder in die ursprüngliche Richtung). Die Drehung ist über das rechte und linke Bein zu üben. Sobald sie fließend beherrscht wird, kann die Bewegung gesprungen werden. Durch intensives Abdrücken vom ersten Bein entsteht ein Sprung vom ersten zum zweiten Schritt, dadurch wird der Rhythmus verändert, es kommt zu einer Verlängerung.

Vorübung zum Drehsprung aus der Vorwärtsbewegung

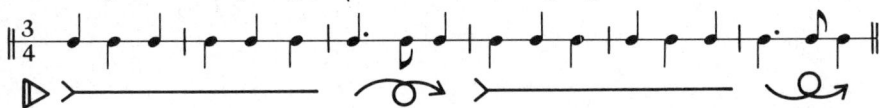

b) Aus der Seitbewegung (Kreuz- oder Anstellschritt) erfolgt die Drehung (erst ohne, später mit Sprung).

Vorübung zum Drehsprung aus der Seitwärtsbewegung

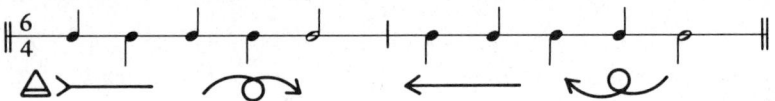

Drehsprung mit gleichbleibendem Sprungbein

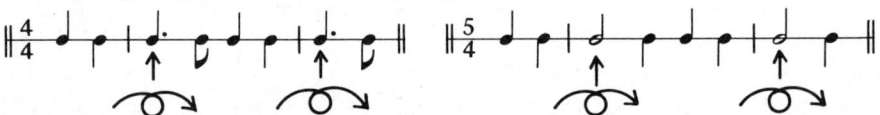

Drehsprung mit wechselndem Sprungbein

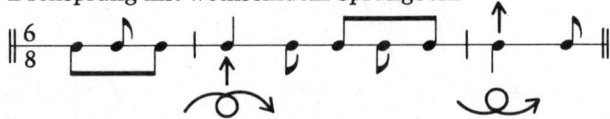

Drehsprung zu zweit

Wendesprung: Absprung und Aufkommen erfolgen auf demselben Bein. Der Wendesprung entwickelt sich aus einem Hüpfer mit gestrecktem Spielbein. Dieses wird vorgeschwungen, bleibt sozusagen in der Luft stehen, während Standbein und Rumpf um 180 Grad nachgedreht werden. Dadurch ist das Spielbein nun nicht mehr wie anfänglich vor dem Körper, sondern hinter demselben.

Die Wendung kann im Stehen, eventuell mit Partnerhilfe vorbereitet werden. Das rechte Bein wird gestreckt nach vorn angehoben und vom Partner gehalten. Auf dem linken Bein dreht man nun in die andere Richtung, bis das Spielbein hinter dem Körper steht, und wieder nach vorne zurück. Als nächstes wird die Wendung mit einem kleinen Sprung ausgeführt und schließlich ohne Partnerhilfe in der Fortbewegung versucht. Das Spielbein wird nach dem Sprung jeweils zum neuen Standbein.

Wendesprung mit gleichbleibendem Sprungbein

Wendesprung mit wechselndem Sprungbein

Standsprünge erfordern einige Kraft, sie werden von Kindern, besonders von Jungen, mit Begeisterung ausgeführt. Normalerweise springt man dabei aus dem Stand, doch können sie auch nach einem Schlußsprung aus dem Laufen angesetzt werden.

Hocksprung: Nach dem Absprung von beiden Beinen werden beide Knie möglichst hoch zur Brust gezogen, die Arme können dabei die Knie umfassen. Trotzdem muß der Aufsprung leise und weich erfolgen.

Spreizsprung: Nach dem Absprung von beiden Seiten werden diese möglichst weit seitlich gespreizt.

Spagatsprung: Die Beine werden nach dem Absprung möglichst weit in Schrittstellung auseinandergeführt (wie beim Laufsprung).

Spreiz- und Spagatsprung sind wegen der Schwierigkeit und der benötigten Kraft nur mit fortgeschrittenen Kindern zu üben. Jeder Ehrgeiz, möglichst hoch zu kommen und weit zu spreizen, geht auf Kosten der Haltung und des Aufsprungs. Sprung von beiden Beinen auf eines: Dieser Sprung ist das Gegenteil des Schlußsprungs. Nach dem Absprung von beiden Beinen wird nur auf einem gelandet. Geht der Sprung nach vorne, bleibt das Spielbein rückwärts gestreckt und umgekehrt. Diese Sprünge können auch seitwärts ausgeführt werden. Immer bleibt das Spielbein im Gegensatz zur Sprungrichtung.

Bewegungsvarianten: Bei der Schulung der Sprungkraft und bei der Erarbeitung von Sprüngen stehen nicht die geformten Sprünge im Vordergrund. Zuerst sollen die Kinder auf möglichst vielfältige Weise ein Sprungerlebnis erfahren: Abspringen von niedrigen Geräten wie Langbank oder Hocker (der Hocker wird von einem anderen Kind gehalten, damit er im Absprung nicht wegrutscht). – Überspringen von kleinen Hindernissen (keine rollenden Gegenstände wie Bälle oder Stäbe, dadurch entstehen leicht Unfälle). – Hochspringen aus dem Anlauf, dabei kann mit den Händen oder mit dem Kopf ein vom Lehrer oder Partner hochgehaltener Gegenstand berührt werden (Tuch, gespanntes Seil, Handtrommel). – Absprung aus dem Anlauf oder aus dem Stand. – Sprünge von einem oder beiden Beinen entwickeln die Geschicklichkeit.

Improvisierte Varianten zum Thema „Springen"

Zusammenfassung

Raum: Richtungen vorwärts (Laufsprung, Wechselsprung, Schlußsprung, Anschlagsprung), rückwärts (Schluß-, Wendesprung, seltener Anschlag- und Wechselsprung), seitwärts (Schluß- und Anschlagsprung), gedreht (Wechsel-, Schluß- und Drehsprung, beim Wendesprung erfolgt jeweils eine halbe Drehung).

92

Alle weiträumigen Sprünge sind am besten auf einer geraden Strecke auszuführen, doch können durch Einbeziehung von Zwischenschritten auch andere Raumwege verwendet werden. Die meisten Sprünge sind entweder hoch- oder weitbetont, der Aufsprung kann mitunter bis in die Hocke geführt werden. Der Blick ist normalerweise auf das Bewegungsziel gerichtet, Blickrichtung nach unten sollte vermieden werden.

Zeit: Die Anlaufschritte sind meist auftaktig, der Absprung erfolgt auf dem Volltakt (stärkste Betonung). Um dem Aufkommen nicht mehr Gewicht zu geben als unbedingt erforderlich, soll in der Begleitung keine Betonung darauf liegen. Für hohe und weite Sprünge muß das Tempo dementsprechend langsam, für enge und niedrige Sprünge kann es etwas schneller sein. Rhythmisierung ergibt sich aus der Verbindung mit Zwischenschritten, auch die Taktarten können dadurch verändert werden, bzw. können Taktwechsel einbezogen werden. Schritt-Sprung-Kombinationen sind in möglichst vielen Varianten, auch freimetrisch, also ohne Bindung an eine bestimmte Taktart und ohne Begleitung, zu üben.

Dynamik: Sprünge brauchen neben Schwüngen am meisten Kraft. Diese setzt allerdings nicht erst beim Absprung ein, sie beginnt vielmehr bereits beim Anlauf, steigert sich bis zum Sprung und darf erst vor Beginn des neuen Anlaufs in der Spannung etwas nachlassen. Es ist darauf zu achten, daß sich die Kinder beim Springen nicht völlig verausgaben. Sprünge sollen trotz der dazu benötigten Kraft mit Leichtigkeit ausgeführt werden.

Gruppierung: Im allgemeinen hindern sich Springer, die selbst noch nicht allzu sicher sind, durch die verschiedene Intensität des Springens. Bei der Erarbeitung des Anschlag- und des Drehsprungs kann jedoch jeweils ein Kind Hilfestellung geben, das andere stützt sich beim Sprung auf die Unterarme des Helfenden. Die meisten anderen Sprünge können zwar in einer Aufstellung neben- oder hintereinander ausgeführt werden, doch sollte eine Fassung erst dann benützt werden, wenn die Sprünge an sich sicher und gleichmäßig geworden sind. Dies ist am leichtesten bei Schluß- und Wechselsprüngen zu erreichen.

Hauptfehler und Korrekturen

Die meisten Fehler beim Springen entstehen aus mangelnder Vorbereitung. Die Sprungfähigkeit entwickelt sich aus gutem Federn. Folglich muß dieses ausreichend vorgearbeitet werden.

— Hartes, ruckartiges Aufkommen: Mangelnder Widerstand beim Abrollen des Fußes, zu geringe Federung im Knie- und Hüftgelenk.

— Balanceschwierigkeiten, Oberkörper hängt nach vorne, rückwärts oder zur Seite: Ein übertrieben ehrgeiziger Krafteinsatz reißt den ganzen Körper in die Sprungrichtung. Dabei verliert der Rumpf die Kontrolle über die Haltung. Kleine, leichte Sprünge in guter Haltung sind besser und wirkungsvoller als große, die „verwackelt" werden.

— Koordinationsschwierigkeiten in der Verbindung mit Zwischenschritten: Oft ist der Bewegungsablauf zu lang oder zu kompliziert. Einzelelemente üben und später zu kleinen, dann erst zu größeren Verbindungen zusammenstellen.

Drehen

Allgemeine Charakteristik

Drehen ist an sich keine selbständige Bewegungsart, sondern eine besondere räumliche Ausführung des Gehens, Laufens und Springens, wobei sich der Körper um seine eigene Längsachse dreht. Es kann mit den unterschiedlichen Arten der Fortbewegung (beispielsweise auch Rollen auf dem Boden) verbunden werden oder am Platz (stehend, sitzend, auf den Knien), in einem engen Kreis, auf geraden oder kurvigen Raumwegen ausgeführt werden.

Drehungen am Platz

Einfache Kreiseldrehungen am Platz entdeckt jedes Kind bereits sehr früh. Mit weit ausgebreiteten Armen dreht es sich um sich selbst, bis es taumelt, schwindlig wird und umfällt. Trotz des Fallens übt es diese Bewegung immer und immer wieder, wie berauscht von diesem Erlebnis. Viele kultisch-ekstatische Tänze sind Kreiseltänze (z. B. die Drehtänze der Derwische).

Drehen im Sitzen
Tief- und Hochdrehen am Ort

Kreiseldrehungen: Es sind kontinuierliche Drehungen in eine Richtung mit vielen kleinen Schritten, auf ganzer Sohle oder auf Ballen ausgeführt. Sie können ohne Wechsel immer in eine Richtung weitergedreht werden oder mit plötzlichem oder retardierendem Anhalten in die Gegenrichtung begonnen werden. Wir unterscheiden zwei Ausführungsarten:

Drehung mit Anstellschritten: Dabei dreht man sich mit vielen kleinen Anstellschritten, so daß die Fersen möglichst am Platz bleiben und die Füße beim Ausgreifen leicht ausgedreht werden. Es können für eine Drehung beliebig viele Anstellschritte verwendet werden, doch können auch exakte Achtel-, Viertel- oder Halbdrehungen versucht werden.

Drehung mit Kreuzschritten: Vorübung dazu ist das Gewichtsverlagern im Kreuzschritt. Der rechte Fuß steht auf der ganzen Sohle vor dem linken, der nur mit dem Ballen den Boden berührt. Nun wird das Gewicht abwechselnd auf den vorderen und rückwärtigen Fuß übertragen. Schließlich greift das vordere Bein bei jeder Übertragung etwas in Drehrichtung aus (z. B. rechtes Bein nach rechts, linkes nach links). Diese Drehung, die um den Mittelpunkt des rückwärtigen Fußes gedreht wird, kann mit beliebig vielen oder einer ganz bestimmten Anzahl von Schritten ausgeführt werden.

Drehungen auf einem Bein: Sie können entweder durch mehrfaches Aufhüpfen auf einem Bein erfolgen (z. B. linkes Standbein, linke Schulter bei der Drehung nach rück), oder aus dem Schwung auf der ganzen Sohle erfolgen (z. B. linkes Bein greift seitlich aus, linke Schulter kommt im Schwung nach rück). Drehungen über außen sind für Kinder günstiger als Drehungen über innen. Das Spielbein kann bei beiden Arten gestreckt oder wie beim Kinderhüpfer im Knie gebeugt sein.

Alle Drehungen am Platz werden am günstigsten zuerst mit vielen kleinen Schritten bzw. Federungen geübt, so daß jeweils nur eine Achteldrehung entsteht, später können Viertel-, Halb- und bei den Kreuzschritt- bzw. gehüpften Drehungen auch Ganzdrehungen versucht werden. Die Ausführung dieser Drehungen kann auf einer Ebene (tief, mittel oder hoch) erfolgen, sie kann aber auch von unten nach oben oder von oben nach unten „geschraubt" werden. Bei den Schraubdrehungen geben die Arme der Drehung neue Impulse.

Drehungen in der Fortbewegung

In das Gehen, Laufen und Hüpfen können Viertel-, Halbdrehungen (oft auch als Wendungen bezeichnet) oder ganze Drehungen eingeschaltet werden. Dabei kann sowohl über die Standbein- als auch über die Spielbeinseite gedreht werden. Eine *Außendrehung* entsteht, wenn man auf dem rechten Bein (belastetes Standbein) nach rechts dreht oder auf dem linken Bein nach links. Bei der *Innendrehung* wird auf dem rechten Bein (belastetes Standbein) nach links gedreht und auf dem linken Bein nach rechts.

Vierteldrehungen: Entscheidend für die Frage, ob ein Raumweg mit Drehungen über außen oder über innen gegangen wird, ist der Moment, in dem gedreht wird. Dazu zwei Beispiele:

Vierteldrehung im Zickzack: Die Außendrehung erfolgt auf dem dritten Schritt, d. h. am Ende des Weges.

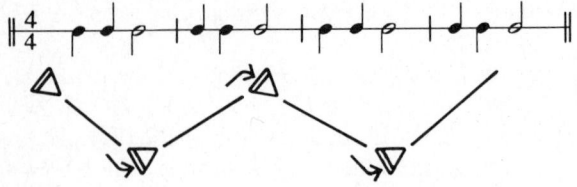

Vierteldrehung im Quadrat: Abwechselnd Außen- und Innendrehung, jeweils mit dem ersten Schritt in die neue Richtung.

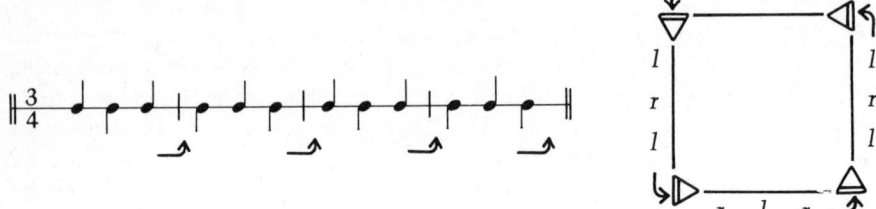

Halbdrehungen: Aus dem Vorwärtsgehen wird eine halbe Drehung ausgeführt (außen oder innen). Beim Weitergehen kann die Raumrichtung entweder beibehalten werden — in diesem Fall erfolgt der nächste Schritt rückwärts (Skizze a) — oder die Bewegungsrichtung bleibt gleich (vorwärts) und die Raumrichtung ändert sich; d. h. der gleiche Weg wird noch einmal gegangen (Skizze b).

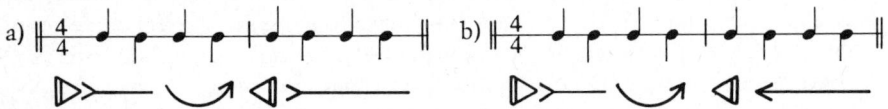

Ganzdrehungen: Sie werden vorzugsweise über außen geübt, dabei kann die Drehung auf einem Schritt erfolgen oder auf mehrere Schritte verteilt werden (siehe Drehsprung, S. 90). Bei der Drehung auf einem Bein kann auf der ganzen Sohle, später auf dem Ballen, federnd oder aufhüpfend gedreht werden.

Drehungen in der Seitbewegung: Sie können sowohl fortlaufend in einer Richtung gedreht werden (wobei die Drehung über außen, über innen oder im Wechsel von innen und außen erfolgen kann) als auch im Richtungswechsel hin und her. Am leichtesten sind mit Kindern Außendrehungen im Richtungswechsel oder fortlaufend in einer Richtung zu erarbeiten. Dafür zwei Beispiele:

a) Außendrehung mit Richtungswechsel: Rechts greift aus, halbe Drehung auf dem auswärts angesetzten Bein, links wird belastet angestellt. Der Rückweg erfolgt ebenso, rechts greift aus, halbe Drehung, links wird belastet angestellt.

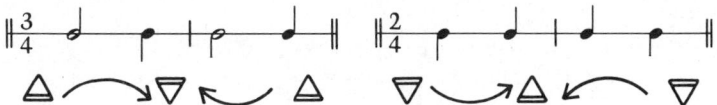

b) Fortlaufende Außendrehung: Rechts greift aus, halbe Drehung, links wird unbelastet angestellt. Zur zweiten Halbdrehung greift links aus, halbe Drehung, rechts wird unbelastet angestellt.

Kombinationen von einfachen Seitschritten, Halbdrehungen mit Richtungswechsel und fortlaufenden Halbdrehungen sind zu entwickeln.

Ganzdrehungen können ebenfalls über außen oder über innen gedreht werden, doch ist die Außendrehung günstiger. Die Drehung erfolgt auf dem ersten, stark ausgedreht angesetzten Schritt, das zweite Bein wird nach der Drehung belastet angestellt. Diese Drehungen sind relativ schwierig und am besten mit einer Folge von einfachen Anstellschritten zu verbinden.

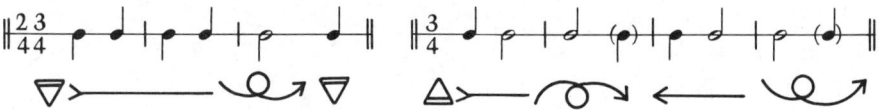

Walzerdrehung: Damit bezeichnet man zwei aufeinanderfolgende Halbdrehungen mit je drei Schritten. Der erste Schritt wird auswärts nach vorne angesetzt, der zweite und dritte vollenden die Halbdrehung; der vierte Schritt beginnt rückwärts, der fünfte und sechste schließen die Drehung. Schritt eins und vier sind betont und etwas größer, Schritt zwei, drei, fünf und sechs unbetont und klein.

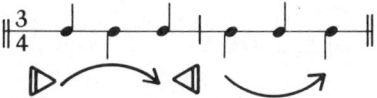

Bei diesem Beispiel erfolgt die erste Halbdrehung über rechts vorne, die zweite über links rückwärts.

Bewegungsvarianten: Schwunghafte oder ruhige Drehungen mit unterschiedlicher Lösung des Richtungswechsels (Ausklingen, Abstoppen durch Stampfen oder Aufhüpfen). — Verschiedene Haltungen des Spielbeins bei Drehungen auf einem Bein. — Arme in fixierter Haltung, von der Fliehkraft gehoben oder aktiv den Schwung unterstützend, bei Drehungen in der Fortbewegung auch Öffnen und Schließen der Arme. — Rumpf aufrecht oder geneigt.

Zusammenfassung

Raum: Am Platz und in der Fortbewegung (auf einer Geraden, im Kreis, in engen oder weiten Kurven). — Vorwärts, rückwärts oder seitwärts, über innen oder über außen. — Bei tiefer, mittlerer oder hoher Schwerpunktslage bzw. als Schraubdrehung durch alle drei Ebenen. — Blick in Drehrichtung, möglichst lange auf einen Punkt fixiert, dann rasche Drehung des Kopfes. — Blick nach oben, unten, geradeaus kann versucht werden, doch erschwert das die Drehung sehr.

Zeit: Tempo gleichbleibend langsam oder schnell. — Im accelerando oder ritardando. — Metrisch gebunden oder frei rhythmisch. — Mit oder ohne Begleitung. — In verschiedenen Rhythmisierungen (in gleichmäßigen oder ungleichmäßigen Schritten) und Taktarten. — Drehungen im Dreiviertel- oder Sechsachteltakt sind schwunghafter als solche in geradem Takt.

Dynamik: Der Schwung der Drehung hängt von der Intensität des Bewegungsansatzes ab, er kann gleichmäßig verlaufen oder durch immer neue Impulse erhalten und „angetrieben" werden. Nach dem Ausklingen eines solchen Impulses kann die Richtung geändert werden. Der Krafteinsatz steht im Zusammenhang mit der gewählten Bewegungsart und dem Tempo der Ausführung. Eine schnelle, gesprungene Drehung benötigt mehr Kraft als eine ruhige, mit gleichmäßigen Gehschritten. Dynamische Extreme und Wechsel sind zu erarbeiten.

Gruppierung: Zu zweit in Beidhandfassung wie beim Kinderspiel „Schüsselreiben". — In Einhandfassung (gleiche Hände z. B. rechts), bei Richtungswechsel müssen auch die Hände gewechselt werden. — Einhandfassung (Innenhände) bei Aufstellungen nebeneinander, hier müssen in der Drehung die Hände gelöst werden. — Zu dritt, z. B. Einhandfassung rechts. (Bei lockerer Fassung kann unter den Armen durchgedreht werden. Die Fassung ist abhängig von der Art der Drehung, eventuell muß sie gelöst werden.)

Hauptfehler und Korrekturen

— Verlust der Orientierung: Ganz ohne Schwindelgefühl geht das Drehen nur bei wenigen Menschen ab, doch kann es reduziert werden, wenn der Blick möglichst lange auf einen Punkt in der Drehrichtung fixiert bleibt. Nach dem Drehen soll man die Augen nicht schließen, sondern eine schnelle Drehung in Gegenrichtung machen und, einen bestimmten Punkt fixierend, stehenbleiben.

— Überdrehen: Der für die Drehung eingesetzte Schwung ist größer als notwendig. Meist drehen Kinder zu stark, weil sie befürchten, nicht herumzukommen.

— Nicht-herum-Kommen: Der Schwung reicht nicht aus. Um Mut zu machen, kann man einige Male mit einem kleinen Anschwung unterstützen. Drehungen „mit aller Kraft" sollte man nur selten machen lassen, die Kinder verlieren das Gleichgewicht und können nicht bremsen. Im allgemeinen sollten Ganzdrehungen erst erarbeitet werden, wenn Halbdrehungen beherrscht werden.

— Unsicheres Beenden der Drehung: Gleichgewicht und Schwung sind nicht ausbalanciert. Jede Drehung kann auf eine andere Weise beendet werden. Meist ist es sinnvoll, die Kraft kurz vor dem Ende zurückzunehmen, mit der Ferse gegen den Boden zu „bremsen" und den Blick auf einen Punkt zu konzentrieren.

Schwingen und schwingendes Verlagern
Hier handelt es sich um eine vorwiegend aus der Bewegung am Platz entwickelte
Bewegungsart, die bis zur Fortbewegung gesteigert werden kann. Der ganze Komplex des Schwingens und der schwingenden Verlagerung ist aus diesem Grunde
unter „Bewegungen am Ort" eingereiht.

Bewegungen am Ort

Damit bezeichnen wir die Bewegungsmöglichkeiten von Kopf, Hals, Rumpf,
Armen und Beinen im Beugen, Strecken, Abspreizen, Anziehen, Ein-, Aus- und
Abdrehen, Schwingen, Verlagern, Ziehen, Stoßen, Drücken, Pressen, Fallen, Pendeln, Gleiten, Tupfen, Schlagen usw., ohne daß dabei primär eine Fortbewegung
erfolgt.
Handgeräte (kleine oder größere Bälle, Sandsäckchen, Reifen, kleine und große
Stäbe und Seile) eignen sich besonders zur Motivierung der Aufgabenstellung.
Alle oben erwähnten Bewegungsarten können selbstverständlich mit Fortbewegungen kombiniert werden. Im allgemeinen entspricht eine raumgreifende
Bewegung von einem Ort zum anderen dem motorischen Bedürfnis von Kindern
eher als die Bewegung am Ort, die eine wesentlich größere Konzentration und subtilere Beherrschung des Körpers voraussetzt. Trotzdem darf im Unterricht auch die
Bewegung am Ort nicht vernachlässigt werden. Vorstellungshilfen aus dem Erfahrungsbereich des Kindes und die Verwendung von Geräten und Instrumenten können eine Differenzierung der Ausdrucksfähigkeit und der Technik bewirken.

Beugen und Strecken

Allgemeine Charakteristik
Unter Beugen verstehen wir eine durch Kontraktion der Beugemuskeln hervorgerufene Zusammenführung von zwei durch ein Gelenk verbundenen Körperteilen (z. B. Ober- und Unterschenkel). Unter Streckung verstehen wir die durch
Kontraktion der „Strecker" bewirkte Auseinanderführung von zwei durch ein
Gelenk verbundenen Teilen. Die wichtigsten, mit Kindern zu erarbeitenden
Beuge- und Streckmöglichkeiten des Körpers sind:
Kopf und Nacken: Vorbeugen (das Kinn berührt die Brust). — Rückbeugen (der
Hinterkopf berührt den obersten Teil des Rückens; die Aktivität der Rückenstrecker bewirkt die Aufrichtung von Nacken und Kopf). — Seitbeugen (das Ohr
nähert sich der Schulter).
Rumpf: Bei der Beugung vorwärts, rückwärts oder seitwärts kann jeweils die
ganze Wirbelsäule oder nur der obere Teil derselben beansprucht werden. Die
Beugungsmöglichkeit nach vorne ist am größten.
Arme: Beugen und Strecken in Finger-, Hand- und Ellbogengelenk.
Beine: Beugen und Strecken in Zehen-, Fuß-, Knie- und Hüftgelenk, in letzterem
entsteht die Beugung zwischen Rumpf und Oberschenkel.

Bewegungsvarianten: Heranziehen von Vorstellungshilfen (sich nach etwas strecken, etwas greifen wollen, eine schwere Sache tragen, sich groß- oder klein-machen). – Totales oder partielles Beugen und Strecken. – Einseitige oder symmetrische Bewegung im Liegen, Sitzen, Knien, Hocken oder Stehen.

Zusammenfassung
Raum: Zusammenziehen und Strecken des ganzen Körpers oder einzelner Teile nach vorne, hinten und zur Seite (entsprechend den funktionellen Möglichkeiten). – Im Liegen, Knien, Sitzen und Stehen.
Die Beugung erfolgt im allgemeinen zum Körper, die Streckung vom Körper weg.
Das Ausmaß der Bewegung kann bis zur intensivsten Beugung und extremsten Streckung führen, es kann aber auch nur geringfügig sein.

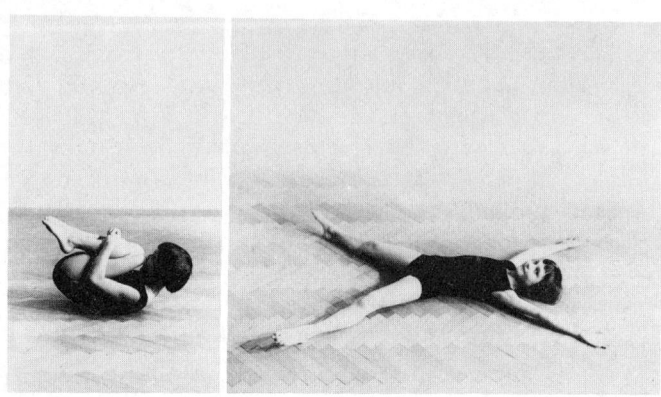

Extremes Beugen und Strecken im Liegen
und im Stehen

Zeit: Schnell oder langsam. – Kontinuierlich oder ruckartig in der Ausführung. – Zu- oder abnehmend im Bewegungstempo. – Meist freirhythmisch, selten an Begleitung gebunden.
Dynamik: Zu schneller oder extremer Beugung bzw. Streckung ist mehr Kraft

100

erforderlich als zu langsamer Bewegung von geringem Ausmaß. Eine Schulung des Krafteinsatzes ist daher durch möglichst unterschiedliche Aufgaben (Tempo und Ausmaß betreffend) zu erreichen. Akzente sind möglich.

Gruppierung: Ein miteinander Arbeiten und Spielen ist bei der Beugung und Streckung besonders sinnvoll, wenn zur Beugung leichter Druck, zur Streckung Zug vom Partner kommt. Aktive und passive Bewegung können wechseln.

Hauptfehler und Korrekturen
— Zu geringes Bewegungsausmaß: Durch die Art der Aufgabenstellung kann das Bewegungsausmaß vergrößert werden, z. B. Beugen des ganzen Körpers, bis in der Hocke die Stirn die Knie berührt, Strecken in die Höhe und Weite, so daß der Körper möglichst breit und groß wird.
— Übermäßiges Beugen oder Strecken bis zur Verkrampfung: Wenn die Kinder lernen, die Beugung oder Streckung sukzessive durchzuführen, ohne daß der Atem dabei angehalten wird, so ist eine Verkrampfung nicht möglich.

Ein-, Aus- und Abdrehen

Allgemeine Charakteristik
Im Unterschied zu den früher besprochenen Drehungen des ganzen Körpers um seine Längsachse versteht man unter Ein- und Ausdrehung eine Rotation der Beine oder Arme. Eindrehung bedeutet eine Drehung zur Körperachse hin, Ausdrehung von dieser weg. Abdrehung hingegen bezeichnet eine Wendung von Kopf, Schultern oder Becken über fixierter Unterstützungsfläche.
Diese Arten von Drehungen sind zum Teil eine notwendige Vorbereitung für andere Bewegungen (z. B. Ausdrehung der Beine als Vorübung für Kreuzschritte, Ein- und Ausdrehung der Arme für Kreis- und Achterschwünge, auch für Armführungen). Zum anderen Teil stellen sie jedoch eine selbständige Bewegungsmöglichkeit dar, die von den Kindern ausprobiert und variiert werden soll.

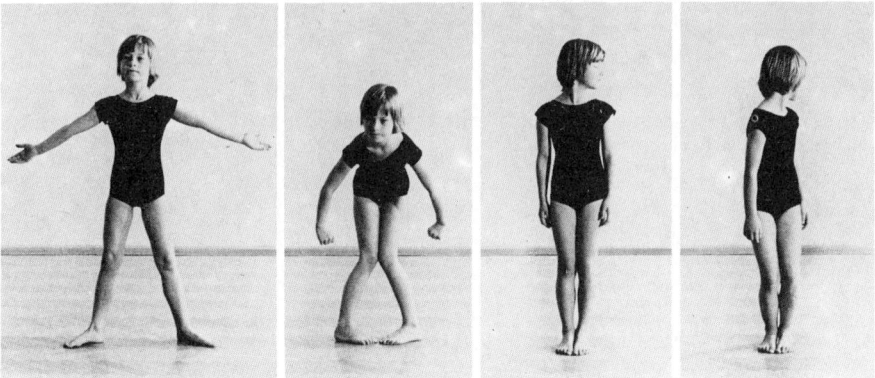

Aus- und Eindrehen der Extremitäten   Abdrehen des Kopfes und Rumpfes

Bewegungsvarianten: Ein- und Ausdrehen der gestreckten bzw. gebeugten Arme oder Beine im Gegensatz zum Kreisen der Hand, des Fußes, des Unterarms oder Unterschenkels. — Abdrehen des Kopfes. — Erweiterung der Bewegung durch Einbeziehen des Rumpfes. — Vorstellungshilfen von Gummi- oder Drahtpuppen, Marionetten etc.

Zusammenfassung

Raum: Kreisende und drehende Bewegung des Kopfes, des Rumpfes und der Extremitäten in verschiedenen Richtungen, in unterschiedlichen Lagen (im Stehen, Sitzen, Knien und Liegen) und Ebenen (Armkreisen über dem Kopf, seitlich oder vor dem Körper). — Beinführungen mit Ein- und Ausdrehung (vor, hinter und seitlich vom Körper). — Das Ausmaß der Bewegung erstreckt sich von klein bis möglichst groß.

Zeit: Sowohl schnelle als auch langsame Bewegungen sind möglich. Zum Erfassen des Bewegungsvorganges ist ein langsames Tempo zu empfehlen, vor allem, solange die Bewegungen nicht vertraut sind. Auch das größtmögliche Ausmaß der Bewegung ist im langsamen Tempo zunächst besser zu erreichen. Freier oder durch die Begleitung vorgegebener Tempowechsel kann mit geübteren Kindern versucht werden. Keine oder ametrische Begleitung ist im allgemeinen vorzuziehen.

Dynamik: Unterschiedlicher Krafteinsatz, der Größe und dem Tempo der Bewegung entsprechend, bewirkt geführte, geschwungene oder „gerissene" Ausführung. In der Arbeit mit Handgeräten ergibt sich die Dynamik weitgehend aus der Eigenart des Geräts selbst. So sind z. B. geführte Bewegungen mit dem Seil wenig sinnvoll, weil dieses schlaff herabhängt. Zu intensive, gerissene Bewegungen mit dem Ball verbieten sich von selbst, weil er sonst aus der Hand fliegt.

Gruppierung: Hier ist die Gruppierung in besonderer Weise von der Art der zu lösenden Aufgabe abhängig. Aufstellung gegenüber ist für Spiegelbild-, Echo-, Ergänzungs- oder Kontrastaufgaben geeignet, Aufstellungen nebeneinander für Aufgaben der Symmetrie oder Parallelität.

Schwingen und schwingendes Verlagern

Allgemeine Charakteristik

Wir unterscheiden in der Ausführung zwischen einem Schwung und einer Schwingung oder einer schwingenden Bewegung, das Verb „schwingen" beinhaltet beide Möglichkeiten. Jedes „Schwingen" besteht aus drei Bewegungsphasen, nämlich dem Einatmungsauftakt, dem Nachgeben der Schwerkraft in einer fallenden Bewegung und der Überwindung der Schwerkraft in einer aufsteigenden Bewegung. Die dadurch entstehende Raumkurve ist ein Bogen, der bis zum Kreis oder zur Acht gesteigert werden kann.

Jeder Schwung kann ausklingen (ausschwingen), wenn nach einem einmaligen Anstoß keine neue Kraft eingesetzt wird. Er kann durch einen geringen Kraftaufwand erhalten bleiben, wenn der Weg der aufsteigenden Bewegung dem der fallenden entspricht. Er kann schließlich auch durch immer stärkeren Anstoß so weit entwickelt werden, bis aus der Bogenbewegung ein Kreis wird.

An dieser Stelle soll vorwiegend von schwingenden Verlagerungen und einfachen Pendelschwüngen gesprochen werden, die Gründe dafür sind folgende: Kindern unserer Altersstufe fehlen in den allermeisten Fällen die körperliche Schwere, die „Schwungmasse" und das Einfühlungsvermögen, die zum ganzkörperlichen, großen Schwung notwendig sind. Große Körperschwünge sind zweifellos wertvolle, gymnastische Übungsformen, sie gehören jedoch nicht zum ursprünglichen Tanzmaterial, das in tradierten Tänzen verwendet wird.

Schwingen: An sich ist es eine ganzkörperliche Bewegung, doch können verschiedene Teile des Körpers die Stelle des Pendelns übernehmen.

Kopf: In Halbkreisschwüngen von einer Seite zur anderen. — In schwunghaften Kreisen von einer Seite über die andere zur Ausgangslage zurück.

Arme: Parallel oder in Gegenbewegung. — Pendelschwünge vor—rück neben dem Körper, hoch—tief oder vor dem Körper von außen nach innen (der ganze Körper — vor allem sein Schwerpunkt — schwingt mit, leichte Federung in den Bein- und Fußgelenken). Schwieriger sind Kreis- und Achterschwünge, die vor, neben oder

Armpendelschwünge mit den Kleinsten

über dem Körper ausgeführt werden. Sie sind im allgemeinen erst nach der Pubertät sinnvoll einzuführen und am besten mit Hilfe eines Geräts (Sandsäckchen, Ball, Reifen oder Seil) zu erarbeiten. Kreisschwünge können nach innen (zum Körper) oder nach außen (vom Körper weg) begonnen werden.

Rumpf: Pendelschwung hoch—tief (siehe Armschwünge) bis zur vollen Aufrichtung des Körpers. — Seitlicher Pendelschwung über den gegrätschten Beinen. Der Rumpf kann selbstverständlich nicht isoliert schwingen, jeder Impuls klingt aus in einer Bewegung des Kopfes und der Arme, er überträgt sich auch auf die Beine, die je nach dem Ausmaß des Schwunges stärker oder schwächer mitfedern.

Beine: Pendelschwung vorwärts — rückwärts, bzw. nach innen und nach außen. — Kreisschwünge vor oder hinter dem Körper, Achterschwünge abwechselnd vor und hinter dem Standbein.

Beinschwung mit Partnerhilfe

Schwingendes Verlagern: Es ist mit geschlossenen Beinen, in kleiner Schritt- oder Grätschstellung zu üben. Bei einer Intensivierung der Bewegung kann es zur Fortbewegung kommen, wobei das Spielbein jeweils einen oder mehrere Schritte in die Bewegungsrichtung beginnt (vorwärts oder rückwärts). Bei seitlichem Verlagern wird es entweder angestellt (schwingender Anstellschritt) oder vor bzw. hinter dem Standbein gekreuzt (schwingender Kreuzschritt). Bei geübten Kindern kann die Fortbewegung durch Zwischenschritte, ganze oder halbe Drehungen erweitert und kombiniert werden.

Schwingendes Verlagern mit geschlossenen Beinen: Der Körper ist aufgerichtet, das Gewicht gleichmäßig auf beide Beine verteilt. Nun wird es vorsichtig nach vorne (auf Ballen und Zehen) verschoben, ohne daß sich die Fersen vom Boden lösen, sodann wieder zurück in die Ausgangsstellung. Vom Zentrum erfolgt die Übertragung nach rückwärts (auf Grund der Anatomie des Fußes ist die Neigungsmöglichkeit nach rückwärts geringer) und wieder zur Mitte. Die Füße bleiben immer mit der ganzen Sohle auf dem Boden, das Gewicht befindet sich abwechselnd auf den Vorderfüßen (Groß- und Kleinzehenballen) und auf den Fersenballen. Die Verlagerung darf nur so stark sein, daß das Gleichgewicht gehalten werden kann, der Körper soll in der Hüfte nicht abknicken.

Bei leichtem Auswärtsdrehen der Füße (vom Becken aus) kann die Übertragung auch seitlich von einem Fuß auf den anderen erfolgen. Die Fersen bleiben geschlossen, der jeweils unbelastete Fuß wird nicht vom Boden abgehoben. — Diese beiden Übungen benötigen bereits einige Muskelkontrollen, sie entwickeln und fördern ein sensibles Empfinden des Gleichgewichts. Um eine bessere Konzentration zu erreichen, ist es günstig, sie mit geschlossenen Augen zu versuchen.

Schwingendes Verlagern in Grätschstellung: Das Gewicht wird von einer Seite auf die andere verlagert, dabei beschreibt der Schwerpunkt einen Bogen über unten, d. h. zuerst beugt sich das belastete Standbein, im Moment der Übertragung sind beide Beine leicht gebeugt, das Gewicht befindet sich gleichmäßig auf beide Beine verteilt, im Aufrichten über dem neuen Standbein erfolgt die Streckung. Dabei darf das Körpergewicht keinesfalls auf den Innenkanten der Füße ruhen, sondern soll gleichmäßig auf Groß- und Kleinzehenballen sowie auf die Fersen verteilt werden. Um ein Einknicken der Knie zu vermeiden, ist darauf zu achten, daß sie sich in der Beugung über den Fußgelenken befinden.

Schwingendes Verlagern in Schrittstellung: Auch hier beschreibt der Schwerpunkt während der Verlagerung einen Bogen über unten. Aus dem geschlossenen Stand wird das Standbein gebeugt, das ebenfalls gebeugte Spielbein setzt zum Schritt vorwärts oder rückwärts an. Im Augenblick der Übertragung sind beide Beine gebeugt, das Gewicht ist zwischen ihnen, während des Aufrichtens wird das neue Standbein gestreckt.

Sowohl die seitliche als auch die Übertragung nach „vor" und nach „rück" kann in die Gegenrichtung wiederholt werden, so daß eine ständige Rechts-Links- und Vor-Rück-Bewegung entsteht.

Bewegungsvarianten: Die Auswirkung von Krafteinsatz und Tempo auf die schwingende Bewegung sollte mit oder ohne Handgeräte vielfältig experimentiert werden. Steigerungen vom schwingenden Verlagern zur schwingenden Fortbewegung oder zur geschwungenen Drehung sind zu versuchen.

Zusammenfassung

Raum: Die Schwungrichtungen sind vor—rück, rechts—links, hoch—tief oder gedreht. — Die Bewegung kann am Platz oder in der Fortbewegung ausgeführt werden. — Die Schwerpunktslage verändert sich während des Schwunges. — Das Bewegungsausmaß variiert von klein bis zur größtmöglichen Ausdehnung.

Zeit: Jeder Schwung und jede schwingende Verlagerung benötigen eine bestimmte Zeit, die abhängig ist von Körpergröße und Gewicht. Bei schnellem Tempo wird das Bewegungsausmaß kleiner, bei langsamem größer. Mit Rücksicht auf die körperlichen Unterschiede einer Klasse empfiehlt es sich, die Bewegung anfänglich im individuellen Tempo ohne Begleitung zu üben. Später kann die Anpassung an eine musikalische Begleitung erfolgen (dazu eignen sich besonders Rhythmen und Melodien in einer schwingenden Taktart, wie Dreiviertel-, Sechsachtel-, Neunachteltakt).

Dynamik: Bei gleichbleibendem Krafteinsatz bleibt das Ausmaß der Bewegung erhalten; bei zunehmendem Krafteinsatz kommt es zu einer Intensivierung und Vergrößerung, eventuell bis zur Fortbewegung. Bei einem Zurücknehmen der Antriebskraft wird die Bewegung kleiner, bis sie zum Auspendeln und schließlich zum Stillstand kommt.

Gruppierung: Partnerübungen mit Handgeräten (schwingendes Übergeben eines Balles oder Sandsäckchens) entwickeln Anpassung an das Gerät und an den Partner. Bei der Zusammenstellung von Paaren oder kleinen Gruppen sollten Körpergröße und Gewicht berücksichtigt werden; bei unterschiedlicher Größe ist ein gemeinsames Schwingen nur unter Beschleunigung oder Verzögern des eigenen Tempos möglich, ein gemeinsames Schwingen kann kaum entstehen. Handfassungen eignen sich für Schwünge gar nicht, für schwingendes Verlagern nur selten.

Hauptfehler und Korrekturen

— Armschwünge mit steifen Beinen: Hierbei handelt es sich um eine rein periphere Pendelbewegung der Arme. Die Kinder sollen versuchen, die Arme aus dem Antrieb der Knie zum Pendeln zu bringen; nicht zu leichte Bälle oder Sandsäckchen erfordern einen noch intensiveren Antrieb von den Knien.
— „Reißen" statt Schwingen: Tempo und Größe des Schwunges stimmen nicht überein. Entweder muß der Schwung kleiner oder das Tempo langsamer werden. Handgeräte verhelfen zum sinnvollen Krafteinsatz.
— Führen statt Schwingen: Auch hier handelt es sich um eine Divergenz zwischen Bewegungsausmaß und Tempo, doch ist dies das andere Extrem. Das Tempo muß beschleunigt oder die Bewegung vergrößert werden. Führung bedeutet hier eine in jedem Augenblick aktive Bewegung ohne den für jeden Schwung charakteristischen Moment des passiven Falls.
— Steife Rücken- und Nackenhaltung: Der Schwung setzt sich normalerweise als Wellenbewegung durch die Wirbelsäule fort. Doch ist dies bei einer gespannten Haltung nicht möglich. In diesem Fall wird die Bewegung gebremst und erscheint steif. Oft genügt der Hinweis, den Kopf entspannt hängen zu lassen, um die Wirbelsäule zu entspannen. In schweren Fällen sind Übungen zur Lockerung notwendig.

Stoßen, Ziehen, Drücken, Abspreizen und Anziehen, Fallen und Rollen
Diese und noch viel andere Bewegungsarten lassen sich für sich alleine oder in Verbindung mit Fortbewegungsarten ausführen. Sie alle können nach den bereits bekannten Aspekten und unter Einbeziehung von Vorstellungshilfen erprobt und variiert werden. Einzeldarstellungen aller dieser Möglichkeiten würden den hier gesteckten Rahmen weit überschreiten.

Bewegungsverbindungen

Sind den Kindern die Grundbewegungen vertraut, so kann mit dem weiten Feld der Bewegungsverbindungen begonnen werden. Sie bereichern und differenzieren die tänzerischen Ausdrucksmöglichkeiten und stellen an die Kinder neue Anforderungen des Lernens und Gestaltens.

Unter „Bewegungsverbindungen" verstehen wir:

Aufeinanderfolge einzelner Bewegungen, z. B. Vorwärtslaufen, Federn am Ort, Rückwärtslaufen.

Gleichzeitigkeit von zwei oder mehreren Bewegungsarten, z. B. schwingendes Laufen, gedrehtes Hüpfen.

Beide Arten sind mit den Kindern zu üben, doch ist im allgemeinen die Aufeinanderfolge leichter als die Gleichzeitigkeit. Es ist sinnvoll, die Kinder den Wechsel zwischen zwei Bewegungsarten (z. B. Laufen und Hüpfen) zuerst ohne Begleitung und daher auch ohne bestimmte Phrasierung für sich alleine ausprobieren zu lassen. Die Aufgabe kann so gestellt werden, daß lediglich so oft als möglich gewechselt werden soll. Auf diese Weise wird jedes Kind seiner Geschicklichkeit entsprechend üben.

Wird der Übergang in freiem Wechsel beherrscht, so kann eine für alle geltende Phrasierung durch die Begleitung angegeben werden; zuerst in längeren Phrasen (z. B. acht Takte), bei gesteigerter Reaktionsfähigkeit in kürzeren Intervallen von vier, zwei oder sogar einem Takt.

Bietet der Wechsel keine Schwierigkeiten mehr, so werden räumliche Veränderungen (Richtungswechsel, bestimmte Raumwege, Fassungen zu zweit oder mehreren) hinzugefügt. Der Ablauf darf jedoch nie konstruiert wirken, sondern muß eine fließende, organische Bewegung ermöglichen.

Die folgenden Beispiele zeigen nur einige wenige der fast unbeschränkten Kombinationsmöglichkeiten und sollen zu eigenen Verbindungen anregen.

Gehen mit abschließendem Anstellschritt:
Um das Gehen vorwärts oder rückwärts deutlich abzuschließen, wird das Spielbein im letzten Schritt neben das Standbein angestellt, es entsteht eine Abschluß- bzw. Grundstellung. Der Abschluß der Bewegung soll in der Begleitung durch eine deutliche Schlußwirkung (z. B. längerer Notenwert) unterstützt werden.

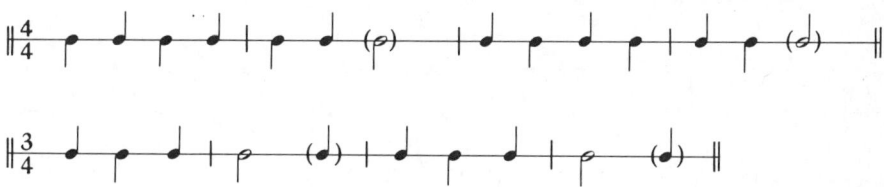

Ist die Bewegung ursprünglich immer in einer Richtung fortlaufend ausgeführt worden, so kann nach einiger Zeit ein Wechsel zwischen vorwärts und rückwärts erfolgen, der durch ein Klatschen markiert wird.

Variationen: Das Spielbein kann lautlos oder mit einem betonten Aufstampfen (ganze Sohle, Ballen oder Ferse) angesetzt werden.

Gehen oder Laufen mit Schlußsprung:
An Stelle des Anstellschrittes der vorangegangenen Übung wird nun ein Schlußsprung ausgeführt. Entsprechend der Rhythmisierung wird der Sprung groß oder
klein und schnell ausgeführt.

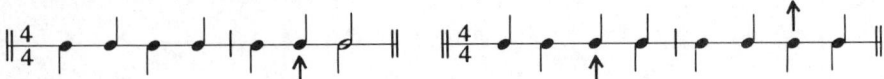

Bei größerer Geschicklichkeit der Kinder kann der Schlußsprung mit einer Vier-
tel-, Halb- (Notationsbeispiel) oder Ganzdrehung verbunden werden.

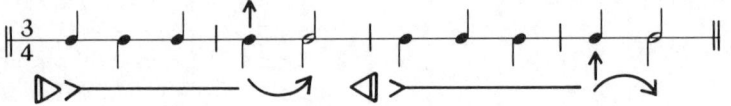

Nach dem Schlußsprung mit halber Drehung beginnt das Gehen rückwärts

Fortbewegungsarten in Verbindung mit Klanggesten:
Die Einbeziehung von Klanggesten (Klatschen, Patschen, Schnalzen und Stampfen) zum Gehen, mitunter auch Hüpfen oder Laufen ergibt eine Vielfalt von
rhythmischen Bewegungsvarianten, die dem Alter und Können der Kinder entsprechend vereinfacht oder erschwert werden.

Seitliche Anstellschritte mit Richtungswechsel

Gehen und Stampfschritte:
Stampfschritte als Abschluß einer Schrittfolge finden sich häufig in slawischen, spanischen und anderen Volkstänzen.

Stampfschritte als Abschluß einer Schrittfolge

Stampfschritte können auch während der Fortbewegung ausgeführt werden, indem das Spielbein mit dem Fußballen, der Ferse oder der ganzen Sohle leicht oder gespannt den Boden berührt. Eine Gewichtsübertragung muß nicht bei jedem Stampfen erfolgen.

Stampfschritte während der Fortbewegung

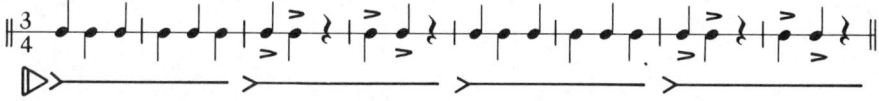

Gehen und Stampfen mit Schlußsprung

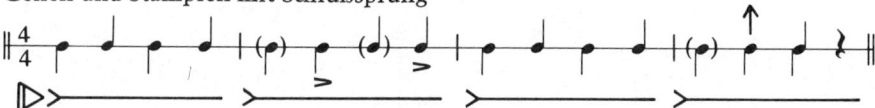

Variation: Das Bein setzt nicht lotrecht auf, sondern wird während des Stampfens nach vorne oder von außen nach innen „geschliffen".

Verbindungen mit Wechselschritten:
Der Wechselschritt entwickelt sich aus dem Treten bzw. leichtem Aufstampfen am Platz (im Rhythmus: Achtel–Achtel–Viertel).

Wechselschritte im Vorwärts- und Rückwärtsgehen

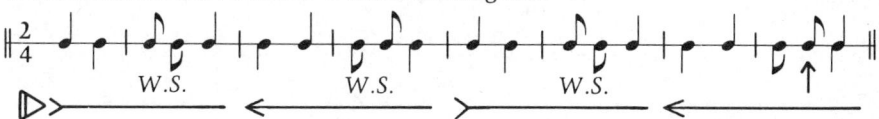

Wechselschritte im schwingenden Laufen (Kurven in weiten Bögen)

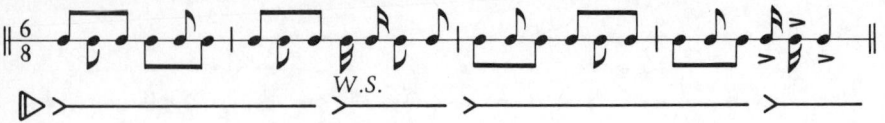

Seitliche Wechselschritte mit Vorwärtshüpfen

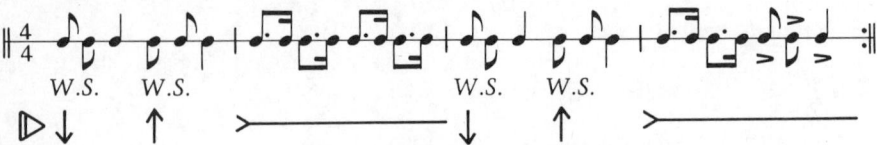

Gehen und Hüpfen:
Diese Verbindung fällt den meisten Kindern sehr leicht.
Beim Übergang vom Hüpfen zum Gehen muß die vorwärtsdrängende Kraft etwas gezügelt werden, um ein Hineinfallen in den ersten Schritt zu vermeiden.

Vorwärtshüpfen und Rückwärtsgehen

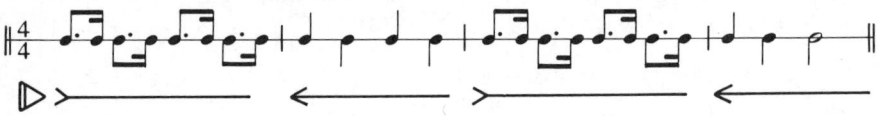

Vorwärtsgehen und gedrehtes Hüpfen

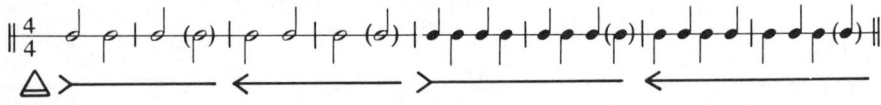

Seitliche Anstellschritte mit Richtungswechsel:

Einfacher Richtungswechsel mit langsamen und schnellen Schritten

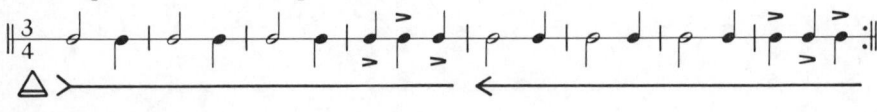

Richtungswechsel mit Stampfschritten

110

Halbdrehungen bei gleichbleibender Richtung zu zweit

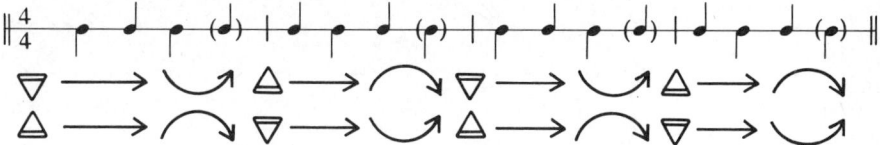

(Für den Partner gilt jeweils das andere Bein.)

Seitliche Kreuzschritte:

Seitliche Kreuzschritte mit Federn und Schnalzen am Platz
(aus = offenes Ausgreifen; vor = vorne Kreuzen;
rück = Rückkreuzen; an = Anstellen)

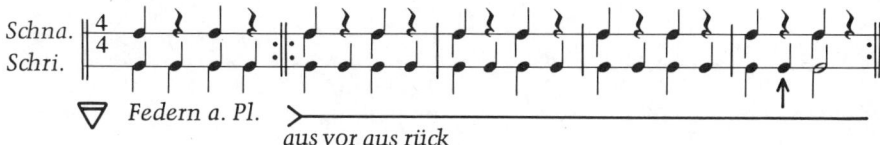

Kreuzschritte am Platz mit schwingendem Vorwärtsgehen

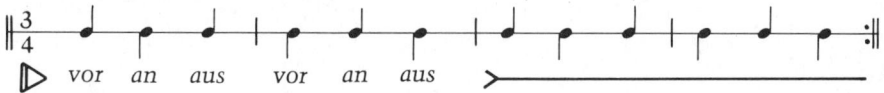

Wechsel von engen, doppelt gefederten und weiten, gegangenen Kreuzschritten
mit Richtungswechsel

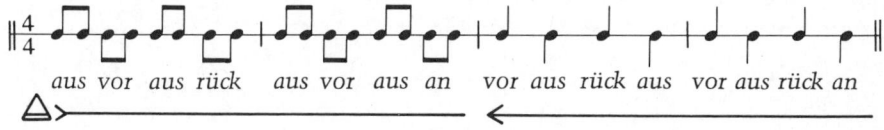

Beim Federn ist der Körper aufgerichtet, die Arme in Hochhaltung. Bei den weiten Gehschritten sind Oberkörper und Knie gebeugt, der Schwerpunkt tiefverlagert. Die Arme werden (im Kreis oder in der Kette) tief gefaßt und schwingen vor und zurück.

Laufen und Hüpfen:

Vorwärtslaufen (bzw. rückwärts), gedrehtes Federn (auf einem Bein) am Platz

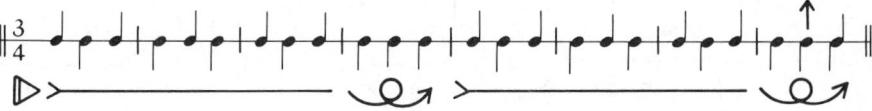

111

Hüpfen mit Zwischenschritten und Richtungswechsel

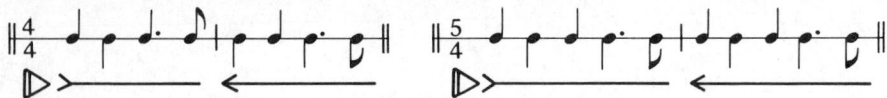

Lauf- und Hüpfschritte im Zickzack, Richtungswechsel nach 3 Takten

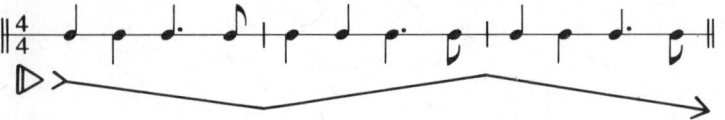

Federn und Hüpfen:

Einfaches Federn vorwärts, Hüpfen rückwärts

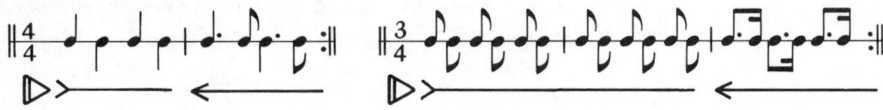

Doppelfedern vorwärts, Hüpfen vorwärts gedreht

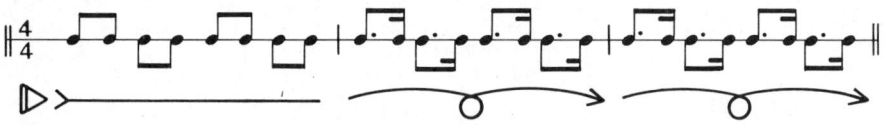

Doppelfedern seitlich und Hüpfen vorwärts, einfaches Federn am Platz

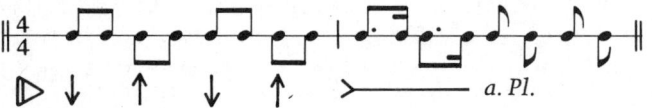

Laufen und Springen:

Laufen und Laufsprung oder Wechselsprung

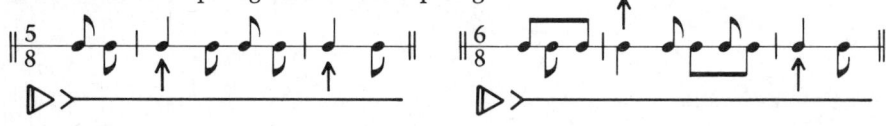

Die Anlaufschritte sind auftaktig, der Hauptakzent liegt auf dem Absprung. Das Laufen kann mit einem gestrecken Laufsprung oder mit einem Wechselsprung mit angebeugten Beinen — Pferdchensprung — verbunden werden.

112

Laufen mit Drehsprung

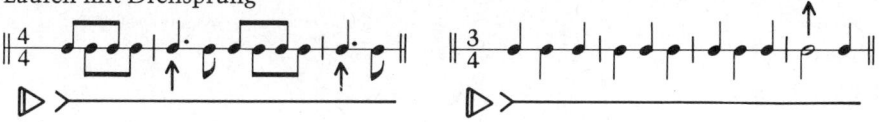

Schwingendes Verlagern am Platz und in der Fortbewegung:

Verlagern mit Fortbewegung

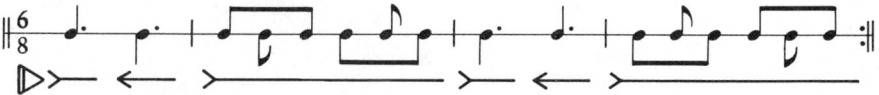

Seitliches Verlagern mit Drehung

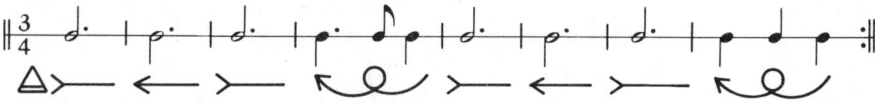

Beugen und Strecken:
Zur metrisch freien Begleitung durch einzelne „Signalschläge" auf Becken und
Gong wechseln die Kinder zwischen ganzkörperlichen Streckungen und Beugun-
gen.
Tempowechsel: Langsames Beugen — rasches Strecken.
Temposteigerung: Aus dem langsamen Beugen und Strecken des Anfangs heraus
wird die Bewegung immer kleiner und rascher.

Arm- und Beingesten:
Abwechselnd werden mit einem oder beiden Armen oder auch mit einem Bein
kleine oder größere Kreise in die Luft oder auf den Boden gezeichnet. Diese Bewegungen können auch mit Gehen verbunden werden.

Differenzierte Aufgabenstellungen zur Erfahrung zeitlicher, dynamischer, räumlicher und formaler Phänomene und Begriffe

Im vorangegangenen Abschnitt wurden die Bewegungsarten und ihre Varianten, häufige Fehler und ihre Korrekturen dargestellt.
In diesem Kapitel geht die Anordnung des Materials von anderen Gesichtspunkten aus. Zeitliche, dynamische, räumliche und formale Begriffe sollen mit Hilfe des vorher skizzierten Bewegungsmaterials erfahren und ausprobiert werden. Dies geschieht in variablen, dem Spielerischen ähnlichen Übungen, noch nicht in fixierten tänzerischen Formen und Bewegungszusammenhängen. Beispiele für die Aufgabenstellungen sollen dies verdeutlichen.
Um das Material übersichtlich anzuordnen, wurde es in vier Themenkreise gegliedert — Überschneidungen der vier Gebiete sind unvermeidlich.

Aufgabenstellungen zum Phänomen „Zeit"

Durch diese Übungen sollen die Kinder jene Erscheinungsformen der Zeit erfahren und verstehen lernen, die in der Musik und im Tanz zur Auswirkung kommen: Tempo, d. h. langsam und schnell in kontinuierlichem oder plötzlichem Wechsel, Anfang, Dauer und Ende eines musikalischen oder bewegungsmäßigen Ablaufes, d. h. Einsatz, Phrasierung und Schluß. Pausen und rhythmische Motive, verschiedene Metren, Ein- und Zweistimmigkeit in einfachster Form.

Aufgaben zum Tempo
— Gegensätze von schnell und langsam: Jedes Kind zeigt von sich aus zwei extreme Geschwindigkeiten, es kann sich dabei den Unterschied zwischen den Bewegungen eines alten Menschen und eines übermütigen Kindes, zwischen der Geschwindigkeit eines Fuhrwerks und eines Rennwagens vorstellen oder frei von allen Vorstellungsbildern arbeiten. Solche Versuche können im Gehen und Laufen, aber auch im Kriechen und Rollen auf dem Boden oder ähnlichen, unkonventionellen Arten der Fortbewegung erprobt werden. Man sollte darüber nicht vergessen, auch mit Armen, Kopf oder Rumpf eine Möglichkeit der langsamen oder schnellen Bewegung zu finden, die von der Fortbewegung unabhängig ist und im Liegen, Sitzen, Knien oder Stehen ausgeführt werden kann.
— Accelerando und ritardando in Bewegung und Begleitung: Alle Kinder bilden eine Gruppe, eine kontinuierliche Tempoveränderung soll erarbeitet werden.

Am besten gelingt dies bei kleinen Kindern in spielerischer Form. Mehrere Kinder stellen sich hintereinander auf und bilden so einen Zug. Er beginnt ganz langsam zu fahren, wird schneller und schneller; wenn er in die Nähe eines Bahnhofs kommt, verlangsamt er sein Tempo, bis er zuletzt stehenbleibt. Wenn sehr viele Kinder in einer Gruppe sind, können auch zwei oder mehrere Züge gebildet werden. Zuerst fährt Zug 1, vielleicht ist es ein Lastenzug, der nicht sehr schnell fahren kann. Ist er in der Station eingetroffen, dann fährt der Expreßzug ab, etc. Dieses Spiel läßt sich mit räumlichen Aufgaben verbinden, indem das erste Kind (die Lokomotive) einen bestimmten Raumweg führt (im Kreis, an den Wänden entlang, im Zickzack, in Kurven). Die Phantasie der Kinder wird mithelfen, dieses Spiel auszuschmücken. (Siehe auch S. 183.) Eventuell begleitet eine Gruppe das „Fahren" der Züge mit Klatschen im Grundschlag.

— Reagieren auf ein durch die Begleitung gegebenes Tempo: Der Lehrer begleitet sehr leise in einem gleichbleibenden Tempo, die Kinder hören mit geschlossenen Augen zu. Haben sie die Geschwindigkeit erfaßt, so patschen oder klatschen sie leise mit. Schließlich bewegen sie sich dazu, nun allerdings mit offenen Augen. Diese Übung wird vorwiegend in der Fortbewegung auszuführen sein. Jedes Kind kann unabhängig von den anderen laufen oder gehen, es können sich aber auch Paare, kleinere Gruppen, eine Kette oder ein Kreis bilden. In Ausnahmefällen wird man den Kindern die Aufgabe stellen, eine Lösung ohne Bewegung der Beine zu finden, dadurch wird die Arm- und Rumpfbewegung stärker aktiviert. Nach kurzer Zeit erfolgt ein Tempowechsel. Er wird wieder in der Reihenfolge: *Hören — Begleiten — Bewegen* von den Kindern aufgenommen. Manchen Kindern fällt es am Anfang schwer, ihr eigenes Tempo der Begleitung durch Handtrommel, Bongos oder Flöte anzugleichen. Es gibt einige Hilfsmittel, um die Anpassung zu erleichtern.

— Die Kinder (Vorschulalter) singen ein ihnen gut bekanntes Lied, sie fassen sich an den Händen und gehen dazu im Kreis. In den meisten Fällen überträgt sich das Singtempo sofort auf das Bewegungstempo.

— Der Lehrer begleitet Gehen, Laufen und Hüpfen der Kinder. Seine Begleitung verändert sich entsprechend der Bewegungsart (die Kinder klatschen jedoch unverändert Viertelnoten). Vom Lehrer wird Gehen am besten mit rhythmischer Umspielung von Viertelnoten, Laufen mit Achtelnoten in etwas langsamerem Tempo, Hüpfen mit Viertel-Achtelmotiven im Sechsachteltakt begleitet.

— Langsames Tempo fällt den Kindern um so schwerer, je jünger sie sind. Hier bewährt es sich, die Bewegungsaufgabe so zu stellen, daß die Zeit leichter ausgefüllt werden kann. „Gehen mit Hochziehen der Knie bei jedem Schritt" ist wesentlich einfacher als „Gehen in einem sehr langsamen Tempo". Mitklatschen, -singen oder -sprechen ist angebracht.

Erarbeitung von Einsatz und Schluß einer Bewegung
Sind die ersten Schwierigkeiten des „Tempohaltens" und „Tempoveränderns" überwunden, so ergibt sich die Notwendigkeit eines gemeinsamen Anfangs bzw.

eines gemeinsamen Schlusses der Bewegung. In den ersten Stunden des Unterrichts wird man bei kleinen Kindern noch keinen Wert auf einen gemeinsamen Einsatz legen. Sie müssen sich in dieser Zeit an so viel Neues gewöhnen, daß die Details noch unberücksichtigt bleiben. Schließlich kommt aber doch der Moment, wo alle zur gleichen Zeit und mit der Begleitung einsetzen sollen. Zur Erleichterung kann man Worthilfen benützen. Das können Namen von Kindern aus der Gruppe sein oder auch ein einfacher Text, der zum Anfangen auffordert.

Bern - hard, Clau - di - a, Bri - git - te und die an - dern,

gleich geht's los, jetzt geht's los und al - le ma-chen mit.

— Der Einsatz wird zuerst ohne Bewegung ausprobiert. Der Lehrer spielt das kleine Sprüchlein, die Kinder hören zu oder sprechen auch schon mit und setzen auf der Eins des folgenden Taktes mit Klatschen ein. Später wird der Bewegungseinsatz z. B. mit einem betonten Schritt erfolgen. Eine nächste Stufe ist erreicht, wenn die Kinder das Vorspiel nur hörend abwarten und dann exakt einsetzen können. Ist der Einsatz durch Worthilfe und Vorspiel ganz sicher geworden, so kann man auf beides verzichten. Der Lehrer gibt das Zeichen zum Anfang nur durch sein „auftaktiges" Einatmen.

Wichtig ist also für jeden Einsatz zum Sprechen, Singen, Klatschen, Spielen auf Instrumenten oder zur Bewegung und zum Tanzen speziell, daß er durch die Atmung vorbereitet wird. Es ist ein kurzes „auftaktiges" Einatmen, das dem Tempo der folgenden Ausführung entspricht. (Besonders ist darauf zu achten, daß beim Einatmen die Schultern nicht hochgehoben werden.)

Sehr bald sollen auch die Kinder versuchen, an Stelle des Lehrers den Einsatz zu geben.

Ebenso wie der Anfang, ist auch der gemeinsame Schluß wichtig für jede Gruppenarbeit. Ein bekanntes Lied (z. B. „Ringel Reiha" oder ein entsprechendes für ältere Kinder) hilft hier weiter.

— Zuerst singen Kinder und Lehrer gemeinsam und achten genau auf Worte und melodische Wendung des Liedendes. Dann bewegen sie sich zur Melodie (die Art der Bewegung soll natürlich dem Tempo und Charakter des Liedes entsprechen). Sie sollen einen deutlichen Abschluß der Bewegung zum Ende der Melodie finden.

— Reaktionsübung: Der Lehrer oder ein Kind begleitet zum Gehen, Laufen, Hüpfen. Auf ein besonderes Zeichen (Aufhören der Begleitung, akzentuierter Schlag oder Zuruf) bleiben die Kinder plötzlich stehen.

— Vorbereiteter Schluß eines längeren Bewegungsablaufes: Wieder wird mit einer Worthilfe vorgearbeitet, zuerst nur im Stehen oder im Sitzen. Die Kinder achten darauf, wann der Lehrer sagt (rhythmisiert): „Jetzt ist Schluß!" Sie sollen bei „Schluß" mitklatschen.

— Nun versuchen sie, den „Schluß" auch in der Bewegung zu finden. Alle laufen durcheinander, hören gespannt auf die Begleitung, bei „Schluß" machen sie einen kleinen Sprung auf beide Beine (Schlußsprung) und bleiben stehen, ohne die Balance zu verlieren. Nach einiger Zeit spricht der Lehrer nicht mehr mit, betont aber das Ende so deutlich, daß es wie ein Signal, ein akustisches Zeichen auf die Kinder wirkt.

Jetzt ist Schluß!

Erarbeitung verschiedener Phrasierungen

Anfang und Schluß einer Bewegung haben die Kinder verstanden, nun müssen sie lernen, wie lange eine Phrase dauert, damit der Lehrer nicht immer sein Schlußzeichen geben muß. Wir sind mit den Wortunterstützungen nun schon vertraut und suchen wieder ein Lied, das alle Kinder kennen, z. B. „Jungfer in dem roten Rock" (Orff-Schulwerk, „Musik für Kinder", Bd. 2, S. 28).

— Wir singen und begleiten mit Patschen und Klatschen. Später stehen sich zwei Gruppen gegenüber, eine begleitet, die andere hüpft dazu in einer Kette hinter dem anführenden Kind her. Bei „und ihr" wird durch einen Schlußsprung das Ende markiert. Nun bewegt sich die erste Gruppe, die zweite übernimmt die Begleitung. Gleichzeitig können bestimmte Raumaufgaben gestellt werden: Hüpfen vorwärts und rückwärts, im Kreis, in Kurvenlinien.

— Als nächstes kommt jedes Kind einzeln dran. Alle stehen in einem Kreis, ein Kind nach dem anderen darf die Phrase allein tanzen, am Ende muß es wieder an seinem Platz angelangt sein. Besonders wichtig ist es, daß zwischen den einzelnen Einsätzen keine Pausen entstehen. Hat ein Kind geendet, so setzt das nächste ein; und so die ganze Reihe durch, eines nach dem anderen.

— In einer der nächsten Stunden wird der Text noch leise gesungen, dann nur mehr gedacht. Schließlich ist die Phrase von vier Takten den Kindern selbstverständlich geworden. Auf diese Weise kann man auch längere oder unregelmäßige Phrasierungen erarbeiten.

Erarbeitung von Pausen

Es sollen sowohl einzelne Pausen innerhalb eines Textes, Liedes oder Musikstückes als auch längere von einem oder mehreren Takten erarbeitet werden.

— Prinzipiell muß den Kindern erfahrbar gemacht werden, daß eine Pause nicht Leere bedeutet, sondern ein Zeitraum der Stille ist. Mit sehr kleinen Kindern (Kindergarten) ist es möglich, eine Pause während des Sprechens oder Singens durch eine Geste des Schweigens (Finger auf den Mund legen) zu erfüllen. Dabei sollen die Kinder sehr aufmerksam horchen, ob es auch wirklich still ist.

— Alle Kinder gehen im Kreis, sprechen und klatschen eine Reihe von Namen der anwesenden Kinder. In der Pause (beispielsweise nach einem einsilbigen

Namen) erfolgt die Pause als konzentriertes Hören. Die Geste dient nur der Einführung und kann bald weggelassen werden.

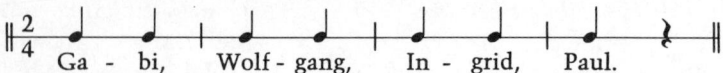

Ga - bi,   Wolf - gang,   In - grid,   Paul.

— Bei etwas größeren Kindern kann die Pause durch einen unhörbaren Schlag in die Luft ausgedrückt werden. Als Variante in der Fortbewegung wird in der Pause kein neuer Schritt gemacht, sondern mit der Zehenspitze lautlos auf den Boden getippt.
— Erarbeitung von längeren Pausen: Dazu wird als Texthilfe ein Sprichwort gewählt.

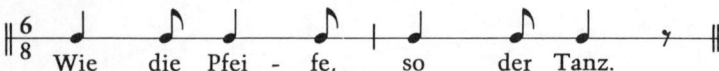

Wie   die   Pfei - fe,   so   der   Tanz.

— Zu Beginn wird der Text gesprochen, eventuell wurde auch schon eine Melodie dazu gefunden, so daß die Worte gesungen werden können. Dem Inhalt entsprechend improvisieren die Kinder einfache Tanzschritte dazu. Einmal erklingt also der Text, verbunden mit der Bewegung, dann spricht oder singt jedes Kind nur innerlich, bewegt sich aber wie zuvor. Bei der nächsten Wiederholung fällt auch die Bewegung weg. Die Konzentration bleibt während dieser Pause intensiv auf die unhörbaren Worte gerichtet, und der neuerliche Bewegungseinsatz muß präzise sein. Eine Pause darf niemals ein Loch sein, denn das Lauschen auf etwas Unhörbares — die Spannung — muß durchgehalten werden.
Auf diese Weise kann man das Pausieren während einer ganzen Phrase erarbeiten. Später kann die Länge des Textes verkürzt werden, so daß sich Pausen von einem Takt ergeben. Der Lehrer muß darauf achten und selbst deutlich und überzeugend vormachen, daß jeder neue Einsatz nach der Pause durch eine Einatmung, durch ein klares Phrasieren vorbereitet wird.

Erarbeitung verschiedener Taktarten
— Bekannte Lieder im Zweiviertel- oder Viervierteltakt werden gesungen. Die Kinder spielen eine rhythmische Begleitung, bei der nur die Taktanfänge (rhythmische Schwerpunkte) geklatscht werden. Nach einiger Zeit werden auch die leichten Taktteile hinzugenommen. Schwere und leichte Taktteile können durch verschiedene Ausführung deutlich voneinander abgehoben werden. Später kommen Lieder im Dreivierteltakt dazu.

Begleitungen können sein:

Schna.
Kla.
Pa.
Sta.

— Die nächste Stufe stellt die Aufforderung, sich zum Singen zu bewegen und die Betonung durch einen akzentuierten Schritt zu verdeutlichen. Lange bevor die Kinder wissen, was ein Dreiviertel- oder Viervierteltakt ist, können sie solche Aufgaben lösen.

Sobald der Unterschied von betont und unbetont, von schwer und leicht in der Bewegung durch bekannte Melodien und Texte verstanden ist und ausgeführt werden kann, ist die Reaktion auf ausschließlich rhythmische Begleitung oder unbekannte Melodien möglich.

— Der Lehrer spielt einen Rhythmus im Zweivierteltakt auf der Trommel, die Kinder sollen die Akzente in der Bewegung betonen. Dazu gehen oder laufen sie vorwärts, später auch rückwärts. Verschiedene Raumwege und Gruppierungen werden angeregt.

— Ein anderes Mal hören sie eine Melodie im Dreivierteltakt, die der Lehrer oder ein Kind auf der Flöte spielt. Hier wechselt der Akzent bei gleichmäßigen Schritten von einem Bein auf das andere. Die betonten Schritte werden vorwiegend auf der ganzen Sohle, die unbetonten auf dem Ballen ausgeführt.

— Diese Aufgabe kann in jeder Taktart geübt werden. Die Kinder gehen vorwärts, später rückwärts oder mit Seitschritten im Kreis. Das Grundmaß der Schritte entspricht dem Puls. Unabhängig von den Schritten werden nun darüber einfache Rhythmen geklatscht, zuerst als Echoübung, später als Frage und Antwort (siehe auch S. 132). Dabei kann bald ein Kind an Stelle des Lehrers die Frage spielen, die anderen erfinden der Reihe nach die Antworten.

— Zur Begleitung des Lehrers (Flöte, Gesang) versuchen die Kinder Bewegungen zu finden, die der Taktart entsprechen und zur Melodie passen: marschartiges Gehen, Polkaschritt etc. für den Zweivierteltakt, schwingendes Gehen und Laufen, Drehungen für den Dreivierteltakt.

Sind die einzelnen Taktarten den Kindern musikalisch und bewegungsmäßig vertraut, so können Taktwechsel eingeführt werden.

— Der Taktwechsel wird durch Worthilfen oder eine Melodie vorbereitet.

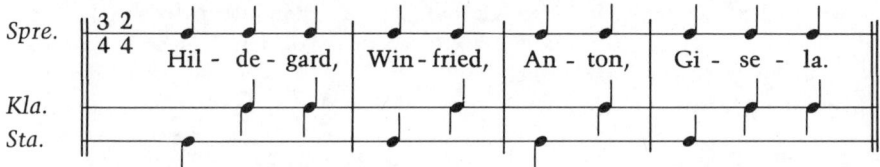

Zuerst werden die Namen gesprochen und geklatscht. Bald kann man den Text weglassen, die Taktanfänge werden gestampft. Schließlich kann man eine bestimmte Bewegung für den Dreiviertel-, eine andere für den Zweivierteltakt ausprobieren. Aus den individuellen Lösungen der Kinder werden die besten ausgewählt. Zwei unterschiedliche Möglichkeiten sind:

— Vorwärtsbewegung: Wechsel von Laufschritten und Doppelfederungen am Platz.

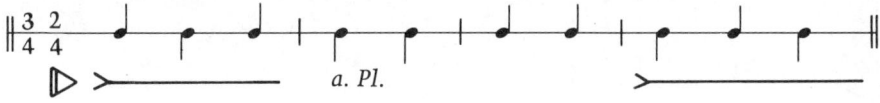

— Seitliche Bewegung: Wechsel von Stampfen und Anstellschritten

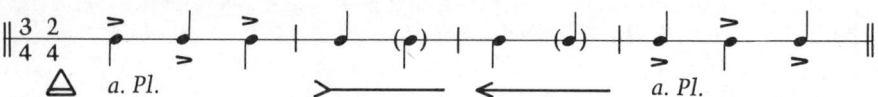

Erarbeitung rhythmischer Motive

Rhythmische Motive werden durch Namen und Wortreihen aus Themenkreisen, die von den Kindern vorgeschlagen werden können, eingeführt. Sie werden als Echoübung oder als Frage und Antwort unter Einbeziehung von Klanggesten (Stampfen, Patschen, Klatschen, Schnalzen) und Schrittmotiven geübt. Sofern den Kindern die Taktsprache aus dem Musikunterricht bekannt ist, kann auch sie einbezogen werden. Sind die Rhythmen den Kindern vertraut und selbstverständlich geworden, kann man die Worthilfen weglassen. Einfache Rhythmen können in der Wiederholung (als Ostinati) am Platz und in der Fortbewegung ausgeführt werden. Sie dienen später als „Bausteine" für kleine Formen.

— Einfacher Wechsel von Stampfen und Schnalzen: Mit jedem Stampfschritt kann vorwärts, rückwärts oder seitwärts gegangen werden. Das Schnalzen kann mit hocherhobenen Armen über dem Kopf oder mit parallel geführten Armen einmal rechts, dann links vor dem Körper erfolgen. Die Bewegung der Arme soll fließend und dem Tempo angepaßt erfolgen. (Ostinato 1)

— Volltakt und Auftakt werden gestampft, das gibt dem Ablauf einen vorwärtsdrängenden Charakter, die Stampfschritte können nach einiger Zeit auch angesprungen werden. (Ostinato 2)

— Zweitaktiger Ostinato im Dreivierteltakt: Er wird am Anfang am Platz ausgeführt. Wichtig ist eine ruhige, kontinuierliche Führung der Arme. Später ist der Ostinato auch in der Fortbewegung (Gehen oder schwingendes Laufen) zu versuchen, dabei können Richtungswechsel, gerade und kurvige Raumwege oder eine paarweise Ausführung ausprobiert werden. (Ostinato 3)

— Zweitaktiger Ostinato im Zweivierteltakt: Die Stampfschritte sind gleichlaufend, eignen sich also gut für Fortbewegung. Für den Rhythmus können zuerst Worthilfen verwendet werden. Etwa: „Sag mir, wie heißt du" oder ähnliches. (Ostinato 4)

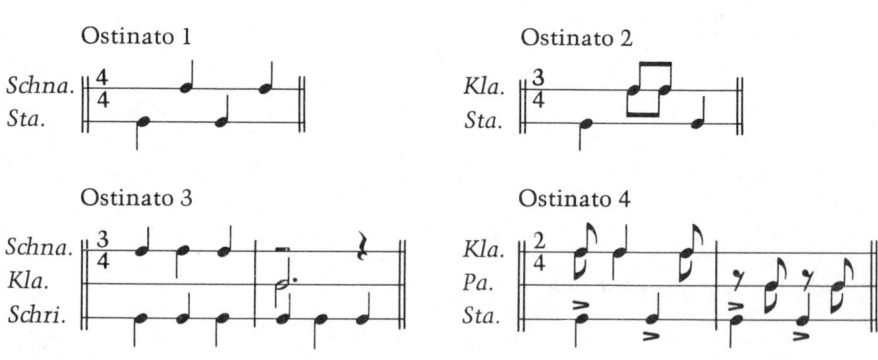

Bestimmte rhythmische Motive sind charakteristisch für einzelne Bewegungsarten oder Schrittverbindungen (Pavan-, Sarabande-, Galliardrhythmus oder aus dem Gebiet der neueren Gesellschaftstänze: Tango- oder Cha-Cha-Cha-Rhythmus). Für unser Material sind dies vorwiegend die rhythmischen Motive des Hüpfens und des Wechselschritts. Die Kinder assoziieren solche Rhythmen sehr rasch mit bestimmten Bewegungen, das soll jedoch nicht heißen, daß keine anderen dazu ausgeführt werden dürften.

— Vier Bewegungsarten mit ihren entsprechenden Begleitungen stehen zur Auswahl: Gehen, Laufen, Hüpfen und Wechselschritte. Dazu spielt der Lehrer oder ein Kind eine der angeführten Begleitungen:

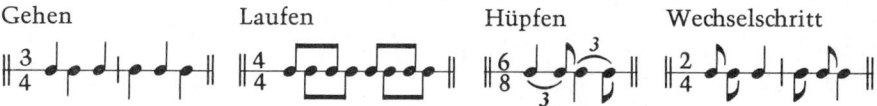

Gehen   Laufen   Hüpfen   Wechselschritt

Die Kinder hören auf die Begleitung, klatschen sie leise mit und bewegen sich dann in freien oder vorher bestimmten Raumwegen, allein oder in Paaren, eventuell in kleinen Gruppen oder bestimmten Gruppierungen. Es können auch vier Gruppen gebildet werden, jede Gruppe übernimmt eine Bewegungsart und wird von einem bestimmten Instrument begleitet (Handtrommel, Fingercymbeln, Klangstäbchen und Schellen). Jede Gruppe bewegt sich nur dann, wenn ihr Begleitinstrument spielt. Die Wechsel von einem Instrument zum anderen können regelmäßig oder auch überraschend sein. Spielen zwei Instrumente gleichzeitig, so bewegen sich auch zwei Gruppen.

Rhythmische Zweistimmigkeit
Die erste Einführung in die rhythmische Zweistimmigkeit geschieht durch Aufmerksammachen auf gleichzeitig hörbare Dinge (Geräusch eines anfahrenden Autos und gleichzeitig das Hupen eines anderen Wagens; das Ticken einer Uhr und das Atemgeräusch eines Menschen; das Schrittgeräusch der Kinder, die sich im Raum bewegen, und die Stimme des Lehrers). Dann sollen die Kinder selbst Beispiele ähnlicher Art finden. Schließlich kann man dazu übergehen, Geräusche selbst zu erzeugen, erst in ungeordneter Form (ein Kind mit den Füßen, ein anderes mit den Händen), dann in rhythmisch geordneter Form, etwa mit Hilfe der schon bekannten Ostinati. Zwei Kinder oder zwei Gruppen führen je einen Ostinato jeweils mit Klanggesten in der Bewegung aus, die anderen beobachten und hören zu.

— Einige Kinder bilden einen Innenkreis, sie klatschen den ersten Ostinato und gehen dazu mit gleichmäßigen Schritten vorwärts, rückwärts oder seitwärts (Gesicht zur Mitte). Um diesen Innenkreis haben andere Kinder einen Außenkreis gebildet, sie gehen im gleichen Tempo in der Gegenrichtung und spielen den zweiten Ostinato. Beide Gruppen sollen sehr genau aufeinander hören. Nach einer bestimmten Zeit (beispielsweise nach 16, 8 oder 4 Takten) werden die Rollen getauscht. Diese Aufgabe kann durch andere Rhythmen, Bewegungsaufgaben oder Raumwege variiert werden.

Ostinato 1   Ostinato 2

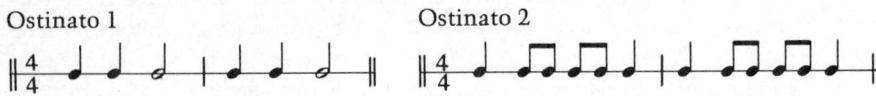

Bei dem folgenden Beispiel sind es nicht mehr zwei gleichzeitig erklingende Ostinati, sondern ein fortlaufender, improvisierter oder festgelegter Rhythmus, der über der Begleitung eines Ostinato ausgeführt wird.

– Gruppe 1 übernimmt den Ostinato, Gruppe 2 den fortlaufenden Rhythmus. Hinzu kommt eine einfache Raumform. Gruppe 1 steht im Kreis, der Ostinato wird gestampft und geklatscht, bei jedem neuen Takt wird eine Viertelwendung gemacht. Gruppe 2 geht als Kette hinter einem anführenden Kind, das um die im Kreise Stehenden herumführt.

Aufgabenstellungen zum Phänomen „Dynamik"

Durch die folgenden Beispiele soll die Aufmerksamkeit der Kinder auf dynamische Unterschiede gelenkt und ihre Sensibilität dafür geweckt werden. Im Sprechen, Singen, Spielen von Instrumenten und im Tanzen sollen sie unterschiedliche Intensität als Wechsel verschiedener Spannungsgrade in kontinuierlichem oder plötzlichem Übergang, in regelmäßigen und unregelmäßigen Akzenten auszudrücken lernen.

122

Gehörbildende Vorübungen
— Welche lauten oder leisen Geräusche kennen die Kinder? Leise — eine Katze, ein Luftballon, Regentropfen, eine Taschenuhr. Laut — der Donner, eine Explosion, eine startende Düsenmaschine. Viele andere Beispiele werden die Kinder selbst finden.
— Die Kinder können selbst mit ihrer Stimme, mit den Händen oder Füßen laute und leise Geräusche erzeugen: Flüstern und Schreien, auf den Ballen unhörbar Gehen und laut Stampfen, mit den Fingern leise Klatschen und in die hohle Hand laut Schlagen.
— Die ganze Gruppe geht (läuft, hüpft, federt). Ein Kind setzt sich mit geschlossenen Augen in die Mitte des Raumes. Die übrigen Kinder bewegen sich entweder alle zugleich oder nur ein Teil von ihnen, während die anderen ihnen zusehen. Das Kind in der Mitte versucht zu erraten, wieviele Kinder sich bewegen.
— Mit geschlossenen Augen sitzen die Kinder verteilt im Saal. Ein Kind geht möglichst leise zwischen ihnen umher. Die anderen sollen am Geräusch der Schritte erkennen, ob es nahe oder weit weg ist und in welchem Teil des Raumes es sich gerade aufhält.
— Alle Kinder sitzen im Kreis, die Hände vor den Augen. Ein Kind geht in die Mitte, stampft, klatscht in die Hände oder auf den Boden, schnalzt oder patscht. Die anderen sollen erkennen, wie das Geräusch erzeugt wurde, ob es laut oder leise war.

Reaktions- und Konzentrationsübungen mit dynamischen Anregungen
Anfänglich sind nur zwei kontrastierende Geräuschstärken zu verwenden, erst wenn die Reaktion auf diese beiden sicher ist, können mehr hinzugefügt werden.
— Bei einem leisen Schlag auf die Handtrommel sollen die Kinder, die eben noch frei und ohne Begleitung im Raum herumgingen, plötzlich stehenbleiben; bei einem lauten sollen sie sich blitzschnell zu Boden legen; bei einem halblauten verharren sie auf einem Bein (Balanceübung).
— Bei leiser Begleitung bewegt sich eine Gruppe, bei lauter eine andere. Der Wechsel darf hier ziemlich rasch sein, denn schnelle Reaktion soll dabei gerade geschult werden.
— Während die Kinder sich bewegen, schlägt ein vorher bestimmtes Kind auf ein hängendes Becken. Solange die anderen diesen Ton hören können, bleiben sie stehen und lauschen. Erst wenn er ganz verklungen ist, nehmen sie ihre frühere Bewegung wieder auf.
— Wieder ein Beckenschlag. Während der Ton verklingt, machen sich die Kinder klein und sinken langsam zu Boden. Ist gar nichts mehr zu hören, liegen sie ruhig. Bei der Wiederholung des Tones stehen sie vorsichtig auf. Ihre vollkommene Aufrichtung erreichen sie erst, wenn vom Ton nichts mehr zu hören ist. Diese Aufgabe ist für kleine Kinder nicht so einfach, sie haben Schwierigkeiten, ihre Bewegung langsam, sozusagen mit „Einteilung" auszuführen.

Durch solche Übungen sind den Kindern Begriffe wie forte, piano, crescendo und decrescendo klargeworden. Nach einiger Zeit werden auch die entsprechenden Namen und Zeichen eingeführt.

Aber nicht nur das Erkennen und Verstehen von dynamischen Unterschieden ist notwendig, sondern ebenso wichtig ist es, sie selbst ausführen zu können. Leise und laut bedeutet in der Bewegung weniger oder mehr Spannung. „Laut" darf eine Bewegung nur in Ausnahmefällen sein.

— Wechsel in der Begleitung von leise und laut: Die Kinder versuchen, durch Stampfen auf der ganzen Sohle und Gehen auf dem Ballen eine Entsprechung zur Begleitung zu finden. Dabei ist nicht die Lautstärke des Stampfens, sondern die Körperspannung wichtig.

— Alle Kinder zusammen beginnen leise zu klatschen, dann wird das Klatschen lauter und lauter, als ob jemand langsam näher käme. (Crescendoübung, ebenso als decrescendo zu üben. Der Lehrer muß darauf achten, daß crescendo nicht zum accelerando und decrescendo zum ritardando wird.)

— Die Hälfte der Kinder begleitet mit den Händen oder auf Instrumenten; sie spielen ein crescendo, indem sie pianissimo beginnen und bis zum forte steigern. Die anderen Kinder versuchen, dieses crescendo auszudrücken. Sehr bald verstehen sie, daß sich die zunehmende Kraft in der Intensität der Raumbewegung äußern kann. Sie beginnen also mit kleinen, ruhigen und enden beim forte mit weiten, gespannten, fast gesprungenen Schritten.

— Der Lehrer spielt auf der Trommel, manchmal sehr leise, dann crescendo, plötzliche Akzente, decrescendo etc. Die Kinder versuchen, ihre Bewegungen der wechselnden Dynamik anzupassen. Bald merken sie, daß je nach der Art der Begleitung einmal scharfe, betonte, dann wieder kleine, sparsame Gesten und Schritte notwendig sind, daß man bei crescendo mehr, bei decrescendo weniger Kraft und Spannung braucht. Solche Übungen sind sowohl in der Fortbewegung als auch am Platz zu probieren. Einmal wird das Hauptgewicht auf den Schritten, Sprüngen, Wendungen liegen, ein anderes Mal werden die Bewegungsmöglichkeiten von Rumpf, Armen und Händen, Hals und Kopf stärker berücksichtigt. Vorstellungshilfen können unter Umständen hilfreich sein.

— Wechselnde Akzente werden ausprobiert: Die Betonungen sollen nicht besonders laut, sondern die übrigen Noten leiser gespielt werden. Dann versuchen die Kinder, Akzente in der Bewegung zu finden, beispielsweise Aufstampfen während des Gehens, Richtungswechsel, ein kleiner Sprung, stoßartige Armgesten und ähnliches.

Je jünger die Kinder sind, um so kürzer müssen die rhythmischen Phrasen sein, an denen gearbeitet wird, da sonst ihr Gedächtnis und ihre Konzentration überfordert werden. Eventuell kann ein Nonsensreim für diese Aufgabe verwendet werden, dessen einzelne Wörter von den Kindern überraschend laut oder leise gerufen oder geflüstert werden. Das sprachliche Modell kann mit Instrumenten oder in der Bewegung wiederholt und nachvollzogen oder auch variiert werden.

Die meisten der eben beschriebenen Beispiele hatten die bewegungsmäßige Wiedergabe einer dynamisch differenzierten Begleitung zur Aufgabe. Die Kinder sollen jedoch auch dazu angeregt werden, von sich aus kleine Abläufe dynamisch wechselvoller Bewegungen auszuprobieren. Motivationen dazu können im Gespräch mit den Kindern gefunden werden (z. B. die Darstellung besonders kräftiger Personen aus der Lektüre der Kinder wie Asterix mit und ohne Zaubertrank, des Windes, der mit verschiedener Stärke bläst, oder eines vom Winde bewegten Gegenstandes).

— Jedes Kind sitzt am Boden und versucht, mit Händen und Füßen hörbar zu spielen; dabei kann es Fingerspitzen, Knöchel, Handinnenfläche, Handrücken, Faust, Fersen, Fußballen, Zehen oder die ganze Sohle verwenden. Tempo und Rhythmus sind bei dieser Übung nicht entscheidend. Wichtiger ist das phantasiereiche, dynamische Spiel mit diesen einfachen Geräuscheffekten. Einige Kinder dürfen ihr Spiel den anderen vorzeigen.
— Frei im Raum verteilt, übt jedes Kind für sich. Mit Schritten, Stampfen, Klatschen, kleinen Sprüngen oder Armgesten soll es versuchen, ganz leise anzufangen, immer lauter zu werden und mit einer besonders starken Bewegung aufzuhören.
— Diese Aufgabe ist ähnlich wie die vorhergehende, doch soll nun statt eines kontinuierlichen crescendos ein freier Wechsel von laut und leise ausprobiert werden. Da überbetontes Stampfen die Füße schädigt und da die Kinder auch lernen sollen, daß nicht das „Laute", sondern die körperliche Spannung im Vordergrund steht, kann man ihnen allmählich klarmachen, daß man die laute Bewegung zwar sehen, aber nicht hören soll. Sehr bald werden die Bewegungen mehr Spannung und Intensität in ihrer räumlichen Ausführung bekommen. Die Kinder selbst sollen dann beurteilen, ob eine Bewegung sichtbar „laut" oder „leise" ist. Schließlich können statt „laut" und „leise" die Begriffe „stark" und „schwach", „kräftig" und „zart" eingeführt werden.

Aufgabenstellungen zum Phänomen „Raum"

Die Art des Raumes, in dem die Kinder sich bewegen sollen, übt erfahrungsgemäß einen großen Einfluß auf die Bewegung selbst aus. Ein Klassenzimmer mit Bänken oder Tischen fordert andere Raumwege als ein Turnsaal. Ein Schulhof oder eine Wiese gibt andere räumliche Anregungen als ein geschlossenes Musikzimmer.

Orientierung, Sich-Verteilen im Raum, Ausnützen großer Flächen, Raumwege und Raumrichtungen, Gruppierungen und die dazu gehörenden Fassungen sind der Inhalt der folgenden Übungen.

Orientierungsübungen
— Die Kinder müssen den Raum, in dem der Unterricht stattfinden soll, erst entdecken. Dazu laufen sie vollkommen frei im ganzen Zimmer oder Saal herum. Sie gehen in alle Ecken, über die Diagonale, im Zickzack, an den Wänden entlang. Sie laufen in Kurven, im Kreis, im Achter, in Spiralen, wie es ihnen gerade einfällt. Sie können mit kleinen Trippelschritten oder großen Laufsprüngen herumtollen. Einzelne laufen allein, andere bewegen sich zu zweit oder in kleinen Gruppen.

Dieses Ausprobieren liefert das Rohmaterial, das durch Aufgabenstellung, Hindernisse im Raum, durch Beispiele eines Kindes oder des Lehrers, durch Partner und Gruppenarbeit differenziert wird. Bewegungsbegleitung kann hinzukommen, doch muß nicht immer begleitet werden, die Kinder sollen lernen, auf ihre eigenen Schritte zu hören.

Anpassungsübungen
— Freies Herumgehen im Raum. Einzige Spielregel: Weder an den Wänden noch an anderen Kindern anstoßen (erste Anpassung der eigenen Raumwege an die der anderen).
— Alle gehen in einer Gruppe oder Kette. Ein aufgerufenes Kind führt an. Auf Zuruf wechselt die Führung und ein anderes kommt an die Spitze der Gruppe. Das anführende Kind ist dafür verantwortlich, daß die Gruppe nicht an die Wand stößt, daß klare und übersichtliche Raumwege eingeschlagen werden. Die anderen lernen, wie man sich anpaßt und in eine Gruppe einfügt.
— Zwei oder mehrere Gruppen bewegen sich — eventuell in verschiedenen Bewegungsarten — gleichzeitig im Raum. Sie dürfen nicht zusammenstoßen und sollen eine bestmögliche Verteilung finden.
— Alle Kinder stehen gut verteilt im Raum. Zur Begleitung der Trommel laufen sie herum, auf einen bestimmten Akzent bleiben sie stehen. Nun wird beobachtet, ob irgendwo zu viele beisammenstehen, also große Flächen des Saales ungenützt geblieben sind, ob Rand und Mitte gleichermaßen verwendet wurden. Beim nächsten Laufen achten sie bereits stärker darauf, sich gut zu verteilen.

Raumarbeit am Platz
Nicht nur durch Schritte im Gehen, Laufen und Springen kann der Raum erfahren werden, sondern auch durch unterschiedliche Stellungen des Körpers im Raum. Hinzu kommen die Möglichkeiten verschiedener Bewegungsrichtungen von Kopf und Rumpf, Armen und Beinen. Übungen dazu können im Knien und Sitzen ebenso gut wie im Stehen ausgeführt werden. Sie schulen die Beweglichkeit und die Bewegungssensibilität des Rumpfes und der Extremitäten.
— Jedes Kind steht auf seinem Platz: Wo ist vorne, wo ist oben oder rechts? Man kann in die Richtung blicken, mit dem ganzen Körper oder mit Händen, Beinen, Kopf oder Armen hinzeigen.
— Einmal wird nur mit den Händen gearbeitet, sie greifen nach vorne oder nach

hinten, nach oben und unten oder nach rechts und links. Sie können sich zu gleicher Zeit oder abwechselnd, parallel oder in Gegenbewegung in langsamem oder schnellem Tempo spielerisch bewegen. Vorstellungshilfen (Pflücken von Blumen oder Früchten, Einsammeln kleiner Gegenstände, Bewegung der Hände wie Schmetterlinge oder kleine Vögel) können verwendet werden, vor allem, wenn sie der Phantasie der Kinder entsprungen sind.

Die Hände erzählen eine Geschichte

— Ein anderes Mal sind es nur die Beine, die den Raum um sich auskundschaften. Mit der Zehenspitze des Spielbeins kann der Boden rund um das Standbein abgetastet werden. Kurven und Zickzacklinien können mit der Ferse oder der Fußspitze auf dem Boden oder in der Luft gezeichnet werden.
— Der Körper kann verschiedene Stellungen im Raum einnehmen: Er kann sich lang und schmal machen (fast wie ein Turm) oder klein und rund (wie eine Kugel). Eine Brücke kann gebaut werden, unter der man einen Ball durchrollen läßt oder sogar durchkriecht. Man kann auch versuchen, sich so breit und hoch wie eine Plakatwand hinzustellen. (Nachahmung und Darstellung verschiedener Tiere oder Gegenstände und ihrer typischen Bewegungsmöglichkeiten seien hier ebenfalls als Vorstellungshilfen erwähnt.)

127

Verschiedene
Stellungen des
Körpers im Raum:
hoch, rund, eckig,
breit, schmal

— Der Übergang von einer Stellung in die andere, aber auch die Bewegungen der
Hände, Arme und Beine sowie des Rumpfes können plötzlich und ruckartig
oder gleichmäßig und fließend (quasi legato) mit viel oder wenig Spannung
und in verschiedenen Tempi ausprobiert werden.

Reaktions- und Konzentrationsübungen
— Einordnen in bestimmte Gruppierungen: Auf Zuruf oder ein bestimmtes
akustisches Zeichen (Schlag auf die Trommel, Ende einer Melodiephrase) bilden alle Kinder einen Kreis. Ist der Kreis wirklich in der Mitte des Raumes, ist
er rund? — Ebenso rasch kann eine andere, von den Kindern zu bestimmende
Raumform oder Gruppierung gebildet werden, wie Halbkreis, Reihe (mit dem
Gesicht zum Lehrer, zum Fenster oder zu einer zweiten Reihe), Kette, Dreiergruppen. Zwei Gruppen sollen konzentrische Kreise bilden. Die Ankündigung
der neuen Form kann vom Lehrer oder von den Kindern ausgehen, sie kann
als kleine Skizze an die Tafel gezeichnet oder von einem Kind gerufen werden.
— Richtungswechsel als Reaktionsübung: Zuerst wird die Aufgabe so gestellt, daß
zwar alle Kinder zur gleichen Zeit, aber unabhängig voneinander im Raum
herumgehen. Es wird ausgemacht, daß die Begleitung auf der hohen Trom-

128

mel „Vorwärtsgehen", die auf der tiefen Trommel „Rückwärtsgehen" bedeutet. Der Wechsel wird am Anfang in längeren, dann in immer kürzeren Intervallen geübt. Der Lehrer sollte darauf achten, daß die Kinder den Richtungswechsel nicht ruckartig, sondern in fließendem Übergang lösen.

— An die Stelle von „vor" und „rück" tritt später rechts und links, in beschränktem Maße auch „hoch" und „tief". Das letztere wird ausschließlich, die anderen Möglichkeiten werden wahlweise am Platz ausgeführt. Nach einiger Zeit versuchen wir, den Wechsel von drei verschiedenen Richtungen miteinander zu kombinieren. Es erweist sich als zweckmäßig, am Anfang in langsamem, dann in schnellerem Tempo zu üben (also erst im Gehen, dann im Laufen oder Hüpfen).

Verfügen die Kinder bereits über einige Geschicklichkeit im Lösen solcher Aufgaben, so können Themen dieser Art auch in der Gruppe versucht werden. Die bisher angeführten Beispiele fördern Sicherheit und Orientierung im Raum, vorwiegend über das visuelle Erlebnis. Die folgenden Übungen, die mit geschlossenen Augen versucht werden sollen, stärken die Raumvorstellung, sensibilisieren akustische und taktile Wahrnehmungen. Zudem sind diese sogenannten „Blindübungen" hervorragende Konzentrationsaufgaben.

— Wer kann mit geschlossenen Augen — ohne zu blinzeln — eine gerade Linie gehen (nicht zu viele Kinder auf einmal)? Sobald die erste Furcht vor Zusammenstößen und dem plötzlich fremd gewordenen Raum verschwunden ist, kann dieses Beispiel variiert werden.

— Mehrere Kinder gehen mit geschlossenen Augen, unabhängig voneinander, einen kleinen Kreis, ein Viereck, eine Acht. Nahezu alle den Kindern vertrauten Wege können mit geschlossenen Augen vorwärts oder rückwärts geübt werden. Voraussetzung ist, daß die Kinder ihre Ängstlichkeit verlieren. Man darf sie keinesfalls zu dem Versuch zwingen. Ruhe im ganzen Raum, auch bei den beobachtenden Kindern, fördert die Konzentration der Ausführung.

— Einige Kinder gehen mit geschlossenen Augen im Raum umher und betasten alle Gegenstände, die ihnen erreichbar sind. Daran sollen sie feststellen, wo sie sich befinden (an der Tafel, bei den Schränken, vor den Fenstern oder an den Instrumenten).

— Zwei Kinder arbeiten gemeinsam. Eines mit offenen Augen führt das andere, das seine Augen geschlossen hält. Das passive Kind soll den Raumweg, den es geführt wird, behalten und später mit offenen Augen wiederholen.

— Wer kann mit geschlossenen Augen den Mittelpunkt eines Kreises finden? Wenn alle Kinder gemeinsam einen Kreis gebildet haben, geht ein Kind mit geschlossenen Augen so lange vorwärts, bis es glaubt, im Zentrum des Kreises zu sein.

— Die Kinder fassen sich an den Händen (im Kreis) und gehen mit offenen Augen zum Kreismittelpunkt (Gesicht in die gleiche Richtung). Aus dem ungeordneten Haufen gehen sie mit geschlossenen Augen und kleinen Schritten so lange rückwärts, bis die Arme gestreckt sind. Das Ergebnis ist ein so regelmäßiger Kreis, wie Kinder ihn mit offenen Augen selten bilden können.

Beispiele für die Erarbeitung verschiedener Raumwege und Raumformen
Im Unterricht ergibt es sich, daß ein Kind quer durch den ganzen Raum zur Tafel kommen soll. Daran knüpfen wir an. Auf welche Weise kann es den Weg zurücklegen? — Am schnellsten natürlich auf der geraden Linie, doch kann es auch in Kurven oder einem Zickzackweg dorthin gelangen. Wo findet man außerhalb des Unterrichtsraumes solche Linien (Straßenbahnschienen, Zuggleise, Parkwege, Straßenkreuzungen, Ornamente auf Stoffen und Geräten)?

— Wer kann solche Linien zeichnen (in der Luft oder auf dem Boden mit Händen und Füßen, mit Kreide an der Tafel, mit Stiften oder Pinseln auf großen Papierbögen)? Bevor die Kinder solche Wege und Linien im Raum gehen lernen, sollten sie fähig sein, sie in großen und kleinen Figuren zu zeichnen, sowohl mit jeder Hand einzeln als auch mit beiden Händen gleichzeitig. Beispiele für mögliche Raumwege sind auf S. 68 abgebildet.

Mit Hilfe von realen Hindernissen können bestimmte Raumwege leichter erarbeitet werden.

— Hocker werden aufgestellt, die Kinder gehen einzeln oder in einer Kette um die Fixierungspunkte. Auf die Plätze der Hocker können sich auch Kinder stellen. (Nach einiger Zeit wird ausgetauscht.)

— Ein Kind führt eine Kette an. Auf Zuruf des Lehrers oder eines Kindes sollen verschiedene Raumwege geführt werden: vom Kreis zu einer Schlangenlinie, aus einem Eck quer über die Diagonale in das andere Eck, dann eine Spirale oder eine Acht und wieder zum Ausgangspunkt zurück.

— Ist das Raumgefühl der Kinder bereits stärker entwickelt, so kann diese Aufgabe auch mit zwei Ketten gelöst werden. Sie können parallel gehen oder je in einer Hälfte des Saales die gleiche Figur ausführen.

Die eine Gruppe kann dabei vorwärts, die andere rückwärts oder mit Seitschritten gehen oder laufen. Dazu kann die Begleitung einmal im Zweiviertel-, dann im Dreivierteltakt gespielt werden.

Beispiele für die Arbeit an Gruppierungen und Fassungen
Sobald sich die Kinder nicht mehr jedes für sich, ohne Beziehung zueinander im Raum bewegen, ergibt sich von selbst ein bestimmtes Vor-, Neben- oder Hintereinander. Dabei kann man sich an den Händen, um die Schulter oder die Taille fassen. Aber nicht jede Fassung eignet sich für jede Bewegung. In den folgenden Beispielen werden verschiedene Fassungen und Gruppierungsmöglichkeiten (siehe auch S. 69—71) verwendet.

— Zu einer Flötenmelodie bewegen sich die Kinder unabhängig voneinander frei im Raum. Hört die Melodie auf, so suchen sie sich einen Partner und tanzen beim neuen Einsatz der Melodie mit diesem weiter. (Wechsel von Einzelwegen und Wegen zu zweit.)

— Statt zu Paaren kommen die Kinder auf ein bestimmtes Zeichen zu einer Gruppe, einer Kette, einem Kreis oder einer Reihe zusammen.

— Zu zweien fassen sich die Kinder an den Händen und hüpfen im Kreis herum. Welche Fassungen sind möglich, welche besonders günstig?

130

– In einer Kette laufen die Kinder mit kleinen, federnden Schritten vorwärts. Welche Fassung eignet sich für diese engschrittige Bewegung, welche für ein Laufen mit weiten Schritten?
– Sie stehen im Kreis und bewegen sich mit seitlichen Anstellschritten zuerst nach rechts, dann nach links. Verschiedene Fassungen werden ausprobiert.

Spiegelbildübungen
Beobachtung und exakte Wiedergabe des Raumelements in der Bewegung werden besonders durch Spiegelbildübungen geschult. Dabei wird von der Erfahrung ausgegangen, daß sich das Spiegelbild vollkommen gleich (wenn auch seitenverkehrt) verhält und bewegt wie der Mensch vor dem Spiegel. Sollte dem einen oder anderen Kind diese Erfahrung nicht vertraut sein, so kann man sie mit Hilfe eines Spiegels im Unterricht nachholen.
– Zwei Kinder arbeiten jeweils zusammen, zwischen ihnen befindet sich die Spiegelwand. Alles, was von einem Kind getan wird, muß vom anderen gleichzeitig und seitenverkehrt imitiert werden. Die Übungen können pantomimischen oder abstrakten Bewegungsvorstellungen entsprechen.
Spiegelbildübungen in der Gruppe sind erst durchführbar, wenn die Kinder ausreichende Erfahrungen in der Partnerübung gesammelt haben. Alle Aufgaben können am Platz oder in der Fortbewegung gemacht werden, bei letzterer stellt sich allerdings bald heraus, daß z. B. Bewegungen mit dem Rücken zum „Spiegel" für den Partner undurchführbar sind. (Siehe dazu auch das Unterrichtsbeispiel auf S. 211.)

Einführung in verschiedene „Formen"

Diese Beispiele verfolgen eine doppelte Absicht: Die Kinder sollen lernen, elementare Formen in Musik und Bewegung auszuführen und zu erkennen, und zwar an Hand von Bewegungsabläufen, die räumlich, zeitlich und dynamisch gegliedert und mit Texten oder Melodien verbunden sind. Dadurch wird ihnen das handwerkliche Rüstzeug gegeben, bald Ähnliches zu gestalten.
Der Lehrer soll Anregungen bekommen, wie man das Material einer Stunde erarbeiten und zu einem Ablauf anordnen kann. Ihm selbst und den Kindern soll ein sichtbares Ergebnis den Erfolg der Stunde zeigen.
Die Elementarformen, mit denen wir uns beschäftigen, sind:
Wiederholung – Echo
Ergänzung – Frage und Antwort – Vordersatz und Nachsatz
Zweiteilige Form – A B
Dreiteilige Form – A B C – Liedform A B A oder A A B A
Rondo – A B A C A (Es ist durch beliebig viele Zwischenteile zu erweitern.)
Kanon – rhythmische, räumliche oder bewegungsmäßige Themen.
An kurzen, nur wenige Takte langen „Miniaturbeispielen" lernen die Kinder die jeweiligen Formen kennen. Verbindungen zum Optischen sind möglichst oft

131

herzustellen (Fotos, Zeichnungen, Skizzen und Modelle von Beispielen, die der formalen Struktur entsprechen).

Wiederholung — Echo
Bei den Wiederholungs- oder Echoübungen soll das Kind einen bewegungsmäßigen oder rhythmischen Ablauf erfassen und imitieren. Bei Spiegelbildübungen erfolgt diese Wiedergabe gleichzeitig, bei Echoübungen aufeinanderfolgend.
— Der Lehrer spielt ein kleines melodisches Motiv vor. Die Kinder hören, wann die Wiederholung beginnt und zeigen den Anfang durch ein Klatschen. Dann versuchen sie eine Bewegung, welche die Wiederholung deutlich erkennen läßt.
— Ein Kind macht ein kurzes Bewegungsmotiv vor, die anderen versuchen, es zu wiederholen. Ist es genauso wie das erste ausgefallen, oder hat eines der Kinder eine kleine Änderung gemacht? Wenn sie das ursprüngliche und das zweite veränderte Motiv einander gegenüberstellen, erkennen sie den Unterschied ganz deutlich. So eine Variante entsteht durch Zufall und schärft die Beobachtungsfähigkeit.
— Die Kinder arbeiten paarweise an solchen Wiederholungs- und Echoübungen. Je zwei Kinder üben gleichzeitig miteinander, jedoch unabhängig von den anderen. Das erste Kind spielt ein rhythmisches Motiv, das andere wiederholt das Echo. Darauf bewegt sich das erste in der Länge und Charakteristik des eben gespielten Rhythmus (2, 4 oder mehr Takte), das zweite versucht genau zu imitieren. Nach einiger Zeit werden die Rollen getauscht.

Ergänzung — Frage und Antwort
Die Kinder wissen, daß im Gespräch Fragen und Antworten miteinander abwechseln. Es gibt auch Spiele, in denen ein Kind die Fragen des anderen beantworten soll. Beim Musizieren und Tanzen kann man solche Spiele erfinden. Der Lehrer (später ein Kind) singt (klatscht, flötet oder tanzt) eine kurze Phrase, das „antwortende" Kind setzt sie fort und schließt sie ab. Frage und Antwort können (müssen aber nicht unbedingt) gleich lang sein. Sie können ähnlich sein, d. h. ein bestimmtes rhythmisches, melodisches oder tänzerisches Motiv kann in beiden Teilen vorkommen, sie können aber auch einen deutlichen Kontrast darstellen. Es ist wichtig, daß Frage und Antwort, die erst zusammen eine Ganzheit bilden, unmittelbar aufeinander folgen. Liedanfänge helfen zur Veranschaulichung.

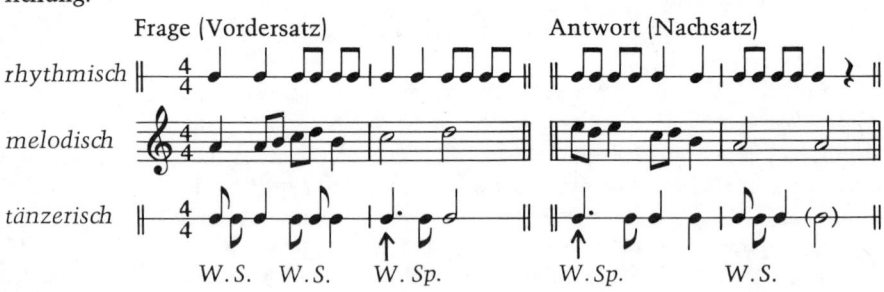

— Wir beginnen mit einer rhythmischen Übung, in diesem Falle in der Form von Frage und Antwort. Alle Kinder und der Lehrer stehen in einem Kreis. Der Lehrer klatscht eine kurze Phrase als Frage, das ihm zunächst stehende Kind findet die Antwort. Eins nach dem anderen antwortet auf die rhythmischen Fragen des Lehrers, die von der Ausführung am Platz immer stärker zur Fortbewegung übergehen; statt als Stampfschritte können die Schritte vorwärts, rückwärts, seitwärts oder gedreht ausgeführt werden. So ergibt sich Lehrer — Vordersatz, Kind — Nachsatz.

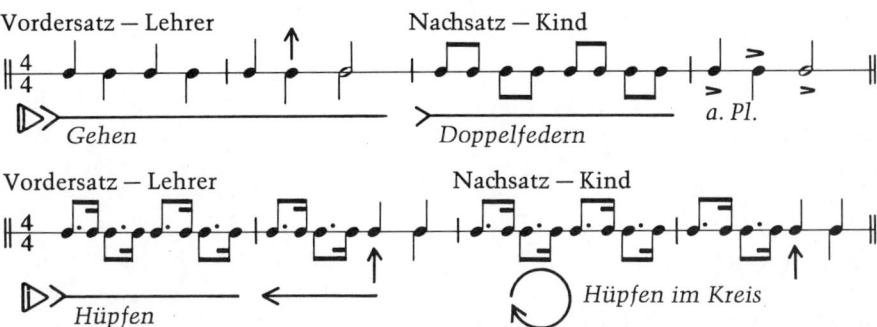

— Zwei Frontreihen stehen sich — mit dem Gesicht zueinander — gegenüber. Die Kinder der Reihe 1 machen den Vordersatz, die Frage, die der Reihe 2 ergänzen durch den Nachsatz, die Antwort. Ein Paar nach dem anderen zeigt seine Lösung vor, die anderen begleiten mit einem leisen Ostinato.

Diese Übungen sollen in Taktart und Phrasierung nicht einseitig bleiben, sondern mit zunehmender Erfahrung der Kinder erweitert werden. Der Lehrer kann vorschlagen, daß einmal im Zweiviertel-, ein anderes Mal im Dreiviertel- oder Viervierteltakt, in vier- oder achttaktigen Phrasen gearbeitet wird.

— Als Variante werden zur Ausführung kleine Schlaginstrumente, die man in der Bewegung spielen kann, herangezogen (Klangstäbe, Fingercymbeln, Schellenbänder, Kastagnetten, Kokosschalen, Hand- und Schellentrommeln, Rasseln, Holzblocktrommeln). Die Bewegung muß nun zum Instrument passen, d. h. lange nachklingende Instrumente bewirken ruhige, geführte oder schwingende Bewegungen, kurz und trocken klingende verlangen eine rasche, wendige Ausführung.

— Frage und Antwort wird von einem Kind allein gespielt und in der Bewegung dargestellt.

Zweiteilige Form
Haben die Kinder verstanden, worin die Ergänzung einer Frage durch eine Antwort besteht, so haben sie das Wesentliche aller weiteren Formen erkannt. Eine A B-Form ergibt sich, wenn ein längerer Ablauf, der selbst wiederum in Frage und Antwort gegliedert ist, mit einem zweiten inhaltlich konträren verbunden wird, beispielsweise:

— Der A-Teil besteht aus einem Lied. Als B-Teil schließt sich ein kleiner Nachtanz an. Zwei Kreise werden gebildet, der eine innen, der andere außen. Die Kinder im Innenkreis tanzen den ersten Teil und begleiten sich auf den Handtrommeln dazu. Der Außenkreis übernimmt den B-Teil, dazu spielt eine Flöte die Begleitung.

— Gibt es auch zweiteilige Formen anderer Art? — Die Kinder finden die seltsamsten Antworten: eine Kirche (Turm und Kirchenraum); eine Rassel (Kopf und Stiel); ein Stuhl (Sitzfläche mit Beinen). Beispiele aus der Musikliteratur (auch von Schallplatten) vermitteln neue Eindrücke zum Thema.

Dreiteilige Form
Als dreiteilige Form können verschiedene Gliederungen bezeichnet werden. A B C ist z. B. die Bezeichnung für eine Form, bei der alle drei Abschnitte inhaltlich verschieden sind. A B A oder A A B A enthält nur zwei inhaltlich verschiedene Teile, diese beiden Formen entstehen durch verschieden angeordnete Wiederholungen. Man findet sie häufig so bei Liedern und auch in Instrumentalstücken. Zu diesen vorgegebenen Formen kann man Bewegungsfolgen entwickkeln, die dem Aufbau der Stücke entsprechen, man kann aber auch von einer Bewegungsfolge ausgehen und eine Begleitung dazu erarbeiten (nur rhythmisch oder rhythmisch-melodisch).
Den Aufbau der Formen erfahren die Kinder zunächst in der praktischen Ausführung. Dann wird er durch Benennen und Aufzeigen der Schemata bewußt gemacht. Die Kinder üben sich im Erkennen und Benennen solcher Formen bei verwendeten Stücken und Liedern. Auch hier sollten musikalische Beispiele (evtl. aus verschiedenen Epochen) die eigenen Erfahrungen vertiefen und erweitern.

— Der Lehrer spielt oder singt, klatscht oder tanzt eine Phrase, die Kinder beobachten genau und versuchen, bei der Wiederholung des Ganzen mitzumachen. Das wird erleichtert, wenn sie den formalen Aufbau durchschauen.
— Die bereits geübten und vielseitig zu variierenden Ostinati werden nun als Bausteine einfacher Formen verwendet.

A B A-Form (Aufstellung im Quadrat)
A-Teil: Die beiden mit 1 bezeichneten Reihen gehen mit folgendem Ostinato aufeinander zu (forte) und wieder auf den Ausgangsplatz zurück (piano). Von der Größe des Quadrates ist es abhängig, wie oft der Ostinato gespielt wird. Auf jeden Fall muß dies vorher festgelegt werden (z. B. zweimal oder viermal).

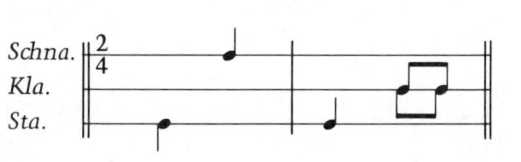
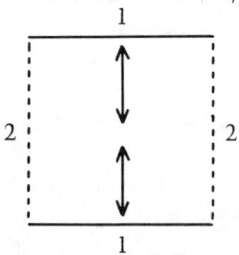

B-Teil: Der Mittelteil steht im Dreivierteltakt und wird in schwingenden Gehschritten ausgeführt. Die beiden mit 2 bezeichneten Reihen wenden sich mit der rechten Schulter nach außen und gehen in einer Kette hinter dem jeweils anführenden Kind her. Dieses führt über die Diagonale auf den gegenüberliegenden Platz, jede Kette beschreibt also ein großes Z. Dazu schnalzen und patschen die Kinder folgenden Rhythmus (die Arme werden abwechselnd nach rechts und links geführt).

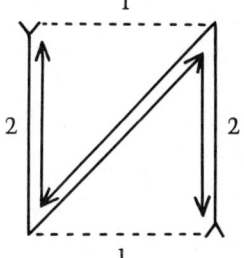

— Wieder suchen die Kinder solche Beispiele für diese Form, die nichts mit Bewegung und Musik zu tun haben: Fenster — Türe — Fenster; Schrank — Tafel — Schrank. Sie können auch mit im Raum befindlichen Gegenständen eine A B A-Form aufbauen: Hocker — Spieltisch — Hocker; Trommel — Flöte — Trommel.

Rondo

Der Name „Rondo" läßt sich von einem Tanz ableiten, der „Ronde" oder „Runde" hieß und wahrscheinlich auf einem Dorfplatz um einen Baum getanzt wurde. Das erste Rondo wird eine ähnlich einfache, volkstanznahe Form haben.

— Alle Kinder und der Lehrer stehen im Kreis. Sie singen und tanzen ein kurzes, bekanntes Lied, indem sie zuerst rechtsherum, dann linksherum laufen oder hüpfen. Ist das Lied, der A-Teil oder das Rondothema zu Ende, bleiben alle stehen und klatschen in der Länge des Liedes eine einfache Begleitung zur Flötenimprovisation des Lehrers. Ein Kind darf unterdessen allein in der Mitte des Kreises tanzen, am Schluß des Zwischenteils (die Dauer entspricht dem innerlich mitgesprochenen Liedtext) soll es wieder an seinem Platz angelangt sein.

Nun singen und tanzen wieder alle gemeinsam das Lied, hierauf darf ein anderes Kind den Zwischenteil ausführen, eventuell holt es sich noch einen Partner aus dem Kreis, und sie tanzen zu zweit. So wechseln Lied (tutti) und Zwischenteil (solo) ständig ab, bis jedes Kind einmal allein an der Reihe war. Geendet wird mit dem von allen gemeinsam ausgeführten Hauptteil.

Ob ein Kind erklären kann, was da gemacht wurde? Die meisten haben es verstanden und versuchen, es zu beschreiben: „Zuerst kommt der Teil dran, der immer gleich bleibt, dann wird etwas Neues gespielt und getanzt, der erste Teil kommt wieder dran, dann wieder etwas Neues und so fort, bis der erste Teil den Abschluß bildet."

Als gebräuchliches Schema für ein Rondo gilt: A B A C A. Als Rondothemen können Tanzlieder verwendet werden, geeignete Texte, Tanzformen zu Instrumentalmusiken und auch kleine rhythmische Studien mit Instrumenten, die in der Bewegung gespielt werden.

Um die Zwischenteile abwechslungsreicher zu gestalten, sollte sich der Lehrer über die verschiedenen Möglichkeiten solcher Aufgabenstellungen klar sein. Die Zwischenteile müssen übrigens keineswegs immer improvisiert sein, man kann eine bereits bekannte Melodie, eine früher erarbeitete Bewegungsverbindung oder einen einstudierten Text verwenden.

Vorschläge für Zwischenteile
— Zahl der Ausführenden: Wurde das Thema von allen (tutti) ausgeführt, dann sollte der Zwischenteil als Kontrast von einem einzelnen (solo) dargestellt werden. Ebensogut können auch zwei oder drei Kinder bzw. eine kleine Gruppe einen Zwischenteil übernehmen.
— Raumaufgaben: Auch hier gilt wieder, daß der Zwischenteil einen Kontrast zum Thema bilden muß. War also die erste Form ein Kreis, so können nun Kettenformen oder Reihen gewählt werden.
— Ein Kind tanzt in der Mitte des Kreises oder schlängelt sich um die im Kreis Stehenden herum.
— Ein Paar hüpft einen kleinen Kreis (an den rechten oder linken Händen gefaßt) und soll möglichst oft die Drehrichtung ändern.
— Ein weiteres Kind bleibt an seinem Platz und improvisiert einen kleinen Stampfrhythmus. Wieder ein anderes soll in seiner Raumaufgabe den Weg einer Acht darstellen.
— Aufgaben der Bewegungsimprovisation: Nach einem ruhigen Thema soll der erste Improvisator einen übermütig gesprungenen Zwischenteil finden.
— Ein anderes Kind soll durch einen Wechsel von der Ferse auf den Ballen möglichst viele verschiedene rhythmische Schrittmotive finden.
— Drei Kinder fassen sich an den Händen und tanzen im Seitgalopp, unterbrochen von Stampfschritten.
— Der Lehrer bläst auf der Flöte eine zum A-Teil konträre Melodie (Taktart), dadurch wird das improvisierende Kind angeregt, sich z. B. in einem ruhigen, schwingenden Sechsachteltakt zu bewegen.
— Einbeziehung von kleinen Schlaginstrumenten und Flöten: Für einen bestimmten Zwischenteil bekommt der Solist eine Schellentrommel, er soll versuchen, sie beim Tanzen zu spielen.
— Ein besonders gut flötendes Kind begleitet sich selbst zur Bewegung, dabei lernt es, sich so ruhig zu bewegen, daß die Luft zum Tanzen und Blasen ausreicht.
— Zwei Kinder improvisieren miteinander, eines hat Klangstäbchen in den Händen, das andere hat sich Schellenbänder an die Füße gebunden. Ihre Aufgabe ist es, sowohl rhythmisch als auch in der Bewegung ein Frage- und Antwortspiel zu erfinden.

Die Rondoform läßt sich mit vielen Bildern und Symbolen darstellen, z. B. Bauwerken, Verzierungsformen oder mit Instrumenten.

Kanon

Wir erinnern die Kinder an ein Lied, das schon einmal im Kanon gesungen wurde, und überlegen, ob wir diese Form auch in der Bewegung deutlich machen können. Oder wir beginnen ohne vorhergehende Erklärung an einem Miniaturbeispiel und besprechen die Form erst nachher.

— Eine kleine Bewegungsfolge ergibt sich aus dem Wechsel von Hüpfern in der Fortbewegung und leichten Stampfschritten am Platz.

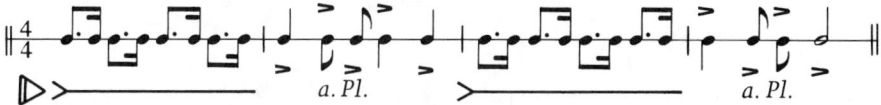

Die Kinder haben den Ablauf schnell begriffen, alle können ihn ausführen. Nun zeigt der Lehrer mit einem Kinde etwas vor. Er selbst setzt einen Takt später ein als das Kind, führt sonst jedoch genau den gleichen Bewegungsablauf aus. Die zusehenden Kinder werden gefragt, ob ihnen etwas aufgefallen ist. Die meisten haben verstanden, daß der Lehrer einfach später eingesetzt hat, eines oder das andere hat auch beobachtet, daß der zweite Einsatz genau dann kam, als das Kind seine Schritte am Platz machte.

Dasselbe wird nun in zwei Gruppen probiert. Die Reihen stehen sich (Gesicht zueinander) gegenüber, 1 beginnt, 2 hat den Einsatz nach einem Takt.

Später stehen alle in einer Reihe, jeder zweite gehört zur ersten, die anderen zur zweiten Stimme. In dieser Aufstellung kann man die kanonische Bewegung noch deutlicher sehen.

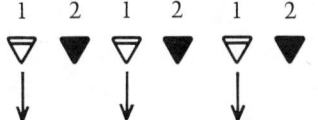 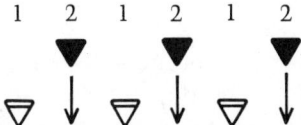

— Ein anderes Mal wird ein Lied, das sich zur kanonischen und tänzerischen Ausführung eignet, musikalisch und bewegungsmäßig erarbeitet. Auch hier kann eine graphische Darstellung angeregt und gemeinsam versucht werden.
Ein weiteres Beispiel für die Erarbeitung eines rhythmischen Kanons wird auf S. 205 und 224 ausgeführt.

Variation

Die Form der Variation steht sowohl tänzerisch wie musikalisch an der Grenze dessen, was mit Kindern zu erarbeiten ist. Doch ist es durchaus möglich, das Wesen der Variationsform an kleinen, selbst zu gestaltenden Beispielen zu erkennen.

Rhythmisch-bewegungsmäßiges Thema

Der Lehrer zeigt einen kurzen, sehr einfachen und klaren Bewegungsablauf

Vorwärtsgehen

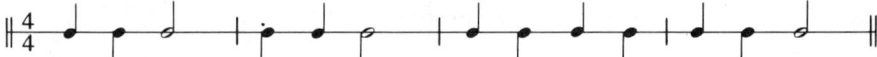

137

Die Kinder beobachten, was der Lehrer zeigt, dann wiederholen sie dasselbe, schließlich verändert jedes Kind dieses Thema auf seine Art. Es muß allerdings erkennbar bleiben.

1. Variation: Wechselschritte

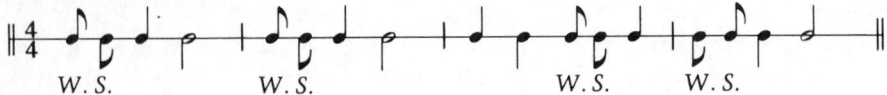

2. Variation: Gekreuzte Seitschritte

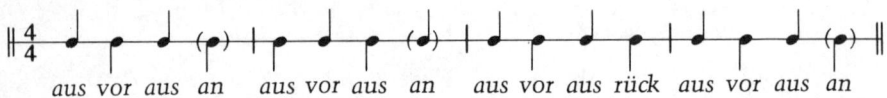

3. Variation: Federn mit Richtungswechsel

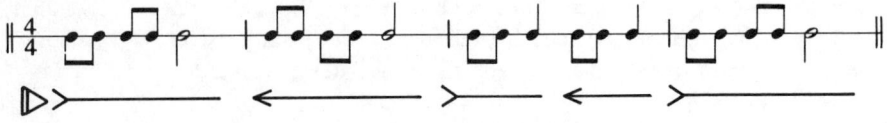

Variationen über ein Raumthema

Das Thema, das von jedem einzelnen Kind variiert werden soll, ist ein Kreis, der in zwei Sechsachteltakten mit 12 Schritten ausgegangen werden soll.

1. Variation: Statt vorwärts geht das Kind rückwärts.

2. Variation: An Stelle von einem großen Kreis geht das Kind zwei kleine, so daß sich eine Acht ergibt.

3. Variation: Ein Kind geht den Kreis so, daß seine Front immer nach vorne gerichtet bleibt, die Schritte müssen deshalb gekreuzt ausgeführt werden. (Eine Kreisbewegung dieser Art nennt man Frontalkreis.)

Auch verschiedene Strophen eines Liedes können sowohl durch den Inhalt der Bewegung als auch durch Raumwege und Begleitung variiert werden.

Haben die Kinder verstanden, was die einzelnen Formen kennzeichnet, so kann man das Erkennen von Formen zu einer Art Spiel ausbauen, das sowohl akustisch und als auch visuell betrieben werden kann.

— Ein Kind darf sich eine Form überlegen und sie an Hand eines Rhythmus, einer Melodie, einer Zeichnung oder eines kleinen Tanzes zeigen.

— Mehrere Kinder haben miteinander eine Bewegungsform ausprobiert. Sie führen sie den anderen vor. Welche der Formen ist gemeint? — Das sollen die anderen möglichst sicher und schnell erkennen.

Wenn den Kindern diese musikalischen und tänzerischen Elementarformen auf diese Weise vertraut und selbstverständlich geworden sind, wenn sie gelernt haben, eigene gestalterische Versuche zu machen, können sie diese Erfahrungen und Kenntnisse auch auf Kunstwerke übertragen.

Bewegungsbegleitung

Es ist eine bekannte Erfahrung, daß Musik und Bewegung eine starke Wechselwirkung aufeinander ausüben, daß Tanz durch musikalische Begleitung beeinflußt werden kann. Dies gilt sowohl für ihre zeitlich-dynamische Ausführung, für formale Strukturen und ebenso für ihre emotionale Intensität[7].

Welcher Art kann die Begleitung sein? Musik und Bewegung sollen auf einer künstlerischen Ebene stehen und stilistisch einheitlich sein. Es ist sinnentstellend, einfache, kindliche Bewegungen durch eine voluminöse klassische oder romantische Klaviermusik zu untermalen. Die Bewegung sollte sich der Musik, die Musik der Bewegung immer neu anpassen. Diese Wechselwirkung kann durch eine aus der momentanen Situation geschaffene Musik, nicht aber durch Schallplatten erreicht werden. Wenn man aus irgendeinem Grund Schallplatten mit Volkstänzen, Liedern oder Instrumentalstücken verwendet, so sind sie mit großer Sorgfalt auszuwählen.

Am sinnvollsten ist es, wenn der Lehrer zunächst selbst die Begleitung übernimmt, die Kinder aber von Anfang an dazu anleitet, die Bewegung ihrer Mitschüler auf verschiedenen Instrumenten, mit Sprechen, Singen und Klanggesten zu begleiten. So können Musik und Bewegung aufeinander abgestimmt werden und dem jeweiligen Entwicklungsstand der Kinder entsprechen.

Jede Begleitung darf — und muß vor allem am Anfang — einfach und deutlich gegliedert sein (kurze Motive mit kleinen Veränderungen sind verständlicher als lange Motiventwicklungen). Sie soll dynamisch, abwechslungsreich und vorwiegend leise gespielt werden, damit die Kinder lernen hinzuhören. Technische Virtuosität von seiten des Lehrers ist hier nicht am Platz, doch soll die Begleitung einfallsreich und lebendig gestaltet werden. Mitunter kann man bewußt auf jede Begleitung verzichten, man wird so verhindern, daß die Kinder sich nur auf den äußeren Rhythmus verlassen. Auch ohne Begleitung sollen sie im Tempo bleiben und das Gefühl für die Phrasierung bewahren. Zu den akustischen Erfordernissen einer Begleitung kommt noch das optische Moment: Der Lehrer muß sich darüber im klaren sein, daß seine Haltung z. B. beim Instrumentalspiel von den Kindern übernommen wird.

Wenn man einen Bewegungsablauf begleiten will, muß man ihn verstehen, d. h. Tempo, Dynamik, Taktart, Phrasierung, Charakter der Bewegung, ihre Akzente und Höhepunkte müssen erfahren werden. Das geschieht am besten durch die

---

[7] Haselbach, B.: Über die Beziehung von Musik und Bewegung. In: Musik und Bildung 2/1971

Ausführung der Bewegung selbst. Die Fähigkeit, den Einsatz zur Begleitung zu geben, eine bestimmte Phrase durchzuhalten und gut zu beenden, wird durch die „Zeitübungen" (siehe S. 114 ff.) entwickelt.

Die Begleitung entsteht ursprünglich aus der Bewegung selbst. Schrittgeräusche bilden die ersten akustischen Untermalungen. Die folgenden Beispiele zeigen uns, wie man vom akustischen oder visuellen Erlebnis ausgehend mit der Begleitung beginnen kann:

— Die Kinder sitzen mit geschlossenen Augen im Kreis, Gesicht nach innen. Ein vorher bestimmtes Kind oder der Lehrer selbst bewegt sich nun auf verschiedene Weise um die Kinder herum (Gehen, Laufen, Hüpfen, Trippeln). Das Schrittgeräusch darf nicht übertrieben werden, sondern gerade noch zu hören sein. Die Kinder sollen nun konzentriert auf die Schritte lauschen und das Tempo durch ganz leises Klatschen oder Patschen andeuten. Die Begleitung muß auf jeden Fall leiser als die Schritte sein, nur so können die Tempiwechsel bemerkt werden.

— Alle Kinder stehen gut verteilt im Saal; ein Kind bewegt sich frei im Raum, die anderen versuchen, dazu zu begleiten. Ändert sich die Bewegung, so muß dementsprechend auch die Begleitung wechseln. Diese Übung ist mit offenen Augen durchzuführen.

Im Laufe der Zeit werden immer mehr Begleitungsmöglichkeiten herangezogen:
Sprechen und Singen
Klanggesten (Klatschen, Patschen, Schnalzen und Stampfen)
Kleines Schlagwerk (Hand- und Schellentrommel, Klangstäbe und Kastagnetten, Rasseln, Schellen, Cymbeln, Triangeln, Holzblocktrommeln, Becken)
Bongos
Flöten
Stabspiele (Glockenspiele, Xylophone, Metallophone)
Kleines Orchester aus allen erwähnten Instrumenten
Klavier (sofern der Lehrer fähig ist, einfach und stilgemäß zu improvisieren)

Der Anfang der Bewegungsbegleitung wird noch in die Totalität des Spielgeschehens eingebaut:

— Zu einer Reigenform sprechen die Kinder einen Text oder singen eine Melodie, eine einfache rhythmische Begleitung kann hinzugefügt werden.

Zwei Kreise, ein Innen- und ein Außenkreis: Die Kinder im Innenkreis singen
— und bewegen sich dazu, die anderen stehen auf ihrem Platz und begleiten mit Klatschen, Stampfen etc. Dann wird gewechselt.

Nach einiger Zeit versuchen die Kinder, Bewegungen mit Klanggesten oder kleinem Schlagwerk zu begleiten. (Die Auswahl der Instrumente muß dabei dem Bewegungscharakter entsprechen.)

— Wie kann man zum Gehen bzw. zum Laufen begleiten? Jedes Kind geht (läuft) einige Schritte, dann schließt es die Augen, stellt sich das Tempo vor, zuletzt spielt es die Begleitung auf einer Handtrommel, auf Stäbchen oder einfach klatschend. Durch die Begleitung festigt sich immer mehr eine genaue Tempovorstellung. Schon bevor die Kinder einen Einsatz geben, müssen sie sich im klaren sein, wie schnell gefedert, gesprungen und gegangen werden soll.

— Wie unterscheidet sich Gehen vom Hüpfen, wer kann die Bewegung vormachen, wer kann sie begleiten? (Siehe Grundbewegungsarten S. 76 ff.)

— Drei Gruppen stehen im Raum. Der Anführer der ersten Gruppe beginnt mit einer Bewegung, die anderen Kinder seiner Gruppe folgen ihm; er führt einen großen Kreis und landet schließlich wieder auf seinem Platz; die zweite Gruppe begleitet, jeder erfindet einen eigenen Klatsch-Stampf-Rhythmus. Hierauf bewegt sich die zweite, während die dritte Gruppe die Begleitung übernimmt. Jede Gruppe sollte möglichst eine eigene Bewegungsart wählen.

— Einige Kinder laufen allein (auch paarweise oder in kleinen Gruppen) umher, die anderen versuchen, mit Klangstäben das Schrittempo eines vorher bestimmten Kindes mitzuspielen: Auf ein bestimmtes Zeichen des Lehrers werden die Stäbchen ausgetauscht, wer begleitet hat, läuft nun.

— Kinder mit Schellenbändern in den Händen haben sich in einer Reihe entlang der Diagonalen aufgestellt. Die Abstände zwischen den einzelnen sind so weit, daß der Rest der Kinder um die stehenden herumhüpfen kann. Während sie nun hüpfen, galoppieren, springen oder laufen, spielen die stehenden dazu. Nach einiger Zeit wird gewechselt. Diesmal führt die Begleitung, wobei ein Kind das Tempo angibt, die Bewegung paßt sich an.

— Ein Kind steht mit einer Triangel, ein anderes mit Fingercymbeln im Raum, sie spielen abwechselnd, doch ohne rhythmische Fixierung. Die Hälfte der Kinder gehört zum Cymbelkind, die andere zum Triangelkind. Bei jedem Schlag bewegt sich die entsprechende Gruppe, jedoch ohne Fortbewegung, solange der Ton zu hören ist.

Die folgende Übung schult die Fähigkeit, in der Begleitung verschiedene Tempiwechsel zu berücksichtigen.

— Alle Kinder sitzen in einem großen Kreis, der Lehrer bewegt sich mit kontinuierlichen oder plötzlichen Tempiwechseln, die Kinder beobachten sehr konzentriert und begleiten, mitunter spielt ein Kind alleine, dann wieder alle zusammen.

Eine weitere Art der Bewegungsbegleitung bildet die Einbeziehung von Stabspielen und Flöten. Sind die allerersten instrumentalen Schwierigkeiten überwunden, so können die Kinder einfache Ostinati auf den Xylophonen und kleine, improvisierte Melodien auf den Glockenspielen oder Flöten dazu spielen, die Melodie könnte auch gesungen werden. Frage und Antwort ergeben eine bestimmte Phrase, die nun auch in der Bewegung eine deutliche Gliederung bewirkt. Die rhythmische Struktur der Begleitung ist nicht mehr an den Grundrhythmus der Bewegung gebunden, sondern kann diesen frei variieren.

Sobald einige Sicherheit in der Melodiebildung und im Spiel einfacher Begleitungen erworben wurde, können mehrere Instrumente zu einem kleinen Orchester zusammengestellt werden. Einige Stabspiele haben verschiedene, sich ergänzende Ostinati, zwei oder drei Melodiestimmen wechseln sich ab. Schlagwerk wird sehr sparsam als Klangfarbe und zur rhythmischen Unterstützung der Bewegung eingesetzt.

Selbstverständlich muß der Lehrer den Aufbau einer solchen Begleitung leiten. Nach einiger Praxis werden die Kinder selbst Vorschläge machen, die gemeinsam geprüft, durch Hinweise und Anregungen verbessert und so zu einer angemessenen Form entwickelt werden.

Neben diesen selbstgestalteten, zum Teil improvisierten Begleitungen können auch Instrumentalstücke oder Lieder zur Bewegung gespielt werden. Den musikalischen Einfällen sind keine Grenzen gesetzt. Die Schwierigkeit der Begleitung wird dem sonstigen Stand des Könnens der Kinder entsprechen. Je weiter sich musikalisches Empfinden, instrumentales Können, formales Verständnis und theoretisches Wissen entwickelt hat, um so reicher und vielfältiger wird die Begleitung werden.

Anleitungen für die Entwicklung solcher Begleitungen und für die Verwendung von Instrumentalstücken sind besonders in den Unterrichtsbeispielen zu finden. Bewegung kann — muß aber keinesfalls immer — rhythmisch, melodisch, harmonisch oder sprachlich begleitet werden. Fehlt jede Begleitung, so wirken das eigene, frei gewählte Tempo, Akzente und Übergänge durch ihre Lautlosigkeit um so spannungsvoller. Wesentlich ist dabei auch, daß die Bewegung nicht metrisch fixiert ist, sondern dem augenblicklichen Verhalten des ausführenden Kindes entspricht, also subjektiver und individueller ist als eine durch die Begleitung gelenkte Bewegung. Besonders beim Experimentieren mit neuen Aufgaben, bei denen sich das Kind zunächst auf seine eigenen Reaktionen einstellen soll — die wiederum sind von seinem individuellen Bewegungstempo abhängig —, sollte man für den Anfang auf jede Begleitung verzichten.

Gestaltungsthemen zu diesem Bereich können aus allen Gebieten kommen; es können räumliche, zeitliche, dynamische Aufgaben gestellt werden, die einzeln, zu zweit, in kleinen oder größeren Gruppen gelöst werden. Ganz besonders eignen sich speziell von der Bewegung bzw. vom Körper ausgehende Themen: Teile des Körpers kann man z. B. gleichzeitig, nacheinander, in symmetrischer, paralleler oder asymmetrischer Führung bewegen; der Bewegungsfluß kann unterbrochen, ausgehalten, geradlinig oder kurvig, direkt oder indirekt in bezug zum Raumziel sein. In der Partnerarbeit kann man einfache Gestaltungsmöglichkeiten anregen: Ähnliches wiederholen oder mit starken Gegensätzen antworten.

Grundsätzlich unterscheiden sich begleitungslose Bewegungsabläufe von solchen mit Begleitung durch eine stärkere Konzentration auf den eigenen, inneren Rhythmus, während sonst die Anpassung an etwas von außen Kommendes erfolgen muß. Es ist sinnvoll, beide Arten im Unterricht zu berücksichtigen.

Improvisation

Sie gehört in jede Unterrichtsstunde, doch nicht als isoliertes Aufgabengebiet, sondern als Unterrichtsprinzip im Sinne einer kreativen Arbeitsweise. Das stellt an den Lehrer besondere Anforderungen. Er muß sorgfältig prüfen, welche Teile des zu erarbeitenden Materials sich für Improvisationsaufgaben eignen und wie die Improvisationsfähigkeit der Kinder systematisch zu fördern ist. Über den Begriff „Improvisation" wurde viel und Gegensätzliches geschrieben. Wir verstehen Improvisation in diesem Rahmen als freien Umgang mit einem dem Kind ganz oder teilweise bekannten Material.

Das Improvisieren kann zu einer klar erkennbaren Form führen, es kann aber auch ein Spiel mit Einfällen sein, das nicht in einer Form fixiert wird. In jedem Fall kann es als Förderung des kreativen Verhaltens betrachtet werden.

Improvisationsaufgaben können am Anfang oder am Ende einer Beschäftigung mit neuem Material stehen. Im ersten Fall wird das Thema von jedem Kind auf verschiedene Art ausprobiert, anschließend werden aus den unterschiedlichen Lösungen mehrere allgemeingültige und grundlegende ausgewählt und von allen Beteiligten ausgeführt.

— Der Lehrer spielt als Begleitung einen punktierten Rhythmus, die Kinder versuchen, sich dementsprechend zu bewegen. Da werden Hüpfer auf einem Bein, Hüpfer im Wechsel von rechtem und linkem Bein oder Wechselsprünge mit angezogenen Knien (Pferdchensprünge) zu sehen sein. Manche Kinder werden geradeaus hüpfen, andere sich drehen, auch die Armhaltungen und die Bewegung des Spielbeines werden unterschiedlich sein. Nachdem einige Lösungen vorgezeigt wurden, versuchen die anderen Kinder, diese nachzumachen.

Hier steht also die Improvisation am Anfang und führt zur Imitation. Das folgende Beispiel zeigt den umgekehrten Weg.

— Hüpfen vorwärts und rückwärts, seitwärts und gedreht wird erarbeitet, ebenso hohe und weite Hüpfer, verbunden mit verschiedenen Zwischenschritten. Die Ausführung in verschiedenen Rhythmen und dynamischen Unterschieden ist geübt. Nun wird die Aufgabe gestellt, mit diesem „Rohmaterial" einen längeren Bewegungsablauf oder einen einfachen Tanz mit dem Thema „Hüpfen" auszuprobieren. Eine Melodie ist gegeben, ein bereits bekanntes Musikstück wird verwendet, oder der Bewegungsablauf wird gar nicht begleitet. Jedes Kind darf seine Raumwege und -formen, die Schrittfolge und die dynamische Ausführung selbst ausprobieren. Die Aufgabe kann allein, zu zweit oder zu dritt, aber auch in kleinen Gruppen gelöst werden. — Die einzelnen Lösungen werden gezeigt, eventuell machen die anderen Kinder oder der Lehrer noch Verbesserungsvorschläge, die berücksichtigt werden sollten. Schließlich ist eine fixierte, wiederholbare und notierbare Form daraus geworden.

Zwei Wege führen über die Improvisation zur Gestaltung, beide können miteinander verbunden werden:
Experimentierendes Improvisieren steht am Anfang, Üben an Grundformen folgt und führt hin zur Bildung kleiner Formen.
Grundformen werden erarbeitet, sie schaffen Voraussetzungen für spontanes Umsetzen in individuelle kleine Tanzformen.
Wir unterscheiden:
Einzelimprovisation (Sie ist nicht gleichbedeutend mit solistischer Improvisation; denn viele Kinder können gleichzeitig voneinander unabhängig improvisieren.)
Partnerimprovisation (im Paar, Trio oder Quartett)
Gruppenimprovisation (in größeren oder kleineren Gruppen)
Grundsätzlich kann das ganze in diesem Buch besprochene Material auch in Form von Improvisationsaufgaben an die Kinder herangetragen werden. Bei der Formulierung von Improvisationsaufgaben sollte den Kindern nicht totale Freiheit gegeben werden, etwa im Sinne des berüchtigten „macht, was Euch einfällt". Erfahrungsgemäß fühlen sie sich dann besonders unsicher, oder es fällt ihnen etwas ein, das im Augenblick nicht realisiert werden kann, beispielsweise „Schattenspiele".
Das Thema der Improvisationsaufgabe sollte vorher mit den Kindern besprochen und klargestellt werden, doch sollen genügend Komponenten für individuelle Lösungen offen bleiben. Zwei Beispiele sollen das erläutern.

Einzelimprovisation
Bei einer gemeinsamen Besprechung über das für mehrere Stunden konzipierte Thema „Jahrmarkt" erzählt ein Kind von einer Tänzerin, die auf einem winzigen Podium getanzt hat. Übereinstimmend wollen die Kinder diese Nummer in das Programm aufnehmen.
Charakteristische Merkmale, die später als Anregung für die Improvisation gegeben werden, sind zu finden: räumliche Beschränkung durch das Podium (weiträumige Bewegungen scheiden also aus, Federungen mit Spielbeinvarianten, Drehungen am Platz oder kleine Schritte mit häufigem Richtungswechsel scheinen günstiger). Soll das Mädchen — es kann selbstverständlich auch ein Junge sein — mit oder ohne Musik tanzen? Das Mädchen, dessen Idee dieser solistische Tanz war, schlägt vor, daß eine Schellentrommel, von Solisten gespielt, die einzige Begleitung sein soll.

Aus dieser Ideensammlung lassen sich nun folgende Aufgaben entwickeln:
— Auf einem engbegrenzten Raum (wo keine kleinen Podeste zur Verfügung stehen, kann der Raum durch ein auf den Boden gelegtes Seil markiert werden) soll Bewegungsmaterial ausprobiert werden, und zwar beschränkt auf Federun-

gen mit Spielbeinvarianten, Drehungen und kleine seitliche Anstellschritte mit Richtungswechsel.

— Wie kann das gefundene Material zu einer kleinen, dreiteiligen Tanzform gestaltet werden? Wie kann man im Mittelteil einen Kontrast zum A-Teil erreichen? (Es ist möglich durch ein bestimmtes Schrittmaterial, das vorher noch nicht verwendet wurde oder durch einen auffallenden Wechsel des Tempos.)

— Schließlich muß auch die Begleitung eingebaut werden. Wie kann man die Schellentrommel halten? Sind die Schritte in Verbindung mit dem Spiel auf der Trommel nicht zu kompliziert? Welche einfachen Akzente zur Bewegung lassen sich finden?

Die Aufgabe war näher bezeichnet durch räumliche Gegebenheiten und die Auswahl des Begleitinstruments. Trotzdem blieb jedem Kind noch genügend Freiheit, eine individuelle und von den anderen unterschiedliche Lösung zu finden.

Improvisation in kleinen Gruppen zum Thema: Kleine Schlaginstrumente in der Bewegung

Der Umgang mit Schellenbändern, Klangstäbchen und Handtrommeln ist den Kindern vertraut. Jedes wählt sich eines der drei angebotenen Instrumente nach dem vorhandenen Angebot.

— In welcher Weise kann man auf dem Instrument spielen und sich dabei bewegen? Welche Haltung eignet sich für welche Bewegungsart? Möglichst viele passende Möglichkeiten sollen gefunden werden.

— Es werden kleine Gruppen (zu je drei oder vier Kindern) gebildet. Jede Gruppe soll sich auf ein Motiv in der Fortbewegung einigen. Wie klingt die Begleitung? Sie braucht nicht unisono zu sein, soll aber gut zusammenpassen. (Die Kinder mit Schellenbändern an den Füßen werden Stampfrhythmen gewählt haben, diejenigen mit Klangstäben sollen den Raum um ihren Körper und auch den Boden einbeziehen. Die Kinder mit der Handtrommel finden vielleicht eine Lösung, bei der sie abwechselnd auf ihrer eigenen Trommel und auf der ihres Partners spielen.)

— Jede Gruppe sucht sich einen Platz im Raum. Eine nach der anderen zeigt ihre Lösung, während die anderen auf ihrem Platz sehr leise begleiten oder zusehen. Die Raumwege jeder Gruppe werden von einem Anführer bestimmt. Ist die erste Gruppe an ihrem Ausgangspunkt angekommen, so setzt die nächste ein.

Schlußbeobachtung: Welche Unterschiede konnte man sehen, z. B. in Bewegungsart, Raumweg, Formation, Begleitung?

Gestaltung

An vielen Beispielen wird aufgezeigt, wie Gestaltungen einerseits aus der Improvisation der Kinder, andererseits aus der sinnvollen Aneinanderreihung von Übungsbeispielen entstehen. Sie können aber auch von Lehrern und Kindern als „Teamwork" in der Stunde erarbeitet oder als Aufgabe zu Hause vorbereitet werden.
Die Ausgangspunkte für eine Gestaltung können verschieden sein.

Bewegung
— Kinder sollen eine kleine Bewegungsgestaltung zum Thema „Laufspiel" entwickeln. Laufen im Kreis oder in der Kette, zu zweit oder allein, in verschiedenen Raumformen oder Richtungen, das sind die Elemente.
— Aus Partnerübungen mit Bällen entsteht eine einfache Form, in der die Möglichkeiten des Spielens mit dem Ball gezeigt werden sollen (Rollen, Werfen, Übergeben, Prellen). Hier entwickelt sich die Form aus dem Spiel, aus der gemeinsamen Improvisation.
— Als Aufgabe soll sich jedes Kind eine kurze Form mit Klangstäben in der Bewegung ausdenken. Die geeignetste Lösung kann als Zwischenteil in einem Rondo verwendet werden. Als Hilfe und Anregung wird der Lehrer vorher verschiedene Möglichkeiten besprechen: unterschiedliche Art des Anschlags oder der Haltung, Einbeziehen des Fußbodens, Verbindung mit einzelnen Bewegungsarten.

Inhaltliche oder szenische Vorstellungen
— Dazu gehört die spontane Gestaltung von einzelnen Rollen aus Märchen, Spielliedern oder Texten. Beispielsweise kann die alte Kröte im Lied von der Brunnenfrau von jedem Kind anders dargestellt werden. Charakteristische Eigenheiten werden vorher mit den Kindern besprochen: das schwerfällige Aufrichten, der schwankende Gang, das tolpatschige Greifen nach den Kindern.

— Zu einem Hexenspruch wie

Zarian zun zun	Launkirinkun
zarian zun zun	launkirinkun
zarian zun zun zena	launkirinkun lena

oder anderen Texten, wie sie unter „Kauderwelsch" in Allerleirauh[8] gesammelt sind, erfinden die Kinder einen Hexentanz und begleiten sich eventuell selbst auf Schlaginstrumenten.

Weitere Möglichkeiten finden sich in den Unterrichtsbeispielen „Tanz, Mädchen, tanz", „Marskertanz" und anderen.

Musik

— Der Lehrer spielt eine den Kindern bereits bekannte Musik, z. B. aus dem Orff-Schulwerk oder aus Bartóks Mikrokosmos. Ist eines der Kinder auf einem Instrument sicher (auf der Flöte, dem Klavier oder einem anderen Instrument), so kann es die Begleitung versuchen. Die anderen Kinder bilden verschiedene kleine Gruppen nach ihrer Wahl und versuchen, eine der Musik entsprechende Tanzform zu gestalten. (Unterrichtsbeispiele S. 241.) Solche Teamarbeit gelingt allerdings nicht beim erstenmal, sie muß durch viele kleine Aufgaben vorbereitet werden.

— Elementare Formen der Musik, wie zweiteilige und dreiteilige Formen, Rondo und Kanon, werden zu Liedern und Instrumentalstücken, die im Musikunterricht bereits erarbeitet wurden, tänzerisch gestaltet. Dabei können transportable Instrumente (Stabspiele, Trommeln, Flöten usw.) in den Tanzraum einbezogen werden. Ausführungen dazu sind in den Unterrichtsbeispielen zu finden.

Unabhängig davon, ob der Ausgangspunkt der Gestaltung in einer Bewegung, einer inhaltlichen Vorstellung oder in der Musik liegt, ergeben sich Gestaltungsmöglichkeiten zu folgenden Bereichen:

Tanz-, Spiel- und Darstellungslieder
Tanzlieder sind solche, deren Text eine bestimmte Verbindung zum Tanzen und Musizieren ausdrückt. Die Bewegungen dazu sind inhaltlich indifferent. Schrittformen und Bewegungsverbindungen in den verschiedensten Raummöglichkeiten bilden das Material. (Unterrichtsbeispiel S. 192.)
Spiel- und Darstellungslieder haben einen szenischen Kern, der stilisiert oder pantomimisch dargestellt werden kann. (Unterrichtsbeispiele S. 180, 196, 199, 213, 217.)

Texte (Reime, Rätsel, Sprichwörter, Märchentexte)
Die einzelnen Texte geben unterschiedliche Anregungen zur Gestaltung. Auszählreime tragen ihre sachliche Ausführungsidee in sich. Rätsel sind nur so weit verwendbar, als der zu ratende Gegenstand darzustellen ist. Magische Sprüche regen die Kinder zu neuen, dem geheimnisvollen Text entsprechenden Bewegungen an. Sprüche und Texte aus Märchen reizen zur szenischen Darstellung.

---

8 Enzensberger, H. M.: Allerleirauh, Suhrkamp, Frankfurt 1961

Tanzformen zu Instrumentalstücken
Einfache Tänze für jede von den Kindern zu realisierende Besetzung können gewählt werden. Mitunter kann auch einmal eine Schallplatte oder ein Tonband benutzt werden, um eine reichere Instrumentierung oder eine musikalisch anregende Interpretation zu zeigen.

Rhythmische Studien mit oder ohne Instrumente
Hierher gehören Bewegungsformen, die durch Klanggesten oder in der Bewegung gespielte kleine Schlaginstrumente begleitet werden. Als Variante kommt eine Begleitung in Frage, die nicht in der Bewegung gespielt wird (auf Bongos, großen Trommeln oder Gong), sondern zur Bewegung von einem anderen Spieler. Die Rhythmen und die dazugehörigen Bewegungen können ostinat oder fortlaufend, ein- oder mehrstimmig sein. Alle Formschemata, die in dem Abschnitt „Einführung in verschiedene Formen" besprochen wurden, können Verwendung finden.

Vierter Teil
Nach Altersstufen geordnete Stoffübersicht

Allgemeine Gesichtspunkte zur Stoffverteilung

Immer wieder wird von Studenten und Lehrern um Stoffverteilungspläne gebeten. Doch wird die Allgemeingültigkeit solcher Pläne erschwert durch die unterschiedlichen Voraussetzungen in der Unterrichtspraxis (außerschulische oder schulische Kindergruppen, verschieden große Klassen, Begabungskontraste, mangelnde oder lückenhafte Vorbildung).

Der hier ausgearbeitete Stoffverteilungsplan gilt als Rahmenplan, der von Kindergärtnerinnen, Volksschullehrern, Musik-, Gymnastik- und Tanzlehrern den Verhältnissen ihrer Kindergruppen angepaßt werden muß.

- Der Stoff ist aufbauend vom Kindergarten und der Vorschule bis zur vierten Klasse der Volksschule gedacht. Er wird sich also in der hier dargelegten Form nur dann verwirklichen lassen, wenn mit den Kindern im Alter von etwa vier Jahren begonnen wird. Andernfalls wird das Material, das für sechsjährige „Fortgeschrittene" geplant war, erst für achtjährige „Anfänger" verwendet werden können.

- Eine Materialauswahl ist jeweils abhängig vom psychischen und physischen Entwicklungsstand der Kinder, ihrer Begabung und Leistungsfähigkeit, ihrer Phantasie und Konzentration sowie den Einflüssen aus dem Elternhaus. Diese Faktoren sind in jeder Kindergruppe anders gelagert. Die hier aufgestellten Richtlinien müssen daher vom Lehrer — entsprechend der Situation seiner Klasse — erweitert oder gekürzt werden. Manchmal wird man auf Übungen für Kleinere zurückgreifen müssen, ein anderes Mal können bereits Beispiele für Ältere herangezogen werden.

- Oftmals erscheinen gleiche oder ähnliche Aufgaben in verschiedenen Altersgruppen, das entspricht durchaus der Realität. Sie dienen in leicht veränderter Form der Wiederholung und Festigung des Erlernten.

- Der erzielte Fortschritt ist abhängig von der Größe der Gruppe. Verantwortungsvolle Korrektur, Hinführen zum Kreativen, Beobachtung aller Einzellösungen sind in Gruppen mit 40 Kindern nur unvollkommen zu realisieren. Eine Teilung der Klasse (wie auch in anderen Fächern) ist im Interesse der Kinder und im Hinblick auf die Leistung unbedingt erforderlich.

- Improvisation ist kein eigenes Gebiet, sondern integrierter Bestandteil des Unterrichts. Aus jedem der unten angeführten Teilgebiete können Aufgaben so gestellt werden, daß sie von den Kindern improvisatorisch zu lösen sind.

- Übungen zur Sinnesschulung, zur Konzentration, Koordination und Geschicklichkeit, zur Anpassung, Einordnung, Führung und Verantwortlichkeit, zur Entwicklung des Raum-, Form- und Gruppengefühls werden nicht gesondert bezeichnet. Da fast jede Aufgabe mehrere pädagogische Intentionen hat, bleibt es dem Lehrer überlassen, jene Faktoren hervorzuheben, die der momentanen Situation eines einzelnen Kindes oder der ganzen Gruppe entsprechen.

- Reaktionsübungen dienen nicht nur zur Schulung der Aufmerksamkeit, der Entschlußkraft und dem raschen Umsetzen von Entscheidungen in das aktive Tun. An Hand dieser Übungen ist es dem Lehrer vielmehr möglich, zu erkennen, wie weit die Kinder fähig sind, ihr eigenes Bewegungsvermögen mit von außen kommenden Aufforderungen und Zeichen zu verbinden. Reaktionsübungen dürfen aber keinesfalls als einseitige Ordnungsübungen angewendet werden. Es sind dabei weitgehend kreative Aufgabenstellungen zu finden.

- Die Reaktion kann auf akustische, optische, verbale und in seltenen Fällen auch auf taktile Aufforderungen hin geschehen. Die in der Übersichtstabelle angeführten Inhalte sollen zu vielseitigen Aufgaben verwendet werden.

- Zu dem in der Tabelle als Bewegungsbildung (Bewegungsexperiment, Körperschulung, Grundbewegungsarten und Bewegungsverbindungen) bezeichneten Gebiet findet sich im ersten Teil des Buches ausführlich behandeltes Material. Zu „Gruppierungen und Fassungen" gibt es zeichnerische Darstellungen der einzelnen Formen auf S. 69–73.

- Das Gebiet Bewegungsbegleitung ist weitgehend auf den Musikunterricht der Gruppe abzustimmen, eventuell auch mit dem entsprechenden Fachlehrer zu besprechen und zu erarbeiten.

- Beispiele zur „Bewegungsgestaltung" sind im fünften Teil zu finden.

Kennzeichnung der drei Altersstufen

Altersstufe 1: Vier- bis Sechsjährige (Kindergarten und Vorschule)

Im Vorschulalter wird das Fundament für jede spätere Ausbildung gelegt. Die Tanzerziehung stellt auf dieser Altersstufe kein eigenes Fach dar. Sie wird vielmehr — verbunden mit Musik und sprachlicher Erziehung — in den Tageslauf des Kindergartens eingebaut. Es sollte täglich einmal eine längere oder zweimal eine kürzere Zeitspanne dafür verwendet werden. Spiele und Übungsmaterial werden danach ausgewählt werden müssen, ob im Bewegungsraum, im Musikzimmer oder im Klassenraum unterrichtet oder gespielt wird.

Ausgangspunkt ist das freie Bewegungsspiel der Gruppe oder des einzelnen. Im freien Spiel mit der Bewegung (Schaukeln, Balancieren, Drehen, Trippeln, „auf der Spitze Tanzen", Rollen, Kriechen), in all den zahllosen, wieder und wieder versuchten Varianten experimentiert das Kind mit seinen eigenen körperlichen Möglichkeiten. Es schult die Geschicklichkeit und Koordination, das Empfinden für räumliche Dimensionen und verschiedene Geschwindigkeiten, es lernt die einzelnen Teile seines Körpers und ihre Bewegungsfunktionen kennen, es erprobt die Ausführung seiner eigenen Bewegungsimpulse.

Im gemeinschaftlichen Bewegungsspiel, vor allem in den rhythmisch-sprachlich gebundenen tradierten Kinderspielen und -tänzen erfährt es die Anpassung an andere, die Einordnung in eine Gruppe. Die Bewegung wird vom gemeinsamen Tempo und von bestimmten, außerhalb der Individualität des einzelnen Kindes liegenden Spielregeln bestimmt. Als Ausgleich für die Ein- und Unterordnung drängt fast jedes Kind zu den Rollen, in denen es solistisch und weitgehend ungebunden nach eigenen Einfällen frei agieren kann.

Wesentliche Aufgabe des Unterrichts in dieser Altersstufe ist es, die ursprüngliche Bewegungsfreude und das spontane Bewegungsbedürfnis der Kinder zu erhalten, ihr Interesse an den unzähligen Bewegungserfahrungen durch immer neue Aufgabenstellungen zu wecken und sie zu eigenem Experimentieren anzuregen. Der Übergang zu bestimmten Bewegungsabläufen, Formen und Reaktionen erfolgt allmählich. Nicht die Imitation des Lehrers ist entscheidend, sondern die ungehemmte, phantasievolle und fließende Bewegung jedes einzelnen Kindes. Technische Perfektion ist die Aufgabe einer späteren Stufe, doch soll die Anleitung der Kinder zur Beobachtung ihrer eigenen Haltung schon auf dieser Stufe beginnen.

Da die Konzentration der Kinder noch nicht lange auf ein Thema gerichtet bleibt, ist es sinnvoll, die Schwerpunkte öfters zu wechseln, also Bewegung durch Singen, Instrumentalspiel durch Sprechen oder Vornotation abzulösen. Ständige Wiederholung fixierter Abläufe überfordert die Leistungsfähigkeit der Kinder und ermüdet sie.

Altersstufe 2: Sechs- bis Achtjährige (Grundschule erste und zweite Klasse)

Der Unterricht findet nun im Rahmen der Volksschule statt und wird meist vom Klassenlehrer, also nicht vom spezialisierten Fachlehrer, gegeben. Das hat neben manchen Schwierigkeiten den Vorteil, daß eine bessere Integration der verschiedenen Unterrichtsgebiete möglich ist, daß der Lehrer bei gründlicher Kenntnis seiner Gruppe Übungen und Aufgaben einsetzen kann, die entweder allgemein erzieherische oder speziell musik- oder tanzpädagogische Intentionen haben.

Außerschulische Möglichkeiten finden sich in den Grundklassen einer Musikschule (Konservatorium, staatliche oder private Musikschule), in Tanz- oder Gymnastikschulen, im Tagesheim, im Hort oder in Freizeitgruppen. Noch immer gilt der Grundsatz, daß möglichst oft — in der Schule am besten täglich — gearbeitet werden soll, um zu guten Resultaten zu gelangen.

Das Kind hat sich psychisch und physisch entwickelt — diese Veränderungen müssen im Unterricht berücksichtigt werden. Das verstärkte Längenwachstum und die Entwicklung der inneren Organe ergeben eine andere Art körperlicher Beanspruchbarkeit. Die Anforderungen sollen kurz und intensiv sein, nach Anstrengungen müssen Ruhepausen folgen, die jedoch mit rhythmischen Übungen, Singen, Sprechen oder Instrumentalspiel, auch Hör- und Notationsübungen ausgefüllt werden können.

Noch ist es die Zeit der Darstellungsspiele, der Identifikation mit verschiedenen Rollen und Gestalten. Hinzu kommt jedoch das Bestreben, etwas Konkretes zu lernen und zu können, eine erste Objektivierung zeigt sich. So tritt neben gemeinschaftliche Kindertänze und -spiele einerseits und individuelles Bewegungsexperiment andererseits die Erarbeitung der verschiedenen Grundbewegungsarten. Das geschieht in räumlicher, zeitlicher und dynamischer Variation auf der Basis des in der vorhergegangenen Stufe Erfahrenen. Langsam entwickelt sich auch die Anpassung an andere Kinder (Gruppierungen, Anführen, Partneraufgaben) sowie die Beobachtungsgabe. Ihre Auswirkungen im Unterricht zeigen sich im beginnenden Interesse für das „Was, Wie und Wo" einer Bewegung, im Erkennen von Fehlern und in der Freude an der Imitation. Daneben darf jedoch die individuelle Lösung von Bewegungsaufgaben nicht vernachlässigt werden.

Auch die musikalischen Fähigkeiten und Kenntnisse haben sich erweitert, durch die Begegnung mit Büchern sind neue Inhalte in die Vorstellungswelt der Kinder getreten. Das alles soll in der Tanzerziehung berücksichtigt werden.

Da die Kinder in der Schule und beim Hausaufgabenmachen viel sitzen müssen, entlädt sich das angestaute motorische Bedürfnis im Spiel und im Bewegungsunterricht. Dem muß stattgegeben werden, doch sollte die Konzentration und Disziplin des Unterrichts nicht darunter leiden.

Altersstufe 3: Acht- bis Zehnjährige (Grundschule dritte und vierte Klasse)

Wird der Musik- und Bewegungsunterricht immer noch vom Klassenlehrer selbst gegeben, so sollte versucht werden, möglichst täglich für kürzere Zeit, mindestens aber dreimal wöchentlich, zu arbeiten. Wenn diese Gebiete jedoch von Fachlehrkräften (Musik- und Tanzlehrer bzw. Sportlehrer) unterrichtet werden, ist eine enge Zusammenarbeit und gemeinsame Unterrichtsplanung dringend erforderlich. In diesem Fall wird einiges im Musik-, anderes im Turn- oder Tanzunterricht vorbereitet. In einer gemeinsamen Stunde wird die Verbindung von Bewegung und Musik hergestellt. Allenfalls kann der Klassenlehrer in den normalen Stunden Bewegungsformen, Lieder und Begleitungen wiederholen. In außerschulischen Gruppen wird in diesem Alter der Fortschritt bereits deutlicher zu beobachten sein als in Schulklassen. Dies liegt vor allem an der persönlicheren Anleitung und Korrektur, die in einer kleineren Gruppe entsprechend intensiver sein kann.

In dieser Altersstufe ist der Gestaltwandel abgeschlossen, die Motorik hat sich verändert. Durch das Breitenwachstum und die damit verbundene körperliche Ausgeglichenheit entsteht ein Kräfteüberschuß, der sich in Bewegung und Leistung äußern will. Gesteigerte Koordinationsfähigkeit, Sicherheit und Differenzierung in der Bewegungsausführung ermöglichen ein schnelleres Erfassen neuer Bewegungszusammenhänge. Dies wird unterstützt durch stärkere Beobachtung, wachsendes Verständnis für formale Zusammenhänge und durch die zunehmende Fähigkeit, Bewegungserfahrungen gedächtnismäßig zu speichern. Leistungswille und speziell gerichtetes Interesse beginnen die Einstellung des Kindes zu verändern. Es will nicht mehr „nur spielen", es will lernen und etwas können — es will seine eigenen Leistungen mit anderen vergleichen. Das Verständnis für die Gruppe ist im Entstehen, Anpassung und Verantwortlichkeit wachsen.

Die Bewegungsform und die Interessenrichtung von Jungen und Mädchen beginnen sich auf dieser Altersstufe zu unterscheiden. Beiden gemeinsam ist eine verstärkte Hinwendung zu objektivem Können und allgemeingültigen Formen. Aus diesem Grunde kann man die Kinder nun in überlieferte Tanzformen einführen, sie aber auch auf außerhalb ihres eigenen Könnens liegende Erscheinungsformen des Tanzes aufmerksam machen. Fotos, Filme, eventuell der Besuch von Theatervorstellungen, gemeinsame Besprechung von Tanzproduktionen des Fernsehens sollen ihr Verständnis für verschiedene tänzerische Stilrichtungen wecken (Folkloretänze anderer Länder, Jazz, Show, moderner oder klassischer künstlerischer Tanz, Gesellschaftstanz).

Das Material für Jungen muß besonders sorgfältig ausgesucht und vermittelt werden, damit es nicht zu der — falschen — Meinungsbildung kommt, Tanz sei eine feminine Angelegenheit. Es liegt am Lehrer, dieses Vorurteil durch seinen Unterricht, sein eigenes Vorbild, aber auch durch Erklärungen, Fotos und Beispiele zu widerlegen. Die Aufgaben für die Jungen sollen mehr Kraft und Geschicklichkeit erfordern als die für Mädchen. Auch Schritte aus Männertänzen — des eigenen wie eines anderen Landes — können herangezogen werden.

Da Vorbilder immer überzeugender sind als alle Erklärungen, wäre es äußerst wünschenswert, daß Tanz mitunter auch von einem Manne unterrichtet wird.

Das Material für Mädchen wird ebenfalls durch Volkstänze erweitert. Schwingende Bewegungsformen können bei entsprechender körperlicher Reife begonnen werden. Für alle Kinder gemeinsam sollen Improvisations- und Gestaltungsaufgaben gestellt werden, die ihre auf neue Inhalte gerichtete Phantasie, ihr Interesse an technischer Leistung, ihre physische Kraft und psychische Aufgeschlossenheit aktivieren.

Der Stoff dieser Altersstufe baut auf dem bereits in früheren Stufen erarbeiteten Grundmaterial auf, er wird ausgebaut und differenziert. Zur Erweiterung der individuellen Bewegungserfahrung und Technik tritt die objektive Beherrschung von verschiedenen Tänzen und Tanzformen.

Tabellarische Übersicht zur Stoffverteilung

	Stufe 1
Bewegungsbildung	Ansatz und Schwerpunkt der Arbeit sind freies und imitatives Spiel mit Geräten, Partnern oder szenischen Inhalten. Übungen als Selbstzweck sind für dieses Alter nicht geeignet.
Bewegungsexperiment	Die Funktionsmöglichkeiten der einzelnen Teile des Körpers (Kopf, Rumpf, Arme, Hände, Beine, Füße) werden im Berühren, Bewegen, Benennen erfahren, angeregt durch freies Spiel. — Aufgabenstellungen mit Geräten (Tücher, Stäbchen, Sandsäckchen, Seile, kleine und größere Bälle) und Imitation von Menschen, Tieren oder Gegenständen.
Körperschulung	
Entspannungs- und Lockerungsübungen	Allgemeine Entspannungsübungen nach anstrengender Tätigkeit: Auf den Rücken legen zur Beruhigung des Atems. — Aktives Ausschütteln von Beinen und Armen. — Passive Lockerungsübungen sind nur bei besonders verkrampften Kindern anzuwenden, hier übernimmt in jedem Falle der Lehrer das Lockern (Vorstellungshilfen können nützlich sein).

Stufe 2

Die Kinder beginnen die Bewegungsfunktionen und die Veränderbarkeit der Grundbewegungsarten zu verstehen. — Anpassung an Partner, Raum und Gerät. — Übergang von bildhafter zu abstrahierender Aufgabenstellung.

Die verschiedenen Bewegungsmöglichkeiten der einzelnen Körperteile werden erfahren.
Was: Kopf, Hals, Schultern, Becken, Bein, Knie, Fuß, Arm, Ellbogen, Hand, Finger.
Wo: vorwärts — rückwärts, hoch — tief, rechts — links, weit — eng.
Wie: schnell — langsam, zugleich — nacheinander, leicht — gespannt.

Wie Stufe 1. — Die passiven Lockerungsübungen eventuell mit Hilfe des Lehrers.

Stufe 3

Differenzierte Bewegungsausführung in räumlichen und zeitlichen Varianten. — Zunehmende Vertrautheit mit der Bewegungsterminologie. — Überwiegend abstrahierende Aufgabenstellung schließt jedoch die bildliche nicht aus.

Wie Stufe 2. — Dazu Verfeinerung der Beobachtung und Ausführung.
Was: ganzer Körper oder Teile, welcher Teil führt, welche Seite.
Wo: gerade und kurvige Linien, in der Luft und auf dem Boden.
Wie: symmetrisch, asymmetrisch, fließend, unterbrochen, gleichmäßig oder veränderlich in Spannung und Tempo.
Auch als Partneraufgaben (Spiegelbild- o. Kontrastbewegung) möglich.

Wie Stufe 2. — Zunehmende Verkrampfungen der Kinder durch Stillsitzen in der Schule und bei den Hausaufgaben erfordern eine stärkere Berücksichtigung der Entspannungs- und Lockerungsübungen.

157

Spannungsübungen

Spannungsübungen dienen auf dieser Stufe lediglich dazu, einen ganzkörperlichen Krafteinsatz erfahrbar zu machen.

Haltungsübungen

Erstes Aufmerksammachen auf eine aufrechte, gelöste Haltung, ohne Hohlkreuz und eingedrehte Beinstellung. — Gerades oder „buckliges" Sitzen oder Stehen erkennen lernen (S. 58).
Im Zusammenhang mit der Haltungsschulung können auch Gleichgewichtsübungen versucht werden, wie Balancieren auf einer am Boden gezeichneten Linie oder einem Seil (eventuell Unterstützung durch den Lehrer), später auch auf Geräten wie Langbänken, Spielzeugkisten und Hockern.

Kräftigungsübungen

Extremes Beugen, Strecken und Verdrehen bzw. Verwringen des ganzen Körpers oder einzelner Teile (Extremitäten, Rumpf) im Stehen, Sitzen und Liegen, erst langsam, dann in schnellerem Tempo.
Fußkräftigung durch spreizende und zusammenziehende Greifübungen der Zehen mit Hilfe kleiner Gegenstände. — Entwicklung der Federkraft im Fußgelenk (S. 60). Rumpfkräftigung durch Übungen in Bauch- und Rückenlage: Abwechselndes oder gleichzeitiges Heben der Beine und Arme, Verwendung von Handgeräten, besonders Sandsäckchen (S. 61).

Stufe 2

Wie Stufe 1. — Dazu ganzkörperliche Spannungsübungen in Spielform sowie partielle Spannungsübungen, bei denen der Spannungszustand jeweils nur sehr kurz dauern soll.

Erstes Bewußtmachen des Haltungsaufbaus, nämlich alle Gelenke übereinander: Knie über Fußgelenken, Hüfte über Knien, Schultergürtel über Beckengürtel, Aufrichtung der Wirbelsäule bei Beckenflachstellung (S. 58—60).
Gleichgewichtsübungen wie Stufe 1, auch im hohen Ballengang, eventuell mit geschlossenen Augen.

Ganzkörperliches Beugen, Strecken, Verdrehen wie Stufe 1. — Tempo während der Übung steigern.
Fußkräftigung durch Beugen, Strecken, Kreisen, Greifübungen, Federn in den Sprunggelenken.
Rumpfkräftigung wie Stufe 1. — Verwendung von mittleren und größeren Bällen sowie Stäben, auch Partnerübungen (S. 60—61).

Stufe 3

Wie Stufe 2. — Dazu rascher Wechsel von partiellen Spannungs- und Entspannungsübungen (S. 52 und 55).

Bewußtmachen des Haltungsaufbaus, sowohl im Stehen als auch im Sitzen. — Lernen, die eigene Haltung sowie die der Mitschüler am Platz und in der Fortbewegung zu beobachten (S. 58—60).
Gleichgewichtsübungen werden erschwert durch veränderte Blickrichtung sowie durch gleichzeitige gestische Bewegungen der Arme, Beine oder des Rumpfes, sowohl in der Übung am Platz wie in der Fortbewegung.

Wie Stufe 2. — Dazu Fußkräftigung durch belastetes und unbelastetes Beugen und Strecken, Berühren des Bodens mit verschiedenen Teilen des Fußes (Zehen, Ballen, Ferse, Innen- oder Außenkanten) in freier oder rhythmisierter Form. — Wippen und Federn in der Hocke, im Stand und in der Fortbewegung, mit geschlossenen Füßen, im Wechsel von rechts und links, bzw. mehrmaliges Federn auf einem Bein.
Rumpfkräftigung durch intensive Betätigung der Bauch- und Rückenmuskeln im Liegen, Sitzen und Stehen (sorgfältige Haltungskontrolle) mit und ohne gymnastische Geräte.

Grundbewegungsarten

Gehen

Auf der ganzen Sohle, im hohen Ballengang, mit gestreckten oder gebeugt hochgehobenen Knien. — Vorwärts, später auch rückwärts (noch ohne Begleitung). — Auf geraden Wegen (von einer Seite des Raums zur anderen, über die Diagonale), auf kurvigen Wegen um Hindernisse (andere Kinder, Hocker etc.).
Langsam bis schnell (Vorstellungshilfe Zug). — Nur in geraden Taktarten.
Sehr leicht bis kräftig.
Allein, im Rudel, zu zweit.
Begleitung kann die Gleichmäßigkeit fördern. — Ständige Tempogebung durch den Lehrer verhindert im Kind jedoch die spontane Tempowahl. — Sehr leise Begleitung kann die Kinder zum Leisegehen (Ballengang, Abrollen) erziehen.

Laufen

Mit engen oder weiten Schritten. — Anpassung an den Raum und die anderen Kinder. — Auf geraden und kurvigen Wegen. — Mit, später auch ohne konkrete Hindernisse. — Nur vorwärts.
In mittlerem bis sehr schnellem Tempo (Trippeln).
Leichtes und leises Laufen.
Allein, zu zweit (erst ohne, später mit Handfassung).
Anpassung an Begleitung, aber auch freies Laufen ohne rhythmische Fixierung.

Wie Stufe 1. — Dazu weit-, eng-, hoch- und tiefbetonte Schritte. — Richtungswechsel vorwärts und rückwärts, rechts und links (zuerst in langsamem Tempo und mit Pausen, später mit fließenden Übergängen). — Seitwärtsgehen in Anstell- oder Kreuzschritten.
In der 2. Klasse Einführung des Gehens im Dreivierteltakt, einfache Rhythmisierungen (Verdoppelung oder Überziehen eines Schritts).
Akzentgebung durch Stampfen oder tiefbetonten Schritt.
Fassungen zu zweit, zu dritt. — Einhand- oder Beidhandfassungen.
Typisierendes Gehen im szenischen Spiel (König, Indianer u. a.).

Wie Stufe 2. — In allen Richtungen (vorwärts, rückwärts, seitwärts). — Dazu Drehungen während des Gehens. — Im Zickzack, in großen und kleinen Kurven. — Mit Richtungs- und Frontwechsel.
Schwingendes Gehen (vorwiegend für Mädchen). — Tiefes, mittleres und hohes Gehen im häufigen Wechsel. — Gehen verschiedener Raumfiguren (Kreis, Achter etc.), auch mit geschlossenen Augen.
In kontinuierlichem und plötzlichem Tempowechsel.
Verschiedene Rhythmisierungen.
Zu zweit, zu dritt, in Kette und Reihe. — Mit Kreuzfassungen.
Verschiedene Ausdrucksformen (schlendernd, schreitend, stolzierend, schleichend, zögernd), eingekleidet in Darstellungsaufgaben.

Weitausgreifendes Laufen und enges mit kleinen Schritten (Trippeln). — Arme frei oder eingestützt. — Vorwärts und rückwärts. — Ansätze zum Kurvenlauf durch Umlaufen von Hindernissen. — Richtungswechsel.
In der 2. Klasse Beginn des Laufens im Dreivierteltakt (Betonung des akzentuierten Taktteils). — Mittleres bis schnelles Tempo. — Leichtes und gespanntes Laufen (Vorübung zum Sprunglauf).
Fassungen zu zweit (parallele Füße beginnend), in Ketten.
Mit und ohne Begleitung. — (Laufen im Dreivierteltakt wird durch melodische Begleitung und deutliche Akzentgebung unterstützt.)

Vorwärts und rückwärts. — Auch mit Drehungen während des Laufens. — Front- und Richtungswechsel. — Kurvenlaufen mit Innenneigung (seitlich getragene Arme), Achterlaufen.
Herausarbeiten verschiedener Laufformen (hochbetont-federnd, schwingend, Sprunglauf).
In geraden und ungeraden Taktarten, kontinuierlichen Tempoübergängen von mittel bis schnell.
Verschiedene, auch während des Laufens zu verändernde Fassungen, zu zweit, zu dritt, in Ketten und Reihen.
Mit und ohne Begleitung.

Federn

Nur am Platz (Hocke oder aufrechter Stand) mit geschlossenen Beinen (siehe Körperschulung).

Hüpfen

Hüpfen vorwärts. — Begleitung (am besten im Sechsachteltakt) sollte nicht ständig verwendet werden. — Einzelne Kinder brauchen relativ lange, um das Hüpfen zu erlernen. Mittleres Tempo.
Allein, im Rudel, später auch zu zweit. — Handfassung erst bei sicherem Hüpfen.

Federn mit geschlossenen Füßen am Platz bis zum Ablösen der Fußspitzen. — Erste Versuche des abwechselnden Federns durch Springen von einem Bein aufs andere. — Nur vorwärts. — Eventuell Doppelfedern.
In mittlerem Tempo.
Noch ohne Fassungen.

Nur einfacher „Kinderhüpfer" mit gebeugt angehobenem Spielbein. — Vorwärts. — Weite und enge Schritte, hochbetont.
Mittleres Tempo, Triolen, später punktiert.
Leicht bis kraftvoll.
Allein, im Rudel, zu zweit, Kette, Reihe. — Fassung möglichst locker.

Einfaches, doppeltes und mehrfaches Federn auf einem Bein, am Platz und in der Fortbewegung. — Vorwärts, rückwärts, seitwärts (im Kreuz- und Anstellschritt), gedreht. — Immer hochbetont.
Spielbein im Knie gebeugt oder gestreckt, im Fußgelenk gestreckt oder angewinkelt. — Anheben des Spielbeins vorwärts, rückwärts oder seitwärts.
Gleichmäßig im Tempo. — Später auch verschiedene Rhythmisierung im Wechsel von einfachem und doppeltem Federn.
Mit leichtem oder sehr kraftvollem Abdruck vom Boden.
Alle bekannten Fassungen, jedoch erst bei sicherer Ausführung des Federns.

Mit verschiedenen Spielbeinvariationen (gestreckt oder gebeugt im Fuß- und Kniegelenk, vorwärts, seitwärts oder rückwärts angehoben, bzw. vor oder hinter dem Standbein gekreuzt).
In allen Richtungen. — Seitlich mit anstellenden oder kreuzenden Schritten; gedreht. — Alle bekannten Raumwege und Raumformen. — In Verbindung mit Zwischenschritten.
Weite und enge Hüpfer, hoch- oder flachbetont.
Mittel bis schnell, punktiert und in Triolen, in geraden und ungeraden Taktarten. — Leicht und schwingend bis sehr kraftvoll.
Fassungen zu zweit, zu dritt, in Kette und Reihe. — Je weiter die Fassung, desto intensiver kann die Bewegung sein.

Springen

Freies Springen über kleine Hindernisse. — Absprung von niedrigen Geräten (Bänken, Hockern) zum Üben des Ab- und Aufsprungs. — Leises Aufkommen soll von den Kindern beobachtet werden. — Anlauf mit beliebigem Sprung als Höhepunkt. — Auslauf (in freier Form zu üben).

„Pferdchensprung" (Wechselsprung mit hochgezogenen Knien) vorwärts, abwechselnd linkes und rechtes Absprungbein. — Im 2. Jahr sollte der Unterschied zwischen Hüpfen und Pferdchensprung klar gemacht werden.

Schlußsprung aus dem Gehen, eventuell bis in die Hocke als Abschluß einer Bewegung (im 2. Jahr).

Erst ohne, später mit Begleitung (Achten auf Anlauf und Auslauf).

Schwingendes Verlagern

Drehen

In freier Form am Platz (Vorstellungshilfen Kreisel, Windrädchen).

Freie Sprünge aus dem Laufen oder aus dem Stand. — Die verschiedenen Möglichkeiten des Ab- und Aufsprungs sollen individuell ausprobiert werden.
„Pferdchensprung" (hoch- und weitbetont). — Vorwärts, bald auch gedreht.
Schlußsprung aus dem Gehen und Laufen, zuerst einfach, dann mit halber Drehung.
In der 2. Klasse Beginn des gestreckten Wechselsprungs vorwärts.
Allgemein zu entwickelnde Sprungqualitäten: kräftiger Abdruck, gute Haltung in der Luft, leises, weiches Aufkommen am Boden.

Freie Sprünge aus dem Stand sowie aus allen bekannten Fortbewegungsarten. — Zu jedem der fünf Sprungtypen sollen Beispiele ausprobiert werden. — Aufkommen auch in der Hocke.
Pferdchensprung vorwärts und gedreht.
Schlußsprung vorwärts und seitwärts (eventuell auch rückwärts), aus dem Gehen, Laufen, Federn und Hüpfen, mit halber und ganzer Drehung. — Seitliche Anschlagsprünge können versucht werden.
Gestreckter Wechselsprung vorwärts, gedreht (mit Partnerhilfestellung).
Hock- und kleine Spreizsprünge am Platz.
Laufsprünge und Sprunglauf.

Schwingende Bewegung am Platz unter Einbeziehung von Geräten (Sandsäckchen und Bälle), später auch in der Verlagerung vor — rück (Schrittstellung) und rechts — links (Grätschstellung).

Aus dem Schwingen mit einem Gerät und der schwingenden Verlagerung in Schritt- und Grätschstellung zum schwingenden Gehen und Laufen kommen. — In der 4. Klasse können Drehungen versucht werden, vorwiegend für Mädchen.

Frei oder in bestimmter Aufgabenstellung (gleichbleibende Richtung, Richtungswechsel, Schrittzahl), noch vorwiegend am Platz.
Auf der ganzen Sohle oder auf den Ballen. — Mit langsamen Anstelloder schnellen Trippelschritten.
In Verbindung mit Fortbewegungsarten (Gehen, Laufen, Hüpfen).

Wie Stufe 2. — Dazu Unterstützung der Drehung durch Arm- (Öffnen und Schließen) und Kopfhaltung (Blickfixierung auf einen Punkt, aus der äußersten Abdrehung schnelle Drehung des Kopfes und neuerliche Fixierung).
Drehen in tiefer, mittlerer und hoher Lage (dementsprechend auf ganzer Sohle mit gebeugten Knien, aufgerichtet mit gestreckten Knien und im

Klanggesten

Klatschen, Patschen, eventuell auch Stampfen. — Zuerst jede Art für sich, später in einfachsten Verbindungen. Verbindung von Stampfen und Klatschen (eine für Kinder schwierige Koordinationsübung), erst in langsamem Tempo am Platz.
Verbindung von Stampfen und Klat-Gehen.
Einfache, kurze Rhythmen, auch als Begleitung zu Texten oder Liedern.

Bewegungsverbindungen

Gleichzeitige Ausführung zweier oder mehrerer Bewegungsarten

Im freien Spiel mit Geräten (besonders günstig sind leichte Tücher, Luftballons, Bälle) ergibt sich aus der Spielidee Fortbewegung in Verbindung mit Beugen, Strecken, Abdrehen. — Rumpf und Arme passen sich dem Gerät an.
Gehen (eventuell Laufen) mit Klatschen. — Zuerst ohne bestimmte Phrasierung, nur in der Vorwärtsbewegung. — Später Klatschen im Schrittempo, dann im doppelten oder halben Tempo, bzw. Begleitung durch kurze rhythmische Motive. — An Stelle des Klatschens kann auch

hohen Ballenstand). — Drehung durch alle drei Ebenen (Spiraldrehungen), eventuell mit Hilfe von Handgeräten (doppelt zusammengelegtes Seil).

Drehung auf einem Bein (gefedert), auf beiden Beinen mit geschlossenen Füßen (kleine Drehsprünge).

In Verbindung mit allen bekannten Fortbewegungsarten.

Wie Stufe 1. — Dazu Stampfen und Schnalzen (manche Kinder haben damit anfänglich Schwierigkeiten). — Einfache Verbindungen.

Fließende Koordination von zwei oder drei Möglichkeiten, in geradem und ungeradem Takt, am Platz und in der Fortbewegung.

Wie Stufe 2. — Verbindung aller vier Möglichkeiten, am Platz und in der Fortbewegung, in allen bekannten Taktarten und im Taktwechsel, kombiniert mit allen Grundbewegungsarten.

Wie Stufe 1. — Ametrische Bewegung im freien Spiel mit Geräten. — Auch mit Partner oder in der Gruppe.

Gehen, Laufen, Hüpfen in Verbindung mit Klanggesten. — In geraden, später auch in ungeraden Taktarten zu fixierten oder improvisierten Begleitrhythmen. — Ebenso Spiel von kleinem Schlagwerk zur Bewegung.

Verbindung verschiedener Fortbewegungsarten mit Drehungen und Sprüngen (auch Einbeziehung der Fortbewegung am Boden).

Spielen und Üben mit Geräten (Bällen, Seilen, Reifen) in der Verbindung von Bewegung am Platz und in der Fortbewegung.

Allein, mit Partner oder Gruppe.

Einbeziehen der Klanggesten in schwierigeren Kombinationen zu allen bekannten Fortbewegungsarten, auch mit Abdrehen oder Beugen des Rumpfes. — Verwendung von Klangstäbchen, Fingercymbeln, Hand- und Schellentrommeln, Schellenbändern, Becken.

Schwingendes Gehen und Laufen (vorwiegend für Mädchen). —

auf Klangstäben oder kleinen Handtrommeln gespielt werden. — Auch als Echoübung in Ketten zu verwenden.
Verbindung von Fortbewegungsarten am Boden: Kriechen, Rollen, Rutschen, Schleichen.
Ebenso in der Aufrichtung: Gehen und Laufen mit Drehen.
Präziser Wechsel in der Bewegung ist noch nicht möglich.

Aufeinanderfolgende Ausführung zweier oder mehrerer Bewegungsarten.

Gehen, Laufen, Hüpfen, Pferdchensprünge im Wechsel. — Zuerst ohne bestimmte Phrasierung als Reaktionsübung zu dem jeweiligen Begleitrhythmus, später in bestimmten Phrasierungsbögen. — Präzise Übergänge sind noch nicht möglich.

Sprunglauf, Drehsprünge und freie Verbindung aller bekannten Bewegungsarten.

Wie Stufe 1. — Doch sollen verschiedene Phrasierungen erarbeitet werden, z. B. Wechsel von acht zu acht, vier zu vier Takten. — Von Zeit zu Zeit sind auch regelmäßig wiederkehrende ungeradtaktige Phrasierungen zu berücksichtigen. — Fließende und präzise Übergänge von einer Bewegungsart zur anderen sind anzustreben.
Wechsel von gestischen Bewegungen am Platz und verschiedenen Arten der Fortbewegung: z. B. eine Achterfigur mit einem oder beiden Armen in die Luft zeichnen, hierauf eine Acht mit Schritten ausführen.
Kombinierte Schrittmotive aus Wechselschritt, Anstellschritt, Kreuzschritt in verschiedenen Richtungen, Tempi und Taktarten, in Verbindung mit einfachen Geh-, Lauf-, Hüpf- oder Federschritten.

Verbindung aller bekannten Fortbewegungsarten in immer kürzeren Phrasierungen. — Auch mit Richtungswechsel. — Mit verdoppeltem oder halbem Grundtempo. z. B. sechs Gehschritte vorwärts (Viertelnoten), dann Doppelfedern im kleinen Kreis (Achtelnoten).
Wechsel von Bewegung am Platz und in der Fortbewegung, z. B. schwingendes Verlagern in Schrittstellung, gesteigert bis zum schwingenden Vorwärtslaufen.
Schrittverbindungen wie Stufe 2. — Dazu Wechselschritt mit Zwischenhüpfer. Polka- und Ländlerschritt. — Eventuell auch einfache Schrittformen von Mode-, Volks- und Gemeinschaftstänzen.

Reaktionsschulung

Raum

Aus dem freien Laufen (Gehen oder Hüpfen) auf ein bestimmtes akustisches Zeichen stehenbleiben und im Raum orientieren: wo ist vorne, wo die Fenster, wo der Lehrer.

Versammeln in bestimmten Ecken, in der Mitte oder an einer Seite des Raumes, gleichmäßige Verteilung im ganzen Saal. — Einen Kreis, später auch eine Reihe (zuerst mit Hilfe der Wand), dann Paare bilden.

Ein bestimmter Körperteil (Hand, Knie, Nasenspitze) soll sich nach vorne, nach oben, nach unten bewegen. — Wie kann man sich möglichst groß, wie möglichst klein machen?

Zeit

Reaktion auf schnelle und langsame Begleitung durch entsprechende Bewegungsausführung. — Accelerando und ritardando (nur mit Vorstellungshilfen).

Erkennen und Umsetzen der Begleitrhythmen in Gehen, Laufen und Hüpfen.

Dynamik

Reagieren auf „laut" und „leise" in der Begleitung, z. B. durch Gehen auf den ganzen Sohlen bzw. den Fußballen (diese Lösung darf jedoch nicht zur Regel werden). — Unterschiedlicher Krafteinsatz zu gespannter, kraftvoller Bewegung bzw. zu weicher, behutsamer (z. B. hartes Prellen, weiches Rollen eines Balls).

Selbständiges Ausführen verschiedener Raumfiguren in unterschiedlicher Größe (Kreis, Quadrat, Acht): in der Luft oder auf dem Boden, allein oder in der Gruppe (Führungswechsel).
Orientierung im Raum: Mitte, Rand, Ecken, Diagonale. — Gleichmäßige Verteilung. — Bilden von zwei etwa gleich großen Kreisen.
Richtungen: vorwärts — rückwärts, rechts — links, oben — unten. — Diese Begriffe sind sowohl mit gestischen als auch mit Aufgaben in der Fortbewegung zu verbinden.

Wie Stufe 2. — Dazu schnelles Bilden verschiedener Aufstellungen und Gruppierungen (Halbkreis, bis zu drei gleich großen Kreisen, Reihen, Diagonalaufstellung). — Wechsel von individuellen Raumwegen und solchen in der Gruppe (mit bestimmten Raumaufgaben).
Richtungs- und Frontwechsel in der Bewegung am Platz und in der Fortbewegung. — Sichere Ausführung der Gegensätze hoch — tief, eng — weit, groß — klein, vor — rück.
Bewußtes Umsetzen aller erarbeiteten Raumbegriffe.

Wie Stufe 1. — Dazu Reaktion auf plötzliche und kontinuierliche Übergänge.
Erkennen der Grundbegleitrhythmen wie Stufe 1. — Dazu Wechselschrittmotiv. — Aufnehmen eines bestimmten rhythmischen Motivs und entsprechende Ausführung durch individuelle Bewegungslösungen.
Bewußtes Erkennen von geraden und ungeraden Taktarten.

Wie Stufe 2. — Dazu Ausführung von Tempoveränderungen auch ohne Begleitung.
Reaktion auf verschiedene Taktarten, auch Taktwechsel in regelmäßiger Wiederkehr. — Freies Umsetzen einfacher und schwieriger Rhythmen zur Begleitung, Wiedergabe auch ohne Begleitung.

Wie Stufe 1. — Bereichert durch entwickeltere, dynamische Ausdrucksfähigkeit. — Partnerübungen mit unterschiedlichem Krafteinsatz entsprechend der Dynamik der Begleitung, aber auch ohne Begleitung.
Erarbeitung mit Hilfe von Geräten.

Wie Stufe 2. — Dazu feinere dynamische Abstufungen (piano, mezzoforte, forte), wiedergegeben durch unterschiedliche Spannung, vor allem in der gestischen Bewegung.
Reaktion auf regelmäßige oder plötzliche Akzente.

Gruppierung

Echte Partnerarbeit entspricht dieser Altersstufe noch nicht, doch sollen einfache Reaktionsübungen zur Anpassung an andere versucht werden. Gruppenbildung hinter einem benannten „Anführerkind", häufiger Führungswechsel. — Aus der Bewegung in der großen Gruppe sollen Paare gebildet werden. — Denselben Partner nach kurzer, freier Bewegung wiederfinden.
Mit Hilfe von Geräten oder Instrumenten Partnerarbeit motivieren.

Klangfarbe
Artikulation
Charakter der Musik

Reaktion auf verschiedene Instrumente (z. B. kurze, scharfe Bewegung zum Geräusch der Holzblocktrommel, Drehen zum Schütteln der Rassel, langsam Zusammensinken und wieder Aufrichten zu einem lange nachklingenden Beckenklang). Die Wahl der Bewegung bleibt jedem Kind selbst überlassen.
Tonhöhenunterschiede können Richtungswechsel, Partnerwechsel etc. anzeigen.

Gruppierungen und Fassungen Raumformen und Raumwege

Grundform für diese Altersstufe ist der Kreis, der auch den Lehrer miteinschließt. Die Bewegung erfolgt in rechter und linker Kreisrichtung sowie zur Mitte und wieder zurück.
Paare, mit und ohne Handfassung. — Ketten mit durchgehender Handfassung oder beidhändiger Schulter- bzw. Taillenfassung.
Fassungen ergeben sich aus dem Ausprobieren, am besten eignen sich verschiedene Einhandfassungen und Einhaken.

Wie Stufe 1. — Dazu Partnerwechsel während des Gehens, Laufens, Springens. — Partnerarbeit mit Geräten und Instrumenten. — Einzelne Aufgaben können mit jeweils neuen Partnern, andere immer mit denselben ausgeführt werden (z. B. Frage und Antwort mit Schlaginstrumenten in der Bewegung). — Spiegelbildübungen.

Wie Stufe 2. — Partnerwechsel während der Bewegung. — Wechsel der räumlichen Führung innerhalb eines Paares.
„Blindübungen" als Partner- oder Gruppenaufgabe mit Führungswechsel.
Intensivierte Spiegelbildübungen (pantomimisch oder abstrakt).

Wie Stufe 1. — Allenfalls durch mehrere Instrumente zu bereichern. — Artikulationsunterschiede in der begleitenden Musik sollen in der Bewegungsreaktion der Kinder ihre Entsprechung finden.
Der Charakter der Musik kann Kinder zum Mittanzen oder zum Zuhören aktivieren.

Differenziertes Eingehen auf die Unterschiede der Klangfarben und der Anschlagsweise bei den einzelnen Instrumenten.
Reaktion auf legato und staccato, auf musikalische Formelemente und den Charakter der im Unterricht verwendeten Musikstücke.
Die Aufforderungen zu den einzelnen Aufgaben können sowohl von einzelnen Kindern wie vom Lehrer gestellt werden.

Kreise, auch Innen- und Außenkreis in Gegenbewegung. — Reihen, Ketten. — Freie, auch asymmetrische Aufstellungen. — Aufstellung hintereinander oder auf Lücke. — Paare und Dreiergruppen.
Fassungen sollen von den Kindern zu den jeweiligen Bewegungsarten ausprobiert werden (ein- und beidhändige Fassungen, Kreuz-, Schulter- und Taillenfassungen, Einhaken). — Auch wechselnde Fassung bei Drehungen.

Halbkreis, Kreis, Doppelkreis, Reihen (gegenüber, hintereinander oder auf Lücke). — Ketten, Paarketten, Quadrat, Keil, freie und asymmetrische Gruppierungen. (Der Platz eines einzelnen kann innerhalb der Gruppenformation beibehalten oder verändert werden.)
Fassungen je nach Art der Bewegung weit oder eng. — Einfache Fassungsveränderungen innerhalb eines Bewegungsablaufes.

Bewegungsbegleitung

Begleitung *in* der Bewegung durch Klanggesten, Stäbchen, Schellenbänder und Handtrommeln.

Begleitung *zur* Bewegung wie oben. — Dazu einfachste Ostinati auf Stabspielen, großer Trommel oder Pauke. — Melodische Begleitung entweder durch Singen der Kinder oder durch Flötenspiel des Lehrers.

Begleitung durch Sprechtexte und einfache Lieder im Drei- bis Siebentonraum. — Rhythmische Begleitung im Grundschlag oder einfachste Motive mit Viertel- und Achtelnoten, bei Abschluß einer Phrase auch mit halben Noten.

Teilung der Kinder in eine begleitende und in eine sich bewegende Gruppe, hin und wieder begleitet ein Kind auch solistisch.

Begleitung *in* der Bewegung wie Stufe 1. — Dazu kleine Schlaginstrumente wie Fingercymbeln, Holzblocktrommel, Schellentrommel, Rasseln, Schellenbänder (auch um die Füße gebunden).
Begleitung *zur* Bewegung wie Stufe 1. — Dazu vielseitigere Ostinati sowie einfache Melodien auf den Stabspielen. — Eventuell Einbeziehung der beginnenden instrumentalen Fähigkeiten auf Blockflöte und Klavier (auch vierhändig) oder anderen Instrumenten.
Begleitung durch Sprechtexte und Lieder im Siebentonraum (Dur und Moll). — Rhythmische Begleitung mit Viertel-, Achtel-, halben Noten, Punktierungen. — Melodische Improvisation vorwiegend noch im Fünftonraum. — Die Begleitung folgt meist noch dem Grundrhythmus der Bewegung, Umspielungen sind jedoch bereits möglich, auf klaren Einsatz und deutlichen Schluß ist zu achten.
Solistische Begleitung zur Bewegung eines Partners oder der ganzen Gruppe. — Ebenso Begleitung in kleineren Gruppen (vorwiegend durch ein bereits bekanntes und erarbeitetes Musikstück oder ein Lied mit instrumentaler Begleitung).

Begleitung *in* der Bewegung wie Stufe 2. — Dazu stärkere Einbeziehung von Blockflöten zu ruhiger Bewegung.
Begleitung *zur* Bewegung auf Schlaginstrumenten (auch Bongos und Pauken), Stabspielen, Flöten, eventuell Zupf- und Saiteninstrumenten, Klavier, Schallplatte oder Tonband (in besonderen Fällen auch Aufnahme vom Musizieren der Gruppe).
Sprechtexte, ein- und mehrstimmige Lieder (auch fremdsprachige), Dur — Moll, hin und wieder auch Kirchentonarten. — Rhythmische Begleitung mit allen Notenwerten wie Stufe 2. — Dazu Sechzehntel und Triolen, rhythmisches Umspielen des Bewegungsrhythmus.
Solistische Begleitung (vorwiegend auf Bongos, auch Blockflöte), sowie Begleitung im kleinen Orchester (vorbereitete Musik zu entsprechenden Tanzformen).

Bewegungsgestaltung

Texte: Abzählreime, Kniereiterliedchen, Namenreihen, Verse, Fingerspielreime (bis auf das letzte vorwiegend für Gruppenspiele zu verwenden).

Lieder: Gruppenspiele, einfachste Reigenlieder („Kindertänze"), Darstellungslieder mit szenischem Inhalt.

Rhythmische Studien: Mit Klanggesten und kleinem Schlagwerk. — Partner- und Gruppenaufgaben. — Meist über einem Text aufgebaut, auch als Begleitung. — Vor- oder Nachspiel zu einem Lied. — Traditionelle Kinderspiele („Scherenschleifer") wie auch neu zu gestaltende.

Instrumentalstücke: Zunächst nur in einfachster Form. — Bei Fortgeschrittenen spielen die Kinder melodische Ostinati auf Stabspielen, der Lehrer oder ein besonders geschicktes Kind die Melodie.

Darstellendes Spiel, Märchenszenen: Aus Liedern, Texten und kleinen Instrumentalstücken kann eine zusammenhängende Form gebildet werden. — Einzelne Teile sind auch aus der Improvisation zu entwickeln, da das „Einüben" längerer Abläufe für Kinder dieser Altersstufe ungeeignet ist.

Texte: Auszählreime, Kauderwelsch-gedichte, Sprüche, Rätsel; auch einfache, kurze fremdsprachige Reime und Sprüche, eigene Verse der Kinder zu Einzel- oder Gruppengestaltung.

Lieder: Reigenlieder als Gemeinschaftstänze in tradierter oder von den Kindern mit Hilfe des Lehrers neu gestalteter Form. — Darstellungslieder mit einem tänzerisch oder pantomimisch darstellbaren szenischen Geschehen zur szenischen Improvisation und musikalisch fixierten strophischen Gestaltung.

Rhythmische Studien: Mit oder ohne Texthilfen. — Mit Klanggesten oder kleinem Schlagwerk in der Bewegung auszuführen (von Frage-, Antwort-Improvisation bis zu rhythmischen Rondos und einfachen Kanons).

Instrumentalstücke: In verschiedenster Besetzung (Stabspiele, Flöten, Schlagwerk). — Dreiteilige Form, Rondo, Kanon etc. — Einfache Bewegungsausführung. — Die Begleitinstrumente sind mitunter auch in den Tanzraum einzubeziehen. — Wechsel von Tänzern und Musikanten.

Darstellendes Spiel, Märchenszenen: Erweiterung der Darstellungslieder zu größeren, zusammenhängenden Szenen.

Einzelgestaltungen: Alle Kinder arbeiten gleichzeitig, aber unabhängig voneinander an einem oder mehreren (auch frei gewählten) Themen. Dazu eignen sich Themen aus der Natur (Tiere, Wind, Wasser, Pflanzen), aus der Technik (Pendel, Maschinen), aus dem Märchen, dem Alltag oder aus der Lektüre der Kinder. — Gestaltungen mit Musikinstrumenten (Schlaginstrumente, Flöten) oder Geräten (Seile, Bälle, Luftballons, Reifen).

Gestaltungen zu zweit oder in kleinen Gruppen: Die Themen sind ähnlich wie bei den Einzelgestaltungen, doch kommt zum Gestaltungsmoment der Unisonobewegung das des Kontrastes oder der Sequenz.

Texte: Rätseldarstellungen, Sprichwörter (auch fremdsprachige), Sprüche, kleine Gedichte.

Lieder: Reigen- und Tanzlieder (die tänzerische Form ist abstrakt, meist volkstanzähnlich, eventuell in den einzelnen Strophen variiert). — Darstellungslieder (musikalisch gebundene strophische Darstellungsform eines szenischen Geschehens).

Rhythmische Studien: Wechsel von solo und tutti. — Reicher in der Instrumentation und Bewegungsausführung. — Sowohl in den Bewegungsrhythmen als auch in der Variation der Schlagtechnik schwieriger als bei Stufe 2.

Instrumentalstücke: Wie bei Stufe 2. — Die einzelnen Teile sind umfangreicher. — Die Entsprechung von Musik und Bewegung soll deutlich herausgearbeitet werden. — Neben Stücken aus dem Orff-Schulwerk können auch einfache Klavierstücke, die die Kinder selbst spielen können (z. B. von Bartók, Casella, Kabalewski, Strawinski), sowie Tanzmusiken für Blockflöten und andere Instrumente oder Geräuschmontagen verwendet werden.

Darstellendes Spiel, Märchenszenen: Verbindung von Tanzen, Singen, Sprechen und Instrumentalspiel. Größere Formen können von verschiedenen Kindergruppen bzw. von Klassen erarbeitet und gemeinsam aufgeführt werden.

Tradierte Tänze: Einfache authentische Volks-, Gemeinschafts- oder Hoftänze (meist zur Schallplattenmusik).

Fünfter Teil
Unterrichtsbeispiele

Altersstufe 1: Vier- bis Sechsjährige (Kindergarten und Vorschule)

Ist ein Mann in Brunnen g'falln - Darstellungslied⁹

Ist ein Mann in Brun-nen g'falln, hab ihn hö-ren plump-sen,

wär der Mann nicht nein-ge-fall'n, wär er nicht er-trun-ken.

Etsch, etsch, hiß, hiß, hiß.

Bewegungsmaterial: Laufen und Hüpfen frei im Raum. — Stehenbleiben auf ein akustisches Zeichen. — Kreisbilden, Laufen und Hüpfen im Kreis (Hände gefaßt). — Richtungswechsel. — Balancierendes Gehen auf einer wirklichen oder gedachten Linie, „Plumpsen" (sich fallen lassen) auf ein bestimmtes Zeichen.

Instrumente und Geräte: Flöte, Handtrommel, eventuell Glockenspiel für den Lehrer, ein langes Seil.

Erwärmung: Zu der vom Lehrer auf der Flöte gespielten oder von den Kindern gesungenen Melodie laufen die Kinder leise allein oder zu zweit im Raum umher. Nach einiger Zeit wechselt die Begleitung, nun hüpfen die Kinder und bleiben am Ende der Phrase stehen (Schlußsprung auf beide Beine). Mehrmaliges Wiederholen ist zweckmäßig.

Konzentrations- und Balanceübung: Die Kinder balancieren auf einem am Boden ausgelegten Seil, auf einem Kreidestrich, einer Bretterfuge im Fußboden oder auf einem imaginären Brunnenrand. Auf einen Trommelschlag dürfen sie, jeder auf seine Weise, plumpsen und fallen.

Improvisationsübung: Von mehreren Kindern wird gemeinsam ein Brunnen gebaut, dessen „Rand" nicht zu hoch sein darf, weil der „Mann" darüber stolpern soll. Die Kinder versuchen viele unterschiedliche Lösungen zu finden.

9 Kinderlied in der Fassung von C. Orff und G. Keetman. In: Orff-Schulwerk „Musik für Kinder", Bd. 1, S. 11, Schott, Mainz 1950

Verschiedene „Brunnen" — hohe und niedrige

Spielform: Der Brunnen wird in der Mitte des Raums gebaut (vier bis zehn Kinder), ein Kind geht als „Hans guck in die Luft" spazieren, sein Schrittempo wird vom Lehrer auf der Trommel und von den Kindern durch leises Klatschen oder Patschen markiert. Auf einmal wird ein lauter Schlag auf der Trommel gegeben, das Kind plumpst in den Brunnen. Zur Flötenmelodie laufen alle übrigen Kinder um den Brunnen und bilden einen Kreis. Wenn die Zahl der Kinder zu groß ist, bleibt ein Teil am Rand und bildet den Chor. Beim nächsten Mal werden alle Rollen gewechselt. Nun singen alle das Lied, die Kinder im Kreis (rechte Schulter zur Mitte) hüpfen oder laufen, bei der Wiederholung erfolgt eventuell ein Richtungswechsel. Bei „etsch, etsch . . ." werden die Hände losgelassen, jedes Kind spottet auf seine Weise, zuletzt helfen sie dem, der hineingefallen ist, wieder heraus. Die Glockenspielbegleitung kann vom Lehrer gespielt werden. Bei einer großen Kindergruppe werden alle Rollen (Begleitung, Brunnen und Spaziergänger) vielfach besetzt, so kann eine große Zahl beschäftigt werden. Solistisch bleibt nur die Rolle des Kindes, das in den Brunnen fällt.

Itzen, ditzen - Rhythmische Studie zu einem Auszählreim

Itzen, ditzen, Silbernixen,
itzen, ditzen, draus.

Instrumente und Geräte: Je ein Paar Klangstäbe für die Hälfte der Kinder, eine Flöte für den Lehrer.

Aufbau: Der Text wird einige Male gesprochen und gespielt (ausgezählt), dazu können verschiedene Begleitungen gewählt werden: Klatschen, Patschen, Klatschen auf den Boden oder Klatschen und Patschen abwechselnd in die eigenen Hände und die eines Partners. Auf diese Weise wird den Kindern erleichtert, das Tempo einzuhalten und rhythmisch akzentuiert zu sprechen. Nach einiger Zeit wird der Vers nicht mehr gesprochen, sondern nur noch sein Sprechrhythmus geklatscht. Nun bekommt die Hälfte der Kinder Klangstäbe und setzt sich in einen großen Kreis. Neben die Kinder mit den Klangstäben stellt sich je eins ohne. Während die einen den Rhythmus auf den Klangstäben spielen, gehen die anderen um sie herum, auf „draus" springen sie in die Hocke. Dann werden die Rollen getauscht.

Spielform: Die ursprüngliche Form des Auszählens läßt sich mit der eben beschriebenen „abstrakteren" Spielweise verbinden. Als Vorspiel wählt man die textlose Form, dann wird ein Kind vom Lehrer nur durch Ansehen aufgefordert auszuzählen, es geht im Kreis herum und zeigt dabei mit jedem Wort auf ein Kind. Mit dem ausgezählten tanzt es zu einer Flötenmelodie des Lehrers in der Mitte des Kreises, die anderen Kinder begleiten frei. Das Zwischenspiel erfolgt wie das Vorspiel, so daß sich eigentlich eine kleine Rondoform ergibt. Die Kinder mit den Stäbchen spielen, die anderen gehen um sie herum (Rollentausch). Auch das Paar in der Mitte hat sich wieder in den Kreis eingegliedert. Als nächster Teil wird wieder abgezählt, in der Mitte getanzt etc.

Hopp hopp hopp zu Pferde - Bewegungsspiel zu einem Vers

Hopp hopp hopp zu Pferde,
wir reiten um die Erde.
Die Sonne reitet hinterdrein,
wie wird sie abends müde sein.
Hopp hopp hopp!

An Reiterversen läßt sich eine Fülle von Bewegungsmaterial erarbeiten: Gang, Trab (federndes Laufen), Galopp (Wechselsprung oder Pferdchensprung), Partnerübungen (Pferd und Wagenlenker), Gruppenaufgaben (verschiedene Pferdegruppen wie Lipizzaner, Mustangs, Zwei- und Vierspänner), Geschicklichkeitsübungen (Hindernisrennen), Aufgaben zur Entwicklung des Raumsinns und dergleichen mehr. Wir wählen aus der Materialfülle folgendes aus:

Erwärmung und Reaktionsübung: Zuerst hören die Kinder auf zwei verschiedene Begleitrhythmen: fortlaufende Achtel für den Trab (federndes Laufen) und Triolen für das Galoppieren oder Pferdchensprünge. Der Lehrer begleitet auf der Handtrommel oder auf den Bongos. Die Kinder hören auf den Rhythmus, klatschen leise mit (erst nur die Hauptakzente, später den ganzen Rhythmus) und bewegen sich dazu. Nach kurzer Zeit bleiben sie dann auf ein akustisches Zeichen des Lehrers stehen und nehmen bei der Fortsetzung der Bewegung den neuen Rhythmus ab. Dies geschieht mehrmals im Wechsel von Laufen und Hüpfen. (Auf eine leise Bewegungsausführung soll auch hier schon Wert gelegt werden.) Schließlich bilden sich kleine Gruppen. Mit einem Sprungseil kann eventuell der Zügel angedeutet werden, an dem der Kutscher sein Gespann hält. Die einzelnen Gruppenkutschen dürfen nicht zusammenstoßen.

Sprechen und improvisierte Begleitung zum Text: Nach der anstrengenden Bewegung setzen sich die Kinder auf den Boden. Das Erlernen des Textes kann mit dem Finden einer einfachen Begleitung oder Melodie verbunden werden. Die Kinder versuchen und üben einfache Begleitungen durch Klanggesten oder Klatschen auf dem Boden. Einige spielen dazu im Grundschlag, andere verwenden bereits einfache Kombinationen von Viertel- und Achtelnoten.

Spielform: Der Großteil der Kinder bildet einen Kreis (die Erde), sie sprechen den Text und begleiten ihn, indem sie mit den Fingerknöcheln auf den Boden schlagen (Viertelnoten). Vier bis acht Kinder bilden das Gespann der Sonne, ein Kind — die Sonne — faßt die Zügel, und sie reiten (traben oder galoppieren) um den „Erdkreis“. Das „Müdewerden“ wird durch ein kleines ritardando ausgedrückt, das der Lehrer durch seine Art der Begleitung (im Mitsprechen und Spielen des Bewegungsrhythmus) lenken kann. Schließlich führt die Sonne ihr Gespann in eine Ecke des Raumes zum Schlafen.

Zugspiel als Tempoübung

Die Aufgabe dieses Beispiels ist es, den Kindern kontinuierlichen Tempowechsel (accelerando und ritardando) sowie die Gleichzeitigkeit verschiedener Tempi in spielerischer Form erfahrbar zu machen. Texte wie die folgenden können dazu verwendet werden.

Eine kleine Dickmadam
fuhr in einer Eisenbahn,
Eisenbahn die krachte,
Dickmadamchen lachte.

Lokomotivenlied

Jessas die Hitz,
Jessas die Hitz,
helft 's ma, helft 's ma,
geht scho besser, geht scho besser.

Bahnhofsrufe

„Alles einsteigen! Türen schließen! Der Zug fährt ab! — Bier, Kaffee, Limonade!
— Heiße Würstchen! — Tageszeitungen, Illustrierte!"

Erwärmung und vorbereitende Übungen: Der Lehrer spielt auf der Handtrommel oder einem anderen Schlaginstrument zu schnellem und langsamem Gehen und Laufen, die Kinder versuchen, das Tempo jeweils abzunehmen. Drei akzentuierte Schläge sind das Signal zum Stehenbleiben. Zuerst bleibt jedes Kind stehen, wie es will, dann wird als Abschluß der Bewegung der Schlußsprung versucht.

Einführung des Themas: Die Kinder sitzen zum Ausruhen am Boden. Der Lehrer beginnt ein Gespräch über Züge: „Wer ist schon einmal mit dem Zug gefahren? Welche Züge gibt es und wie schnell fahren sie? — Güterzüge (Lastenzüge), Personenzüge, Schnellzüge, Expreß-Züge." — Wie können die Kinder selbst einen Zug darstellen? Sie stehen auf und bilden je nach ihrer Anzahl vier oder mehr Züge. (Zu jedem Zug sollten mindestens vier bis fünf Waggons und die Lokomotive gehören.) Jeder Zug braucht eine andere Art der Fassung, wie die Kinder in der Bewegung feststellen werden: die schnellen eine weite offene und die langsamen eine enge. Jeder Zug hat seinen „Bahnhof" (eine Ecke des Raumes). Zuerst fahren alle Züge gleichzeitig zur Begleitung des Lehrers. Die Zugführer müssen aufpassen, daß es nicht zu Zusammenstößen kommt. Die Züge beginnen ganz langsam zu fahren (Dampfzüge dürfen zur Unterstützung der Atmung und zur Anpassung an das Tempo mitsprechen „tsch-tsch-tsch . . ."). Das Tempo steigert sich allmählich (kein Wagen darf abreißen) und verlangsamt sich wieder, wenn die Züge in einen anderen Bahnhof einfahren.

Spielvariationen: Jeder Zug hat seinen eigenen Namen (Güterzug, Blauer Blitz, Orientexpreß). Der Stationsvorsteher (der Lehrer oder ein Kind) gibt an, welcher Zug ausfährt. Wenn das Spiel nach einiger Zeit wiederholt wird, können die Züge auch einmal gleichzeitig fahren, und zwar mit unterschiedlichem Tempo (langsam, mittelschnell und schnell) und auf verschiedenen Raumwegen.
— Jeder Zug wird von einem anderen Instrument begleitet und darf nur dann fahren, wenn sein Instrument spielt (Reaktionsübung auf verschiedene Klangfarben).
— Die Züge sausen durch die Ebene oder bewegen sich in vielen Kurven den Berg hinauf.

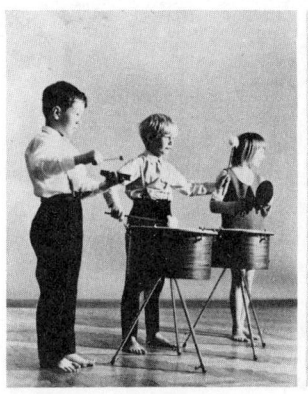

Jeder Zug wird durch ein anderes Instrument begleitet
Der Lastenzug fährt durch einen Tunnel

— Die Einfahrt in den Bahnhof kann frei oder gesperrt sein, ein Kind gibt Signale.
— Großer Bahnhof: Viele Züge fahren aus und ein (Raumübung), manche auch gleichzeitig, ein Stationsvorsteher leitet das ganze.

Der Stationsvorsteher leitet Expreß-, Schnell- und Lastenzug

Bei all diesen Spielarten soll erkennbar sein, daß die Züge ihr Tempo zunächst beschleunigen und vor der Einfahrt wieder verlangsamen. Die Höchstgeschwindigkeit ist aber je nach Art verschieden (Güterzug: Gehen mit hochgezogenen Knien, damit die Kinder das langsame Tempo bewegungsmäßig ausfüllen können; Personenzug: Laufen; Expreß- bzw. D-Zug: schnelles Laufen oder Trippeln). Wenn die Kinder müde sind, setzen sie sich und versuchen das accelerando und ritardando in der Begleitung auszuführen. Ein Zug fährt dazu, damit sich die Begleitung an der Bewegung orientieren kann. Eventuell kann auch ein einzelnes Kind einen Zug (eine Bewegungsart) begleiten.

In der körperlichen Entspannungspause läßt sich auch die Arbeit mit den Texten einfügen: Sie können gesprochen oder begleitet werden. Der erste eignet sich zu einer Darstellungsform, der zweite als Sprech- und Atemübung und der letzte als Anregung zum Improvisieren mit Rufen.

Dieses Thema bietet besonders viele Möglichkeiten zu immer neuen Variationen. Bei Wiederholungen nach längeren Zeitabständen lassen sich deutlich die Fortschritte erkennen: im Begleiten, Bewegen, Orientieren im Raum, beim Führen und Anpassen und beim Sprechen und szenischem Spiel.

Bim, bam, Böckchen – Reigenlied in einfachster Form[10]

Bim - bam Böck - chen, da   un - ten steht ein Döck - chen, da
o - ben steht ein gold - nes Haus,   guk-ken drei schö-ne Jung-fern raus.

Bewegungsmaterial: Gehen im Kreis mit angefaßten Händen. – Leise Klatschbegleitung im Stehen (halbe Noten).

Instrumente: Triangel und Becken, eventuell Fingercymbeln für die „drei schönen Jungfern", Flöte für den Lehrer.

Spielform: Die Kinder haben das Lied gelernt, vielleicht eingekleidet in ein Märchen oder eine Erzählung. Während des Singens wird bereits leise dazu geklatscht (der Charakter des Liedes darf aber keinesfalls durch eine laute oder grobe Begleitung verletzt werden).

Nun wird ein „Haus" gebildet. Fünf Kinder machen einen Kreis, in den sich drei andere, die „schönen Jungfern", hineinstellen. Jedes der drei bekommt ein Instrument (Triangel, Becken, Fingercymbeln). Alle übrigen machen einen großen Kreis um das Haus und fassen sich an den Händen. Als Vorspiel spielen die drei Jungfern auf ihren Instrumenten viermal den im Notenbeispiel angegebenen Rhythmus, während die anderen die ersten beiden Textzeilen leise oder unhörbar sprechen.

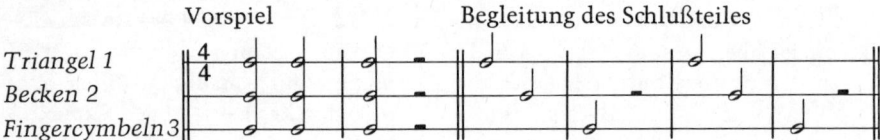

10 Kinderlied in der Fassung von C. Orff und G. Keetman. In: Orff-Schulwerk „Musik für Kinder", Bd. 1, S. 8, Schott, Mainz 1950

Das Lied schließt sich sofort an. Die Kinder im Außenkreis singen es und gehen dazu im Kreis vorwärts (rechte Schulter zur Mitte). Die fünf Kinder im Innenkreis gehen in der Gegenrichtung, ebenfalls mit gefaßten Händen, die drei Jungfern sitzen in ihrem Haus und spielen ihre Begleitung weiter. Beim Schluß des Liedes bleiben die beiden Kreise stehen und übernehmen die leise Begleitung, und der Lehrer spielt auf der Flöte die Melodie. Die drei Jungfern sind aufgestanden, gucken aus ihrem Haus heraus und spielen abwechselnd auf ihren Instrumenten.

Eventuell dürfen sie auch in ihrem Haus zur Musik der Flöte tanzen. Selbstverständlich will jedes Kind einmal eine Hauptrolle spielen. Bei jeder Wiederholung wechseln also die Darsteller der drei Schönen. Diese Darstellungsform ist bereits für sehr kleine Kinder geeignet.

Spielerische Arbeit mit Reifen

Durch die Verwendung von Handgeräten (Reifen, Ball, Seil etc.) lernen die Kinder, ihre Bewegung an ein Objekt anzupassen. Form, Konsistenz und Bewegungseigenart jedes Gerätes erfordern einen unterschiedlichen Bewegungsansatz. Sehr bald verstehen die Kinder, daß man ein Gerät bewegen kann (einen Reifen rollen oder drehen; einen Ball prellen, werfen oder rollen), oder daß man sich selbst mit einem Gerät bewegen kann (durch den laufenden Reifen steigen, ihn im Lauf antreiben oder bremsen etc.). Andere Erfahrungen bringt die Form mit sich (Seil: lang, beweglich, ständig veränderbar; Ball: elastisch, voll-rund, federnd; Reifen: kreisförmig, starr). Jedes Gerät fordert auf zum Spielen, Ausprobieren, Sich-Bewegen.

Der Zeitaufwand, die Reifen zu holen, auszuteilen und einzusammeln, ist relativ groß, es wäre unökonomisch, nur eine oder zwei Aufgaben mit ihnen zu stellen. Andererseits ist es — vor allem bei Anfängern — zu einseitig, eine ganze Stunde ausschließlich mit Reifen zu arbeiten. Hier werden Anregungen zur Arbeit mit Reifen gegeben, die zusammenhängend oder auch nur in Ausschnitten verwendet werden können.

Instrumente und Geräte: Für jedes Kind und für den Lehrer je einen Reifen; zur Begleitung eine Blockflöte, ein hängendes Becken und kleines Schlagzeug.

Aufgaben zur Raum- und Orientierungsschulung: Die am Boden liegenden Reifen können in freien oder vorher besprochenen Wegen umgangen werden (Kreise, Acht, Schlangenlinien). Aneinandergereiht ergeben die Reifen verschiedene Figuren, die zu unterschiedlicher Bewegungsausführung anregen. Die Stellung des Reifens zum Körper kann verändert werden, das Kind kann sich vor, neben oder um denselben bewegen, es kann ihn über sich tragen, neben sich treiben etc.

Aufgaben zur Bewegungsschulung: Greifen mit Fingern und Zehen, Balancieren auf dem Rande, Hochheben, Berühren mit verschiedenen Teilen des Körpers (Nase, Kinn, Ellbogen, Schulter, Ferse, Knie, Rücken etc.) als Geschicklichkeitsübung. — Federnde Sprünge in den Reifen und wieder hinaus (mit geschlossenen Füßen oder von einem Bein auf das andere). — Laufen mit dem rollenden Reifen, um ihn herumlaufen oder durchsteigen. — Gehen, Laufen oder Hüpfen über eine Reifenkette oder um einzelne Reifen.

Laufen mit über dem Kopf getragenen Reifen

„Im Reifen" und „um den Reifen herum"

Aufgaben zur Sinnesschulung: Ertasten der runden Form. (Dazu kann der Reifen am Boden liegen oder — bei Älteren — von einem Partner vor, neben oder über dem mit geschlossenen Augen tastenden Kind gehalten werden. Dieses Tasten kann mit den Fingerspitzen, den Handflächen oder dem Handrücken, auch mit den Fußspitzen oder dem Rist ausgeführt werden.) — Nachdem die Form „erfaßt" wurde, soll sie ohne konkrete Vorlage in der Luft oder auf dem Boden nachgezeichnet werden. — Lauschen auf das Geräusch des rollenden oder drehenden Reifens. — Beobachtung und akustische Begleitung eines sich zu Boden drehenden Reifens.

188

Aufbau: Jedes Kind bekommt vom Lehrer einen Reifen und darf sich damit einen Platz suchen, den es sich möglichst für die ganze Stunde merkt. Sind die Kinder den Umgang mit Reifen schon gewöhnt, so werden vor der Stunde vom Lehrer oder von Kindern ein oder mehrere Reifentürme gebaut. Die im Kreis sitzenden Kinder werden vom Lehrer wortlos, nur durch einen Blick, aufgefordert, sich einen Reifen zu nehmen, ihn auf einen selbstgewählten Platz zu tragen und sich hineinzusetzen.

Die Reifen mit den darinsitzenden Kindern gliedern nun den Raum in einer neuen Weise. Diesen Hindernissen soll geschickt ausgewichen werden. Wird diese Aufgabe zum ersten Mal versucht, so bewegt sich jeweils nur ein Kind, später können es mehrere und schließlich alle gleichzeitig versuchen. Jedes Kind bewegt sich auf seine Weise (kriechend, auf „allen Vieren", gehend, laufend, hüpfend um die Hindernisse).

Als Spielregel gilt: Kein Reifen und kein anderes Kind soll berührt werden. Auf ein akustisches Zeichen sucht jedes Kind wieder seinen eigenen Reifen und setzt sich hinein.

Variation: Ein Kind bewegt sich, auf ein akustisches Zeichen bleibt es vor einem anderen stehen, dieses läuft nun weiter, das erste setzt sich in dessen Reifen. Das Spiel ist erst zu Ende, wenn jedes Kind einmal dran war. Die sitzenden Kinder beobachten den Raumweg und die Bewegungsart des einzelnen.

Kurzes Gespräch: Zu welchen Formen können die Reifen, ähnlich wie Bausteine oder Dominosteine, gelegt werden? Einzelne Lösungen werden versucht (eventuell darf jedes Kind mit kleinen Vorhangringen seine Idee zuerst für sich ausprobieren). Wie kann man sich nun über diese Reifenketten, -kreise und -schlangen bewegen? — Darüberlaufen, von einem in den nächsten Reifen Springen, um jeden halb Herumlaufen. — Möglichst viele Vorschläge sind von allen Kindern auszuprobieren.

Laufen über die Reifenkette

Nach der lebhaften und anstrengenden Fortbewegung holt sich jedes Kind wieder einen Reifen und setzt sich auf den zu Beginn der Stunde gewählten Platz. Die nun folgende Sinnesschulung in Form der früher beschriebenen Tast- oder Hörübungen soll möglichst mit geschlossenen Augen ausgeführt werden. Diese Übungen sind zu beenden, wenn die Konzentration der Kinder nachläßt.

Auf diese stille Beschäftigung kann ein Orientierungsspiel mit Wörtern folgen. „Wo ist der Reifen?" Jedes Kind hält seinen Reifen in einer bestimmten Position und antwortet: „Neben mir", „vor mir", „um mich herum", „über mir" etc. Zu einem Beckenschlag wird eine neue Stellung gesucht (und zwar kann der Reifen fixiert bleiben und der Körper sich verändern oder umgekehrt). Die Kinder fragen und antworten einander nun gegenseitig.

„Wie kann man den Reifen im Sitzen bewegen"

Variationen: Der Lehrer bewegt seinen Reifen, die Kinder stellen fest, wo er sich befindet. Schwieriger wird das Spiel, wenn die Lage zweier Teile (z. B. Kopf und Fuß) zu bestimmen ist. Dabei ergeben sich aber erfreulich unkonventionelle Bewegungen bzw. Stellungen.

Das Spiel kann im Sitzen, Knien, Liegen oder Stehen ausgeführt werden.

Zum Abschluß der Stunde wird die Hälfte der Reifen eingesammelt, zwei Kinder gehören nun zu einem Reifen. Eines bewegt sich um das andere, das sich in den Reifen gesetzt hat. Zuerst arbeitet jedes Paar für sich. Das sitzende Kind versucht das tanzende auf einfachste Weise zu begleiten (Klatschen in die Hände oder auf den Boden, eventuell Verwendung kleiner Schlaginstrumente, die sehr leise gespielt werden müssen, damit sie im gemeinsamen Spiel zu hören sind).

Zuletzt begleitet der Lehrer die ganze Gruppe auf der Flöte oder einem anderen Melodieinstrument. Die Hälfte der Kinder begleitet (im Reifen sitzend), die andere Hälfte tanzt. Auf ein vorherbestimmtes akustisches Zeichen wechseln die Kinder.

Dieses Beispiel kann mit einigen erweiterten Aufgaben auch für Schulkinder angewandt werden.

190

Im Reifen sitzende Kinder begleiten mit Schlaginstrumenten ihre Partner beim Tanzen um den Reifen

Bin i auf der Wies'n g'seß'n – Darstellungsspiel mit rhythmischer Begleitung[11]

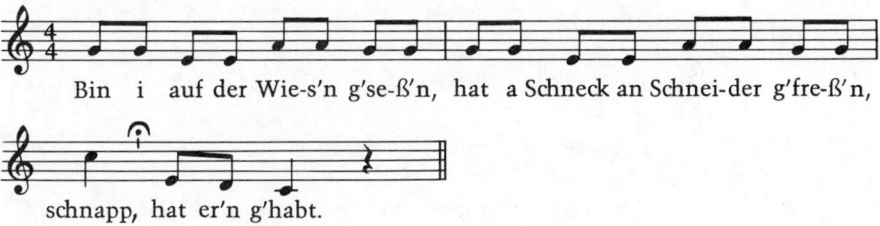

Bin i auf der Wie-s'n g'se-ß'n, hat a Schneck an Schnei-der g'fre-ß'n,

schnapp, hat er'n g'habt.

Bewegungsmaterial: Hüpfen zu zweit, beide Hände angefaßt, im kleinen Kreis umeinander. — Im Türkensitz abwechselndes Klatschen auf den Boden und in die Hände. — Plötzliches Aufspringen aus dem Türkensitz (das muß eventuell einige Male im voraus geübt werden).

Aufbau: Der Text wird vom Lehrer vorgesprochen und mit den Kindern diskutiert. Sie finden schnell heraus, daß es sich nicht um eine reale Situation, sondern um „Spaß" handelt. Beim Erlernen des Textes und der Melodie wird das „schnapp" von Anfang an durch einen akzentuierten Klatscher hervorgehoben. Allmählich wird eine einfache durchgehende Begleitung in Vierteln hinzugefügt, abwechselnd in die Hände und auf den Boden geklatscht. (Der Lehrer soll durch sein Beispiel bewirken, daß die Arm- und Handbewegungen fließend und ohne Stocken ausgeführt werden.)

11 Kinderlied in der Fassung von C. Orff und G. Keetman. In: Orff-Schulwerk „Musik für Kinder", Bd. 1, S. 18, Schott, Mainz 1950

Variation: Die Kinder klatschen wie vorher, bei „schnapp" springen sie schnell auf und stampfen den Schluß mit den Füßen.

Spielform: Alle sitzen im Türkensitz im großen Kreis, ein Kind hockt in der Mitte. Zuerst spricht das Kind in der Mitte den Text solistisch, schnappt in die Luft oder nach einem anderen Kind. Dieses kommt dann zu ihm in den Kreis. Bei der Wiederholung begleiten die Kinder den Text in der zweiten Form. Zuletzt spielt der Lehrer die Melodie auf der Flöte, die Kinder fassen sich zu zweit an den Händen und hüpfen in einem Kreis umeinander.
Wenn das Spiel von vorne beginnt, kommt ein anderes Kind in die Mitte. Besonders begabte Kinder, denen die einfache Spielform nicht genügt, dürfen auf Schlaginstrumenten begleiten: Die große Trommel entspricht dem Schlag auf den Boden, die Klangstäbe dem Klatschen in die Hände. An Stelle des Sitzens im Kreis können sich die Kinder auch um den Schneider bewegen. Das Schnappen erfordert dann mehr Geschicklichkeit.

Tanz, Mädchen, tanz –
Reigenlied mit Improvisationsaufgaben[12]

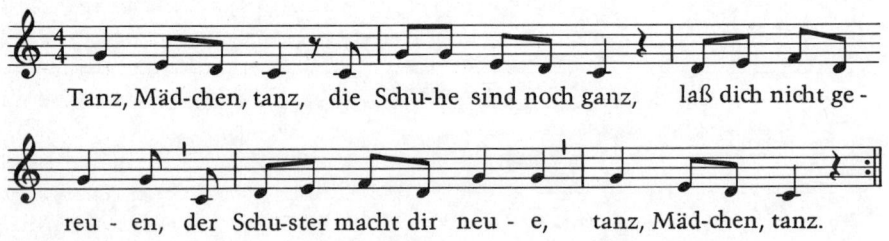

Tanz, Mäd-chen, tanz, die Schu-he sind noch ganz, laß dich nicht ge-reu-en, der Schu-ster macht dir neu-e, tanz, Mäd-chen, tanz.

Dieses Lied ist durch seinen neutralen Text geeignet, von kleineren und größeren Kindern, aber auch noch von Jugendlichen gespielt zu werden. Die Schwierigkeiten der Begleitung sowie die Länge des Stücks werden sich von einer Altersstufe zur nächsten steigern. Für den Kindergarten übernehmen wir nur Text und Melodie und wählen eine sehr einfache Begleitung dazu aus.

Bewegungsmaterial: Hüpfen oder Gehen mit angefaßten Händen in einer Kette, die sich später zum Kreis schließt. – Singen und Klatschen am Platz, Drehen um sich selbst. – Das Tanzmädchen darf improvisieren.

Instrumente: Große Trommel, Xylophone, Flöte und Handtrommel für den Lehrer.

12 Liedfassung von C. Orff und G. Keetman. In: Orff-Schulwerk „Musik für Kinder", Bd. 2, S. 24, Schott, Mainz 1952

Aufbau: Die Kinder laufen zur Trommelbegleitung frei im Raum herum. Sobald die Trommelbegleitung aufhört, stellen sie sich hintereinander auf zur Kette. Der Name des anführenden Kindes wird vom Lehrer gerufen. Die Hände werden gefaßt, das erste Kind führt verschiedene Raumwege an, die anderen gehen ihm nach. Der Lehrer macht einige Male mit und zeigt, wie sich die Kette zum Kreis schließen kann. Diese Vorübung wird in mehreren Stunden kurz geübt. Wenn die Aufgabe im Gehen gut gelöst wird, kann sie auch im Laufen oder Hüpfen probiert werden.

Der Text wird gesprochen und gesungen. Die Kinder können sich eine kleine Geschichte zum Lied ausdenken, oder der Lehrer erzählt selbst eine. Als Begleitung werden bei Anfängern nur durchgehende Viertelnoten geklatscht, bei Fortgeschrittenen kann sie etwas schwieriger werden.

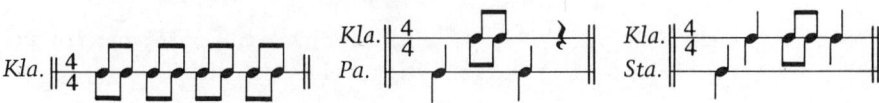

Eine Begleitung auf Xylophonen (tiefes und hohes do in einem der vorgeübten Rhythmen) kann hinzugefügt werden.

Spielform: Die Kinder stellen sich in einer Kette am Rand des Saales auf, die Hände sind gefaßt. In der Mitte kniet das Tanzmädchen am Boden, es mag noch nicht tanzen. Neben ihm sind die Begleitinstrumente aufgestellt, Xylophone und eine große Trommel für das Vorspiel.

Vorspiel: Das Kind an der großen Trommel spielt viermal den Sprechrhythmus „Tanz, Kind, tanz" (Viertel, Viertel, Halbe).

Erster Teil: Die Kette der anderen Kinder hüpft und schließt sich zum Kreis um das Tanzmädchen und die Instrumente. Dazu singen sie das Lied, die Xylophone begleiten. Im Kreis angekommen, hören die Melodie und die Begleitung auf, alle sprechen nur den Text und klatschen einen der vorbereiteten Rhythmen dazu. Nur wenn sie sehr anfeuernd und lebhaft sprechen, erhebt sich das Tanzmädchen zuletzt.

Zweiter Teil: Solo des Tanzmädchens (improvisierte Flötenmelodie und Xylophonbegleitung), die übrigen Kinder klatschen leise mit.

Dritter Teil: (Nun wieder zum Lied.) Das Tanzmädchen sucht sich ein anderes Kind zum Partner und tanzt mit ihm in der Mitte des Kreises und um die Instrumente, alle übrigen drehen sich am Platz und singen dazu. Auch hier wird bei jeder Spielwiederholung die Rolle des Tanzmädchens neu besetzt.

Mit älteren Kindern kann die Originalfassung aus dem Orff-Schulwerk musiziert und mit einer differenzierteren Tanzform verbunden werden.

Klangfarben als Bewegungsanregung

An diesem Beispiel soll gezeigt werden, wie die Reaktion auf verschiedene Klangfarben als Bewegungsanreiz verwendet werden kann und in Verbindung mit kleinen Schlaginstrumenten zu einer einfachen Form gebracht wird.

Bewegungsmaterial: Zu dem Geräusch der einzelnen Instrumente suchen die Kinder entsprechende Bewegungsarten; das Bewegungsmaterial ergibt sich also aus der Spontaneität der Kinder.

Instrumente: Handtrommel, Rassel, hängendes Becken und Holzblocktrommel.

Aufbau: Die Übung kann bei den Kleinen durch eine Geschichte eingeleitet werden, die als Vorstellungshilfe dient.
Die Kinder stehen im ganzen Saal verteilt, jedes hat genügend Raum um sich.
Nun beginnt der Lehrer auf der Holzblocktrommel zu spielen, z. B.

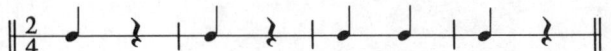

Die Kinder bewegen sich steif, fast wie Marionetten, sie gehen mit stockenden, hölzernen Schritten oder bewegen am Platz nur Arme oder Beine.
Ein anderes Instrument wird versucht: die Rassel. Der Lehrer spielt sie so, daß ein ununterbrochenes Geräusch entsteht, indem er mit dem Instrument schnelle kleine Kreisbewegungen macht. Dazu bewegen sich die Kinder ganz schnell, sie trippeln, drehen sich am Platz oder zappeln mit Armen und Beinen.
Als nächstes kommt die Handtrommel an die Reihe. Fortlaufende Achtel als Begleitung sind den Kindern aus früheren Stunden bekannt, sie laufen oder hüpfen dazu.
Zuletzt schlägt der Lehrer auf das Becken. Dieser Klang als Bewegungsanreiz ist den Kindern neu, etwas erstaunt reagieren sie, strecken sich oder machen sich ganz klein, führen weite Gesten mit den Armen und dem ganzen Rumpf aus.
Jedesmal, wenn ein neues Instrument gespielt wird, nennt der Lehrer dessen Namen, die Kinder wiederholen ihn.
Zur Erholung setzen sich alle auf den Boden, legen den Kopf auf die Knie und legen die Arme herum, die Augen sind geschlossen. Ein Instrument nach dem anderen wird nun mit seinem Motiv gespielt, die Kinder hören zu und sagen jeweils den Namen des Instrumentes.
Kann der Großteil der Kinder die einzelnen Klangfarben unterscheiden und den dazugehörigen Instrumentennamen nennen, so wird gemeinsam erörtert, welche Bewegung wohl am besten zu den einzelnen Motiven paßt; einzelne dürfen ihre Lösung vorzeigen. Vier Kinder werden ausgewählt, jedes spielt auf das Zeichen des Lehrers oder eines Kindes auf einem der Instrumente. Die übrigen haben sich in vier Gruppen geordnet, die eine Gruppe bewegt sich zur Handtrommel, eine andere zu der Rassel etc. Die spielenden Kinder sollen möglichst so stehen, daß

Die Bewegung folgt dem verklingenden Begleitton

sie von den anderen nicht gesehen werden können. Hört ein Instrument auf, so bleibt auch die entsprechende Bewegungsgruppe stehen. Gibt der Lehrer zwei spielenden Kindern den Einsatz, so sind zwei Gruppen an der Reihe. Nach einiger Zeit werden die Rollen gewechselt.

In einer der kommenden Stunden kann mit diesem Material weitergearbeitet werden, indem man eine kleine Form daraus entwickelt.

Spielform: Die Kinder stehen in vier Kreisen. Im Mittelpunkt jedes Kreises befindet sich ein Kind mit einem Instrument. Reihum beginnen sich nun die Kreise zu dem jeweiligen Instrument zu bewegen, zuerst der erste Kreis, dann der zweite, der dritte und schließlich der vierte. Der Wechsel kann vom Lehrer oder einem Kind gezeigt werden, er kann aber auch dem Ermessen der vier Instrumentalisten überlassen werden.

Eine weitere Spielform ist folgende:

Alle Instrumente sind beim Lehrer. Er spielt sie entweder selbst oder er zieht eine kleine Gruppe von Spielern zu seiner Unterstützung heran. Die Kinder stellen sich in beliebig vielen Kreisen auf — auch Innen- und Außenkreise sind möglich. Zur Einleitung erklingen zwei Schläge auf dem Becken: Die Kinder machen sich dazu langsam klein. Wenn sie den Ton nicht mehr hören können, berührt die Stirn den Boden. Beim zweiten Schlag strecken sie sich ebenso langsam wieder nach oben. Als zweites Instrument erklingt die Holzblocktrommel: Alle bleiben am Platz und bewegen nur die Arme und den Kopf wie eine Marionette. Als drittes Instrument hören sie die Handtrommel: Sie hüpfen oder laufen dazu im Kreis vorwärts, bis die Rassel ertönt. Da bleiben sie stehen und drehen sich um sich selbst. Zum Schluß kommt nochmals ein Beckenklang: Die Kinder sinken langsam zu Boden.

Wenn dieses Spiel nach mehreren Wochen wieder aufgegriffen wird, kann man versuchen, eine einfache klangliche Zweistimmigkeit zu entwickeln. Dazu bilden die Kinder Innen- und Außenkreise, die sich gleichzeitig, aber zu verschiedenen Motiven bewegen.

Backe, backe Kuchen und *Sieh Beck, hast'n Weck* – *Verbindung mit pantomimischem Spiel* [13]

Bak-ke, bak-ke, Ku-chen, der Bäk-ker hat ge - ru - fen! Wer will gu-te

Ku-chen bak-ken, der muß ha-ben sie-ben Sa-chen: Ei- er und Schmalz,

[13] Liedfassung von C. Orff und G. Keetman. In: Orff-Schulwerk „Musik für Kinder", Bd. 1, S. 3, Schott, Mainz 1950

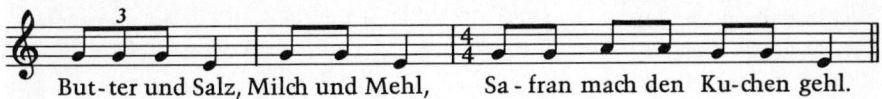

But-ter und Salz, Milch und Mehl, Sa - fran mach den Ku-chen gehl.

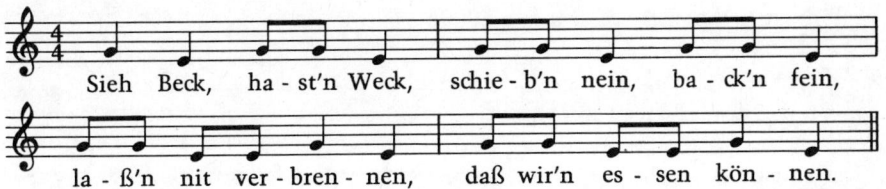

Sieh Beck, ha - st'n Weck, schie - b'n nein, ba - ck'n fein,

la - ß'n nit ver - bren - nen, daß wir'n es - sen kön - nen.

Diese beiden Lieder kann man sehr vielfältig variieren, indem man die Kinder auffordert, sie pantomimisch auszugestalten, das Spielgeschehen zu zeichnen, Backwerk aus Plastilin zu formen, „Einkaufen" zu spielen und eventuell eine Bäckerei mit ihnen besucht. Diese und andere Beschäftigungen ergeben einen reichhaltigen Stoff, an dem die Kinder lange Zeit interessiert sind. Wir begnügen uns hier mit der Anregung zu einer der möglichen Darstellungsformen.

Bewegungsmaterial: Die Texte Sprechen und Singen, laut und leise, dazu in der Gruppe: Vorwärtsgehen und Hüpfen. — Pantomimische Darstellung des Teigknetens und Backens, Klatschen rhythmischer Motive.

Instrumente und Geräte: Kleines Schlagwerk, Flöte für den Lehrer, Xylophone. — Eventuell ein paar Hocker, um die Bäckerei abzugrenzen. — Trommeln, um darauf — hörbar — Teig zu rühren. — Selbstgeklebte Bäckermützen.

Spielform: Der Aufbau der kleinen Szene erstreckt sich über mehrere Unterrichtsstunden. Das zusammenfassende Spiel am Ende jeder Stunde wird von Mal zu Mal reicher und ausgedehnter. Texte und Melodien der Lieder werden gelernt und mehrmals wiederholt (in der ganzen Gruppe, von einzelnen, im Wechsel von Gruppe und einzelnen oder von zwei Gruppen im Dialog). Dazu tritt später eine einfache Begleitung in Viertelnoten im Klatschen, auf Schlaginstrumenten oder Xylophonen.
Die Kinder stehen am Rand des Raumes, ein Bäcker mit einigen Lehrlingen und Gesellen befindet sich in seiner Bäckerei in der Mitte des Saales, eventuell durch ein paar Hocker markiert. Sie rühren und kneten den Teig. Nach einem kleinen Vorspiel zum Sprechrhythmus „Bäcker, Bäcker, back dein Brot" kommen die Kinder von allen Seiten und singen das Lied „Backe, backe Kuchen". Bei „. . . der muß haben sieben Sachen" sind sie vor der Bäckerei angekommen. Alle zusammen zählen sie an ihren Fingern auf, was man zum Kuchenbacken braucht. „Eier und Schmalz . . ." (Variation: Einige Kinder sprechen die beiden ersten Zutaten, andere die nächsten und so fort). Nun müssen die Kinder Geduld haben, bis das Brot, der Kuchen, die Wecken und Hörnchen gebacken sind. Dazu müssen die

Bäcker fleißig arbeiten, Teig kneten, ausrollen, Laibe und Brötchen formen, in den Ofen schieben etc.

Rhythmische Zwischenübung: Die Kinder zählen auf, welches Backwerk sie kennen, dazu klatschen sie den Rhythmus der Wörter, z. B. Brot, Zopf — Schwarzbrot, Weißbrot, Wecken, Kuchen, Hörnchen, Semmel — Marmorkuchen, Kümmelbrötchen, Apfelstrudel, Mohnwecken, Salzstangen.

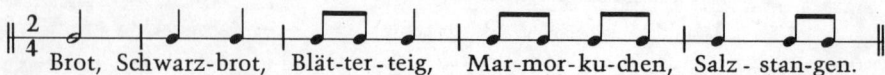

Brot, Schwarz-brot, Blät-ter-teig, Mar-mor-ku-chen, Salz-stan-gen.

Nun klatscht der Lehrer ein Motiv, die Kinder sollen erkennen, was es gewesen ist. Sie versuchen den Rhythmus zu notieren. Die einzelnen Motive werden auf kleinem Schlagzeug gespielt.

Wenn der Bäcker ruft, daß alles fertig gebacken ist, springen die Kinder auf, bilden einen Kreis um die Bäckerei, tanzen um sie herum und singen „Sieh, Beck, hast 'n Weck".

Altersstufe 2: Sechs- bis Achtjährige
(Grundschule erste und zweite Klasse)

Es tanzt ein Bi-Ba-Butzemann –
Tänzerische Darstellungsform

Es tanzt ein Bi-Ba-But-ze-mann in un-serm Haus her-um, di-del-dum,

es tanzt ein Bi-Ba-But-ze-mann in un-serm Haus her-um.

Er rüt-telt sich, er schüt-telt sich, er wirft sein Ränz-lein hin-ter sich.

Es tanzt ein Bi-Ba-But-ze-mann in un-serm Haus her-um.

Wir setzen das Lied als bekannt voraus. Im Musikunterricht wurden vielleicht schon Begleitungen geübt. Hier soll nur die tänzerische Darstellungsform erarbeitet werden.

Aufbau: Die Kinder bilden zwei Gruppen. Die eine bewegt sich, die andere bildet Orchester und Chor. Von den singenden Kindern wird eine einfache rhythmische Begleitung ausgeführt (abwechselndes Patschen und Klatschen in fortlaufenden Viertelnoten).
Die anderen probieren aus, wie der Butzemann wohl tanzt. Sie dürfen machen, was sie wollen. Ihre einzige Aufgabe ist es, dabei möglichst am Platz zu bleiben und die anderen Kinder nicht zu behindern. Nach einiger Zeit erfolgt Rollenwechsel. Nachdem alle einmal den Tanz des Butzemanns probiert haben, zeigt jeweils eine kleine Gruppe, wie ihr Butzemann tanzt. Die Kinder selbst entscheiden, wer der schönste und lustigste Butzemann war.
Bevor man zur Spielform übergeht, sollte der Wechsel von federndem Laufen und Stampfen geübt werden: Der Lehrer spielt auf der Handtrommel; die Kinder merken sich das Motiv. Es wird während des A-Teils ihr Laufen begleiten. Zu den letzten drei Schlägen wird gestampft. Es muß einige Male geübt werden, bis alle es beherrschen.

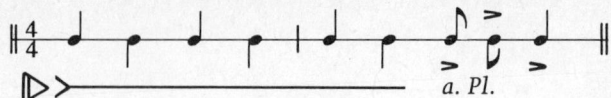

a. Pl.

Spielform: Orchester und Chor spielen eine kleine Einleitung von vier Takten; währenddessen laufen die übrigen Kinder zum Kreis und fassen sich an den Händen. Ein von den Kindern ausgewählter Butzemann steht oder hockt in der Mitte des Kreises. Alle, mit Ausnahme dieses Kindes, singen nun das Lied und laufen im Kreis (linke Schulter zur Mitte) vorwärts, auf „rum, dideldum" stampfen sie und laufen in derselben Richtung (geschickte Kinder auch in der Gegenrichtung) weiter.

„Er rüttelt sich . . ." ist der B-Teil unseres Liedes; die Kinder im Kreis bleiben stehen und sehen dem improvisierenden Butzemann zu. Dazu übernehmen sie die Patsch-Klatsch-Begleitung des Chores. Etwas geübtere Kinder können stattdessen auch eine eigene Begleitung ausführen. Bei der Wiederholung des A-Teils „Es tanzt . . ." laufen sie wieder im Kreis vorwärts und bleiben mit den drei Stampfschritten stehen.

Wirrle, warrle, was ist das – Rondo mit kleinen Schlaginstrumenten

Wirrle, warrle, was ist das? Hinterm Ofen krabbelt was.
Ist kein Fuchs, ist kein Has. Wirrle, warrle, was ist das?

Instrumente: Handtrommeln, Klangstäbe, Fingercymbeln und Triangel.

Aufbau: Der Text wurde schon vor längerer Zeit erlernt, nun dient er als rhythmische Grundlage des Rondothemas. Die Kinder wiederholen ihn, sprechen ihn auch in der Taktsprache, wenn diese aus dem Musikunterricht bekannt ist. Gemeinsam wird an der Tafel die Notation vorgenommen.
Anschließend wird der Rhythmus von der Tafel abgespielt, und zwar so auf kleine Schlaginstrumente verteilt, wie es aus der Notierung ersichtlich ist. Durch die verschiedenen Klangfarben der Instrumente werden die einzelnen Abschnitte des Rondohauptteiles deutlich.

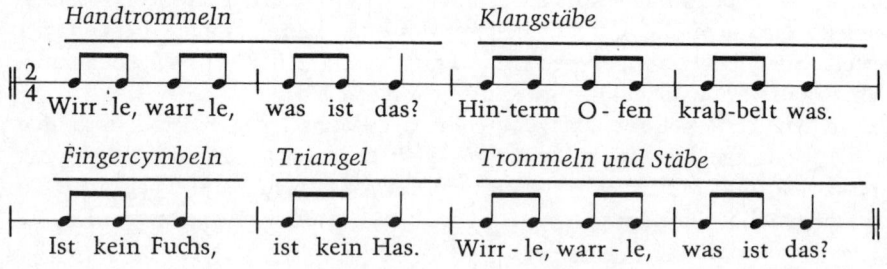

Vorübungen zur Bewegungsform: Aus dem Gehen oder Laufen heraus versuchen die Kinder, mit einem kleinen Sprung auf beide Beine stehenzubleiben (Schlußsprung). Anfangs erfolgt der Sprung nach acht oder vier Takten, zuletzt bereits am Schluß des zweiten Taktes. Auch Schlußsprünge zur Seite werden probiert, wichtig ist ein lautloses, federndes Aufkommen.

Jedes Kind (eventuell in zwei oder mehreren Gruppen) darf sich eine Handtrommel oder ein Klangstäbchenpaar holen; zuerst wird nur gegangen, dazu spielen die Kinder, was sie wollen und wie sie wollen; später, wenn die Koordination von Körperbewegung und Instrumentalspiel klappt, dürfen sie sich frei bewegen, laufen, hüpfen, sich drehen. Dabei sollten sie jedoch nicht vergessen, die Instrumente klangschön und leise zu spielen.

Spielform: Rondohauptteil: Die Kinder stellen sich in zwei Reihen gegenüber auf. Alle, die ein Instrument spielen, stehen als Orchestergruppe am Ende der Gasse zwischen den beiden Reihen. Bei den ersten zwei Takten gehen die Kinder der einen Reihe mit drei Schritten vorwärts und machen dann einen Schlußsprung auf beide Füße. In den nächsten beiden Takten wiederholen die Kinder der anderen Reihe dasselbe. Schlußsprung nach rechts, dann nach links, so daß die gegenüberstehenden Partner zuerst auseinander und dann wieder zueinander kommen, das ist die Bewegung der nächsten zwei Takte. Anschließend gehen beide Gruppen wieder mit großen Schritten auf ihre ursprünglichen Plätze zurück.

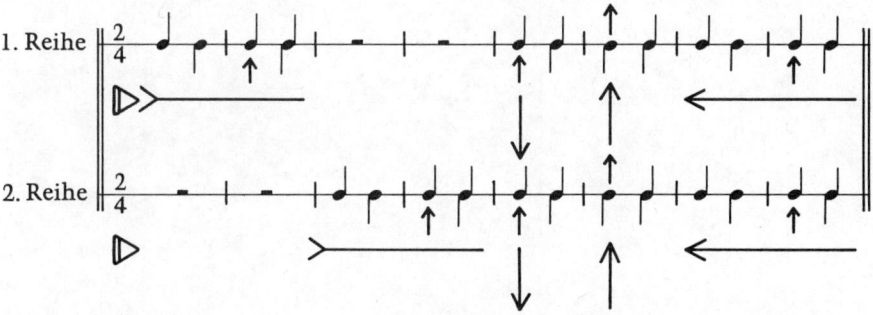

Zwischenteil 1: Die Kinder in den beiden Reihen übernehmen einen kleinen Ostinato (zweimal Schnalzen, zweimal Klatschen im Wechsel). Ein Kind aus der Instrumentalistengruppe kommt mit seinem Instrument in den freien Raum, der Lehrer begleitet auf der Flöte.
Das Kind improvisiert dazu und spielt leise auf seinem Instrument. Um die Länge des Zwischenteiles zu fixieren, sprechen alle Kinder unhörbar den Text des Verses mit. Am Ende soll das improvisierende Kind wieder an seinem Ausgangspunkt angekommen sein.
Wiederholung des Rondohauptteiles:
Zwischenteil 2: Zwei Kinder aus der Instrumentalistengruppe, z. B. ein Tromm-

ler und eines mit Fingercymbeln, improvisieren. Der Trommler bleibt stehen, das Kind mit den Cymbeln läuft und umkreist den Trommler. Zuletzt gehen beide auf ihren Platz zurück.
Wiederholung des Rondohauptteiles als Abschluß.

„Krach" sagt der Holzstoß - Darstellungsskizze zu einem Text

„Krach" sagt der Holzstoß
— und fällt um.

Aus dem kurzen Text ergibt sich ein kleines Spiel, das den Kindern meist viel Spaß macht. Reaktionsfähigkeit und Improvisationsfreude werden dabei angesprochen.

Der Holzstoß bricht auseinander und fällt zu Boden

Instrumente: Große Trommel, Rasseln, Holzblocktrommeln, Schellentrommel, Klangstäbe, Gong.

Aufbau: Erlernen des Textes und der Instrumentierung: Die Kinder sitzen um den Lehrer, die Instrumente liegen bereit und in der Nähe. Sowohl beim Sprechen als auch bei der Begleitung soll ein crescendo deutlich werden — jedes „Krach" wird um eine Nuance lauter gesprochen, bei jedem „Krach" kommt ein Instrument dazu.

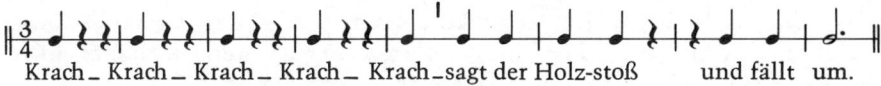

Krach_ Krach_ Krach_ Krach_ Krach_sagt der Holz-stoß   und fällt um.

Spielform: Die Kinder stellen sich nach ihren eigenen Vorstellungen zu einem oder mehreren Holzstößen auf, einige knien, andere stehen halbhoch dahinter, die übrigen stehen; die Arme legen sie sich um Schultern oder Taillen, damit der Stoß wenigstens anfangs noch zusammenhält. Einige Kinder sitzen an den Instrumenten, eine kleine Gruppe spricht. Die Holzstöße wackeln bei jedem „Krach", zuerst ganz wenig, dann immer mehr, bis sie zuletzt zusammenpurzeln. Die Schlaginstrumente dürfen das Umfallen untermalen, ein Schlag auf die große Trommel zeigt das Ende an. Das Spiel darf lebhaft und ausgelassen, aber nicht chaotisch laut werden.

Tanzform zu einem Instrumentalstück - Dreiteilige Form

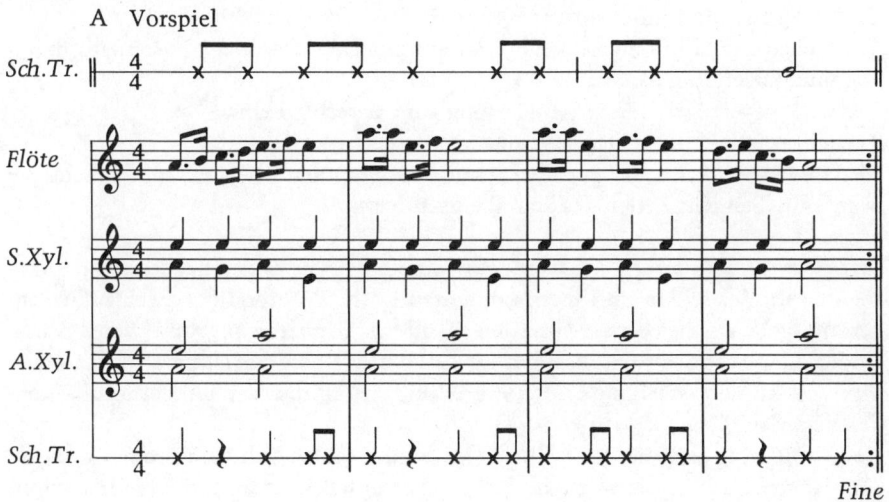

Vorbereitende Übungen: Hüpfen in Kreuzfassung im Paarkreis und Spielbein-variationen mit Fersen und Fußspitzen müssen vorgeübt werden. Dies geschieht am besten jeweils für kurze Zeit in mehreren Stunden vorher.

Aufbau: Die Kinder laufen zu zweit nebeneinander, Innenhände sind gefaßt. Kein Kind soll zerren oder seinen Partner hinter sich herziehen. Welche Fassungen kann man versuchen? Die rechten Arme einhaken, sich die Innenarme auf die Schultern legen, Kreuzfassung etc.
Zuletzt wird folgende Form gewählt: Je zwei Kinder geben sich beide Hände in Kreuzfassung, sie wenden einander die rechte Schulter zu und hüpfen im Paar-kreis vorwärts. Am Ende der Phrase (aus der Begleitmelodie des Lehrers ist das deutlich herauszuhören) machen sie einen Schlußsprung mit Vierteldrehung, so daß sie mit dem Gesicht zueinander stehenbleiben.
Um die Füße geschmeidiger und sensibler zu machen, versuchen die Kinder einige Tast- und Greifübungen mit den Füßen. Sie verteilen sich dazu im Raum, damit jedes genügend Platz um sich hat. Sie berühren den Boden abwechselnd mit der Fußspitze, der Ferse und der Außenkante des Fußes; einmal nahe am Standbein, dann wieder weit davon entfernt, so daß es gebeugt werden muß. Eventuell kann man auch Schlegel, Bleistifte oder kleine Taschentücher auf den Boden legen. Die Kinder sollen dann versuchen, sie aufzuheben.
Nach einigem Ausprobieren versuchen wir einen bestimmten rhythmisch fixier-ten und begleiteten Ablauf:
Ferse (r) — Spitze (r) — Ferse (r) — Sprung auf das rechte Bein
Ferse (l) — Spitze (l) — Ferse (l) — Sprung auf das linke Bein
Der Boden wird mit der Ferse weit vor dem Standbein berührt, die Fußspitzen werden neben den Zehen des Standbeins aufgetupft.

Tanzform: Die Instrumente werden in einem weiten Kreis angeordnet, die tan-zenden Kinder bilden im Innenraum einen Kreis. Während der zwei Takte Ein-leitung geben sie sich paarweise die Hände in Kreuzfassung und wenden ein-ander die rechte Schulter zu. Beim Einsatz der Melodie beginnen sie im kleinen Kreis zu hüpfen, am Ende erfolgt ein Schlußsprung; bei der Wiederholung hüp-fen sie in der Gegenrichtung.
Beim Mittelteil wenden sich alle zur Mitte und fassen sich zum großen Kreis an den Händen. Als Gegensatz zum lebhaften Hüpfen kommt nun das Fersen-Spit-

zen-Motiv: Standbein rechts, dann links und das Ganze noch einmal. Vor der Wiederholung des A-Teils stehen alle Paare wieder in Kreuzfassung für das erste Motiv bereit.

A-Teil   B-Teil

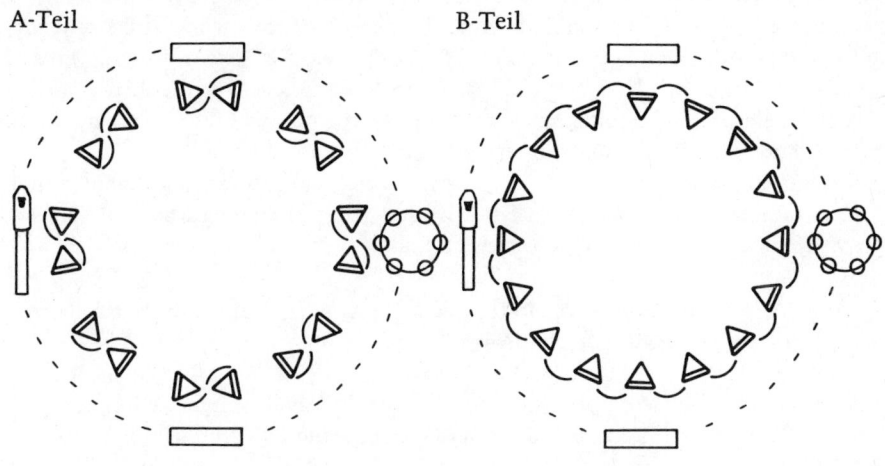

Rhythmischer Kanon mit Namen

Ausgangspunkt dieses Kanons könnte die Beobachtung der Kinder sein, daß Menschen aus einem anderen Land fremd klingende Namen haben oder daß Namen, die so ähnlich geschrieben werden wie bei uns, doch anders ausgesprochen werden. Daraus entsteht ein rhythmisches Spiel mit Vornamen aus vielen Ländern.

Bewegungsmaterial: Stampfen, Klatschen und Patschen in verschiedenen Kombinationen, am Platz und in der Fortbewegung. — Gehen und unpunktiertes Hüpfen (Doppelfedern). Diese Bewegungen des Kanons sind bewußt einfach gehalten. Die Aufmerksamkeit der Kinder soll sich auf die kanonische Form konzentrieren.

Vorbereitende Übungen: Zur Erwärmung hüpfen die Kinder paarweise, die Innenhände sind angefaßt. Zuerst führen die rechtsstehenden und die anderen passen sich ihnen im Raumweg an. Auf ein akustisches Zeichen hin wird die Führung von den linksstehenden übernommen. Der Lehrer begleitet auf der Handtrommel mit punktierten Achteln (Hüpfen). Nachdem die Kinder mehrmals die Führung gewechselt haben, wird mit Achteln begleitet. Der Absprung wird dadurch nicht mehr betont, es entsteht bewegungsmäßig ein Doppelfedern (zweimaliges Aufkommen auf dem linken, dann auf dem rechten Bein) in der Fortbewegung. Diese vorbereitende Übung sollte an mehreren Stundenanfängen

205

versucht werden, so daß die Kinder den Unterschied zwischen punktiertem und unpunktiertem Hüpfen (Doppelfedern) sowohl in der Begleitung erkennen als auch bewegungsmäßig ausführen können. Die nächste Stufe stellt die Aufeinanderfolge von Gehen und Doppelfedern in gleichen Zeitabständen dar. Paarübung: Jedes rechtsstehende Kind („Einser") geht, jedes linksstehende („Zweier") bleibt stehen und klatscht. Hierauf gehen die Zweier, und die Einser klatschen. Ebenso wird der Wechsel mit Doppelfedern geübt. Schließlich entsteht daraus eine einfache kanonische Form in der Bewegung: Die Einser gehen; wenn sie mit dem Doppelfedern beginnen, setzen die Zweier mit dem Gehen ein. Als nächstes werden nun Namen gesucht. Wenn der Vorrat an ausländischen Namen bei den Kindern versiegt ist, hilft der Lehrer aus, möglichst mit solchen Namen, die den Kindern aus Geschichten und Büchern bekannt sind, z. B.:

♩ : Tim, Paul, John, Sven, Juan, Nils, Jean, Tom, Jack, Pierre, Gil, Luc, Pat, Ann.

♩ ♩ : Mary, Birgit, Katja, Astrid, Pavel, Jorge, Mira, Carlos, Susan, Angel, Halef, Leila, Carmen, Pedro, David.

♩ ♩ ♩ : Manuel, Leonhart, Giacomo, Isabel, Anthony, Fatimah, Frantisek, Dominique, Raffael.

♩ ♩ ♩ ♩ : Anneliese, Lottelore, Polyxene, Leonardo.

♩ | ♩ ♩ : Therese, Christine, Elias, Susanna, Gerardo, Fillipo, Enrique, Orlando.

♩ | ♩ : José, Francoise, Madeleine, Ramón.

Die Beispiele lassen sich noch beliebig erweitern. Die Namen werden nun geklatscht, gepatscht oder gestampft und in verschiedenen Verbindungen geübt. Die Rhythmen der Namen werden notiert. Schließlich wird eine Form ausgewählt und notiert.

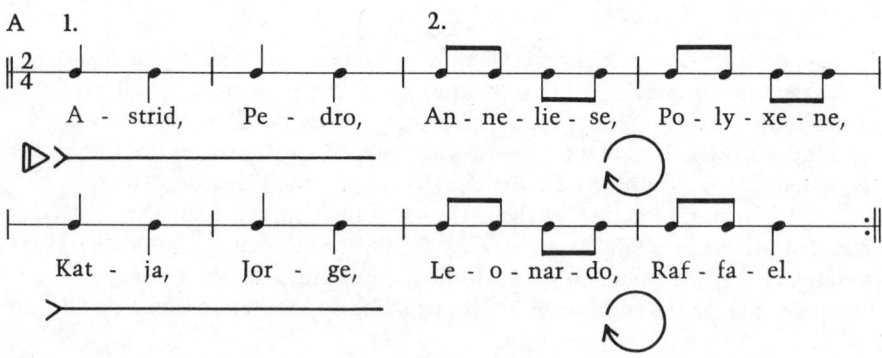

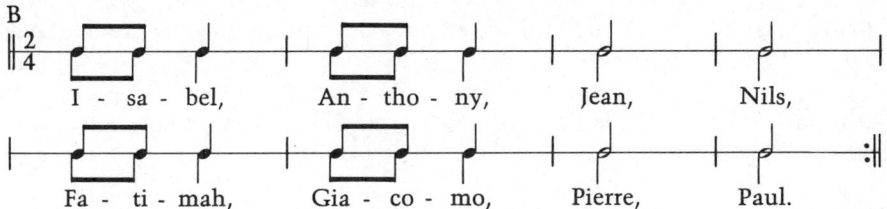

B

| I - sa - bel, | An - tho - ny, | Jean, | Nils, |
| Fa - ti - mah, | Gia - co - mo, | Pierre, | Paul. |

Ablauf: Die Form — A B A — wird zuerst einstimmig geübt, A in der Fortbewegung, B am Platz, A wieder in der Fortbewegung.

A: Der Rhythmus wird geklatscht, dazu gehen die Kinder vier Schritte vorwärts (zwei Takte), dann zwei Takte Doppelfedern im Kreis um sich selbst. Beides wird wiederholt. Während des A-Teiles klatschen die Kinder leise.

B: Die ersten zwei Takte werden im Stehen geklatscht. Dann gehen alle Kinder schnell mit dem rechten Knie zu Boden und schlagen die beiden halben Noten mit den Händen auf den Fußboden. Das Aufstehen und Niederknien muß schnell und geschmeidig ausgeführt werden (eventuell einige Male vorüben).

A: wie oben (jeder Teil wird wiederholt).

Erst wenn der ganze Ablauf von den Kindern sicher und ohne Mühe beherrscht wird, kann man mit dem Kanon beginnen, und zwar so, daß am Anfang der Lehrer, dann einige der sichersten Kinder den zweiten Einsatz übernehmen. Dann erst wird man in zwei gleichen Gruppen üben.

Aufstellungsmöglichkeiten sind: mehrere Reihen auf Lücke hintereinander (auch in Keilform) oder zwei Reihen, die sich mit ziemlich großem Abstand gegenüberstehen (bei der Wiederholung des A-Teils drehen sich die Kinder um und gehen voneinander weg).

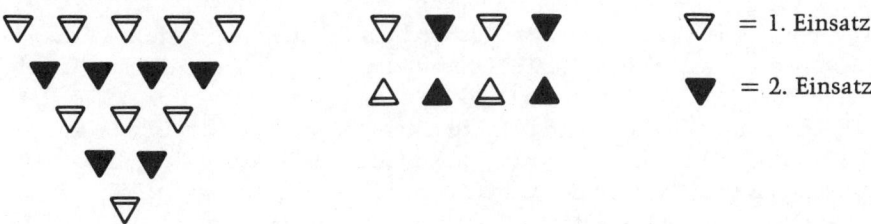

Eins, zwei, drei – Abzählreim als Bewegungsthema

Eins, zwei, drei, vier, fünf, sechs, sieben,
eine alte Frau kocht Rüben,
eine alte Frau kocht Speck
und schneidet sich den Finger weg.

Für diesen Abzählreim werden Sprechübung, rhythmische Begleitung, Bewegungsspiele und Bewegungsimprovisation verwendet.

207

Bewegungsmaterial: Gehen im Kreis mit abwechselndem Klatschen und Schnalzen. — Hüpfen. — Wechselschritt und Improvisation zu zweit.

Instrumente: Kleine Schlaginstrumente (Trommeln, Stäbchen, Schellen, Rasseln), Flöte für den Lehrer.

Vorbereitende Übungen: Die Kinder gehen einzeln frei im Raum. Zum Gehen klatschen sie, später versuchen sie, mit den Fingern zu schnalzen. Schließlich klatschen und schnalzen sie im Wechsel (jeweils auf zwei Schritte kommt einmal Klatschen bzw. Schnalzen).

Der Rhythmus des Wechselschrittes (Achtel, Achtel, Viertel) wird zuerst geklatscht, dann gestampft; das Aufstampfen wird schwächer, die Schritte sind nicht mehr am Platz, sondern nach vorn gerichtet, daraus ergibt sich der Wechselschritt in der Fortbewegung.

Die Kinder stehen paarweise im Raum verteilt. Jedes Paar hat einen bestimmten, durch imaginäre Glaswände abgeteilten Platz zum Tanzen. Zur Melodie des Lehrers versuchen die Kinder nun in ihrem Raum zu tanzen, indem sie umeinander herumhüpfen; das eine bleibt stehen, das andere läuft um es herum, oder beide hängen sich ein. Einzelne Möglichkeiten werden vorgeführt.

Während der Text des Auszählreimes mehrmals gesprochen wird, werden nacheinander verschiedene Begleitungen geübt, z. B.

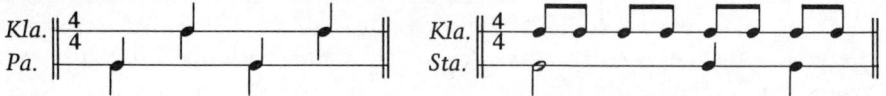

Spielform: Die Kinder stehen mit der rechten Schulter zur Mitte im Kreis. Sie gehen vorwärts, sprechen den Text und führen die erste Begleitung aus. Ein einzelnes Kind geht im Kreis in der Gegenrichtung und zählt aus. Das „ausgezählte" Kind kommt in die Mitte und tanzt zu einer Flötenmelodie des Lehrers mit dem „Auszähler". Die Kinder im Kreis sind am Ende des Verses stehengeblieben und begleiten nun das Paar in der Mitte durch individuelle Begleitung. Nun wird das zweite Kind zum „Auszähler", das erste geht zu einem der vorbereiteten Schlaginstrumente und begleitet den Text leise mit einem Ostinato. Das zweite tanzt mit einem dritten Kind und so fort. Der Kreis wird also immer kleiner, die Gruppe der Begleiter immer größer. Es ist nicht zweckmäßig, das Spiel so lange zu wiederholen, bis ein letztes Kind übrig bleibt.

Die Aufgaben der Kinder im Kreis können gesteigert und von Wiederholung zu Wiederholung neu angesagt werden:

— Der ganze Kreis hüpft vorwärts, dabei schnalzen die Kinder mit hochgehobenen Armen (tiefe Schultern) entweder die Viertel oder Halben mit.

— Die Kinder gehen mit stark akzentuierten Wechselschritten vorwärts, dabei sind die Hände eingestützt oder auf den Rücken gelegt.

Die Improvisation der Kinder in der Kreismitte wird je nach ihrer Bewegungsphantasie und Anpassung reicher oder weniger einfallsreich ausfallen, eventuell können mit allen Kindern gemeinsam verschiedene Möglichkeiten besprochen werden.

Kleines Tanzstück mit Flöten und Trommeln

Bereits nach zwei bis drei Monaten Blockflötenunterricht können die Kinder einfache Melodien zur Bewegung spielen. Mit dem Blockflötenlehrer (falls der Unterricht nicht vom Klassenlehrer gegeben wird) sollte besprochen werden, daß die Kinder schon Echoübungen bzw. Frage — Antwort spielen, auch wenn sie erst wenige Töne beherrschen. Auch das Auswendigspielen soll häufig geübt werden.

Bewegungsmaterial: Gehen in langsamem Tempo. — Federndes Laufen vorwärts und rückwärts mit abschließendem Schlußsprung. — Seitgalopp.

Instrumente: Flöten und Handtrommeln, für jedes Kind möglichst ein Instrument.

Vorbereitende Übungen: Der Lehrer begleitet entweder auf Bongos (heller und dunkler Klang) oder auf der Handtrommel. Bei der Handtrommel schlägt er abwechselnd auf das Fell und auf den Holzrahmen, so daß auch hier zwei verschiedene Klangfarben unterscheidbar sind. Es wird ausgemacht, daß der hellere Ton Vorwärtslaufen, der dunklere Rückwärtslaufen bedeutet. Es folgen Reaktionsübungen. Je nach Klang laufen die Kinder vor- oder rückwärts, die Länge der Phrasen ist unterschiedlich. Nach einiger Zeit wird eine bestimmte Phrasierung eingehalten, und zwar wie Melodie 1. Bei den halben Noten wird ein Sprung auf beide Beine (Schlußsprung) versucht, damit man leichter in der anderen Richtung beginnen kann. Dasselbe kann im Kreis (die Hände sind angefaßt) im Seitgalopp geübt werden. Allerdings ist der Schlußsprung aus der Seitbewegung wesentlich schwieriger. Der Kreis wird einige Male zerrissen werden, bevor die Kinder diesen Wechsel beherrschen.

Tanzform: Die Flötenkinder bilden einen kleinen Kreis, alle übrigen stellen sich in einem großen Kreis um sie herum auf, jedes mit einer Trommel in der Hand. (Sind nicht genügend Trommeln vorhanden, wird der Rhythmus geklatscht. Bei der Wiederholung werden die Instrumente ausgetauscht.)

Melodie 1

Melodie 2

Teil 1: Die Kinder im Außenkreis sitzen auf einem Knie, das andere ist angestellt, sie spielen eine improvisierte oder festgelegte Begleitung sehr leise. Dazu spielen die Flötenkinder und gehen in ihrem kleinen Kreis herum. Diese Haltung soll trotz des Spielens aufrecht und frei sein.

Teil 2: Der Außenkreis ist am Schluß der ersten Melodie aufgestanden, alle Kinder stehen mit der linken Schulter zur Mitte. Zur zweiten Melodie, die von einem fortgeschrittenen Kind oder vom Lehrer gespielt wird, gehen oder laufen sie sechs Schritte vorwärts und beenden die Bewegung mit einem kleinen Schlußsprung (oder einem Anstellen des Spielbeins), dieses Motiv wird viermal in einer Richtung wiederholt. Bei geübten Kindern kann nach jedem Schlußsprung die Richtung gewechselt werden. Die Kinder im Innenkreis schauen unterdessen zu.

Teil 3: Die Kinder im Außenkreis wenden sich wieder mit dem Gesicht zur Mitte und fassen sich an den Händen bzw. an den Trommeln (d. h. jedes Kind nimmt seine Trommel in die rechte Hand und faßt mit der linken die Trommel des Nachbarn mit an) und galoppieren im Seitgalopp nach rechts, und zwar zur Melodie 2.

Trommelostinato des Außenkreises

Vorwärtsgehen zur eigenen Trommelbegleitung

Spiegelbildübungen

Diese Übungen haben keine von Anfang an festgelegte Form. Sie dienen der Schulung der Beobachtung, Anpassung und Erfindung. Allerdings setzen sie einige Bewegungserfahrung voraus; sie sind also eher für eine aufbauende Arbeit geeignet.

Bewegungsmaterial: Alle Bewegungsarten, die die Kinder im Laufe des Unterrichtes erlernt haben. — Auch Gesten der Arme, der Beine, des Kopfes, des Rumpfes und des ganzen Körpers am Platz als Ausgleich zu den im allgemeinen bevorzugten Fortbewegungsarten.

Aufbau: Allen Kindern ist die Tatsache bekannt, daß unser Spiegelbild unsere Bewegungen — wenn auch seitenverkehrt — wiedergibt. Oft haben die meisten es vor einem echten Spiegel ausprobiert, nun sollen sie es auf andere Weise versuchen. Die Kinder stellen sich paarweise zusammen. Ein Kind steht vor dem „Spiegel", das andere in demselben Abstand (als Spiegelbild) hinter dem gedachten Strich. Jede Geste des ersten Kindes wird von dem zweiten möglichst gleichzeitig mitgemacht. Dies erfordert eine sehr schnelle Wahrnehmungs- und Reaktionsfähigkeit. Zuerst beginnen die Kinder meist sehr vorsichtig mit kleinen Bewegungen, dann versuchen sie alles mögliche, auch das Gesichterschneiden. Durch verschiedene Aufgabenstellungen können Bewegungen der Arme, der Beine und des Kopfes am Platz und mit einiger Vorsicht auch in der Fortbewegung angeregt werden.
— Nur der Kopf bewegt sich (Begleitung auf der Holzblocktrommel).
— Die Arme zeichnen Kreise und Wellenlinien in die Luft.
— Die Kinder sollen sich je nach dem Tempo der Begleitung ganz groß, dann wieder ganz klein machen (strecken und beugen).
— Die Bewegung soll zur Melodie der Flöte (legato oder staccato) passen.

Drehungen sind auf dieser Altersstufe als Spiegelübung noch zu schwierig. Die Rollen sollen regelmäßig gewechselt werden.

— Ein Kind spielt eine kleine Szene mit seinem Spiegelbild, die anderen sollen erraten, was dargestellt wird.
— Auch Raumwege können gespiegelt werden. Diese Aufgabe kann sowohl von zwei Kindern als auch von zwei Gruppen jeweils unter der Führung eines „verantwortlichen" Kindes ausgeführt werden. Um die Symmetrie der Raumwege darzustellen, kann man auf einem Stück Papier mit viel Tinte ein Raummuster zeichnen. Dann faltet man das Papier. Beim Wiederöffnen bildet die Faltlinie die Symmetrieachse, zu deren beiden Seiten nun spiegelbildlich die Raumlinien zu sehen sind. In der Praxis erkennen die Kinder bald, welche Raumwege und Bewegungsrichtungen für diese Aufgabe günstig und welche zu schwierig sind.

— Der Unterschied zwischen symmetrischen Linien und Figuren und solchen, die parallel sind, kann an Beispielen erprobt oder entdeckt, später auch besprochen und gezeichnet werden.

Spiegelbildübungen — Improvisation und Imitation

Es gingen drei Bauern[14] –
Darstellungslied mit anschließendem Bärentanz[15]

1. Es gin-gen drei Bau-ern und such-ten ein Bär'n, und als sie ihn
(2. Der) Bär tät sich ge - - gen sie auf-lehn: „Ach Mut-ter, Gott's
(3. Sie) fie-len all nie-der auf ih - - re Knie: „Ach Mut-ter, Gott's

fan - den, da hät-ten's ihn gern. Es gern. La la la la
Mut - ter, ach wär'n wir da - hem. Der hem."
Mut - ter, der Bär ist noch hie. Sie hie."

la la la la la la la la la la la la la la.

Lustig und immer schneller werden

Kla.
Sta.

S.Fl.c''

Sch.Tr.
Rassel

Cymbel
Gr.Tr.

Baß

---

14 Instrumentalsatz von C. Orff und G. Keetmann. In: Orff-Schulwerk „Musik für Kinder", Bd. 2, S. 34, Schott, Mainz 1952
15 Instrumentalstück von C. Orff und G. Keetmann. In: Orff-Schulwerk „Musik für Kinder", Bd. 2, S. 39, Schott, Mainz 1952

Dieses Darstellungslied wird mit rhythmisch fixierten Bewegungen gespielt, wobei vorwiegend solistische Aufgaben anfallen. Der Bärentanz schließt sich an die Darstellung an; dabei dürfen alle Kinder mitmachen.

Bewegungsmaterial: Die Bewegungen zum Lied sollen von den Kindern selbst ausprobiert werden: etwa das schwerfällige Gehen der Bauern, ihr Kniefall und der schwankende breitbeinige Gang des Bären. Beim Bärentanz ahmt ein Kind das tolpatschige Drehen des Bären nach, die übrigen hüpfen und drehen sich.

Instrumente: Zu „Es gingen drei Bauern" werden Glockenspiele, Xylophone, Rassel, Schellen, Pauken und Baß gebraucht. Für den „Bärentanz": Flöte, Schellentrommel, Rassel, Cymbel, große Trommel und Baß.
Eine Vereinfachung der Partitur aus dem Orff-Schulwerk wird sich als notwendig erweisen. Auch die Instrumentalstimmen des Bärentanzes müssen dem Können der Kinder entsprechend erleichtert werden. Die Flötenstimme spielt der Lehrer, sollte sie zu schwer sein, bleiben die Verzierungen weg.

Aufbau: „Es gingen drei Bauern": Eine kleine Geschichte bildet den Ausgangspunkt: Drei Bauern zogen einst in den Wald, um einen Bären zu fangen. Als sie ihn endlich gefunden hatten, fürchteten sie sich jedoch mehr vor ihm als er sich vor ihnen. Schließlich kam ein Bärenführer vorbei, der nahm den Bären mit und ließ ihn im Dorf auf der Kirchweih tanzen. Die Zuschauer machten natürlich mit.

Voraussetzung für die tänzerische Darstellung ist die vorangehende Erarbeitung des Liedes und der vereinfachten Instrumentalbegleitung. Bevor die Geschichte gespielt werden kann, dürfen alle Kinder während des Singens den Gang der Bauern ausprobieren. Um die punktierte halbe Note bewegungsmäßig auszufüllen, gehen sie mit schweren, stampfenden Schritten, die Knie etwas hochgezogen, als ob sie sich in einem Wald mit dichtem Unterholz befänden. Als Vorbereitung zum Gehen im Dreivierteltakt können zu einer Flötenmelodie (auch zur gemeinsam gesungenen Melodie des Liedes) die Taktanfänge gestampft, die unbetonten Taktteile geklatscht werden. Das Stampfen ist abwechselnd mit dem rechten und linken Bein auszuführen.

Ganz anders geht der Bär. Er versteckt sich zuerst in seiner Höhle, kommt dann auf allen Vieren oder bereits aufgerichtet heraus. Im Stehen schwankt er etwas hin und her, die Vorderpfoten hängen vor der Brust, die Ellbogen sind angelegt.

Chor und Orchester stellen sich in einem großen Halbkreis auf. Die Bärenhöhle wird an dem einen Ende des Halbkreises dargestellt, sie kann auch mit Hockern oder anderen Gegenständen markiert oder ohne alle Requisiten vorgestellt werden. Während des Vorspiels beginnen die drei Bauern bereits zu gehen. Der erste könnte einen Stock mit sich tragen, der zweite ein Seil, um den Bären zu fangen, der dritte ein Glas Honig, um den Bären anzulocken. Sie gehen einer hinter dem anderen und suchen überall im Halbkreis nach dem Bären. Sie können dabei in verschiedene Richtungen blicken: der erste nach vorne, der zweite nach rechts und der dritte zurück, oder der erste und der dritte nach links, der zweite in die entgegengesetzte Richtung. Nach zwei Takten wird jedesmal betont die Blickrichtung gewechselt. Am Schluß des „Lalalala" der ersten Strophe sind sie vor der Bärenhöhle angekommen.

Bei Beginn der zweiten Strophe kommt der Bär aus seiner Höhle und richtet sich auf; vor Schreck weichen die Bauern zurück, schlotternd vor Angst falten sie die Hände.

Bei Beginn der dritten Strophe rückt der Bär ihnen näher, sie fallen auf die Knie vor Entsetzen und bitten um ihr Leben. Der Bär umkreist sie und schlägt manchmal mit der Pranke nach ihnen.

Beim Refrain „Lalalala" macht auch der Chor mit. Die Kinder legen sich die Arme auf die Schultern und schaukeln abwechselnd nach rechts und nach links. Im siebten und achten Takt machen sie eine Drehung über rechts. Dieses Bewegungsmotiv wiederholt sich nach jeder Strophe.

Am Ende des Liedes kommt ein kleiner Bärenführer, er legt dem Bär einen Strick um den Hals (keine zuziehbare Schlinge) oder faßt ihn an der Pfote. Die beiden ziehen ab, vielleicht hat der Bärenführer auch eine Flöte, auf der er zum Abgang ein ganz einfaches Motiv spielt. Die beschämten Bauern trotten nach Hause. Bei der Wiederholung werden die Rollen neu besetzt.

„Bärentanz": Mit den ersten Flötentönen des Bärentanzes laufen alle Kinder aus der Choraufstellung zu einem betont ungeordneten Kreis. Der Bärenführer kommt mit dem Bär in die Mitte. Er spielt entweder auf einer Schellentrommel den Rhythmus, den die Zuschauerkinder abwechselnd stampfen und klatschen: Viertel, Viertel, Halbe (Tanz, Bär, tanz), oder aber er spielt auf der Flöte zum Tanz des Bären. In diesem Fall wechseln der Lehrer und das flötende Kind einander ab. Das interessierte Publikum feuert den Bären an: „Tanz, Bär, tanz." Langsam beginnt sich der Bär zu drehen, er tanzt schwerfällig und tolpatschig um sich selbst.

Bei der Wiederholung der Melodie tanzen alle Kinder mit; sie hüpfen entweder im Kreis um den Bären oder sie fassen sich zu zweit an den Händen und drehen sich ganz schnell („Schüsselreiben"); sie können auch umeinander hüpfen und kleine Kreise zu dritt oder zu viert bilden.

Die Erarbeitung dieses szenischen Spiels kann mehrere Stunden in Anspruch nehmen, die Rollen werden möglichst oft gewechselt.

Zu dem Thema „vom Menschen abgerichtetes Tier" ergeben sich oft wertvolle Gespräche mit den Kindern.

Das böse Tier –
Darstellungslied mit pantomimischen
Improvisationsmöglichkeiten [16]

Wir woll'n ein-mal spa-zie-ren gehn in ei-nem schö-nen Gar-ten. Wenn nur das bö-se Tier nicht käm', wir woll'n nicht lan-ge war-ten. Hat eins ge-schla-gen kommt im-mer noch nicht, hat zehn ge-schla-gen, da zwei ge-schla-gen (bis neun!) ruckt's! Hat elf ge-schla-gen, da zuckt's, hat zwölf ge-schla-gen da kommt's.

16 Instrumentalsatz von C. Orff.·In: Orff-Schulwerk „Lieder für die Schule", Bd. 6, S. 4, Schott, Mainz 1963

Instrumente: Xylophone, Metallophon, Pauken, Baß, Holzblocktrommel, Rasseln, Ratschen, Becken, große Trommel. Gegebenenfalls vereinfacht man die Instrumentierung und die Melodieführung, besonders bei der zweiten Altxylophonstimme (siehe Partitur im Orff-Schulwerk).

Aufbau: Das Lied und seine Begleitung wurden schon erlernt. Wer Zeit sparen will oder muß, läßt die Geschichte erst szenisch spielen, wenn die musikalische Einstudierung fertig ist, sonst kann man schon beim Erarbeiten des Liedes zumindest das Tier beim zwölften Schlag der Uhr erscheinen lassen.

Auch eine sehr große Klasse kann beschäftigt werden: Einige spielen die Bäume des Gartens, hinter denen zuerst das Tier versteckt ist und hinter denen sich später die Kinder verbergen; andere stellen die Gartenmauer dar; ein Kind verkörpert — auf einem Hocker stehend — die Kirchturmuhr und spielt auf einem Becken die zwölf Schläge. Ein anderes ist das Tier, die übrigen — nicht mehr als acht bis zehn — kommen beim Vorspiel in den Garten, spazieren allein, zu zweit oder in kleinen Gruppen zwischen den Bäumen herum und halten nach dem Tier Ausschau. Sobald die Uhr zu schlagen beginnt, werden sie vorsichtiger und gehen nur noch zögernd weiter, beim zehnten und elften Schlag ziehen sie sich bereits etwas zurück, beim zwölften, wenn das Tier hinter einem Baum hervorkommt, laufen sie davon und verstecken sich hinter den Bäumen.

Jeder Darsteller darf sich ein bestimmtes Tier vorstellen, die anderen sollen dann erraten, welches Tier er gemeint hat. Die Geschichte soll nicht so aufgezogen werden, daß sich sensible Kinder zu fürchten beginnen. Sie wird je nach der Mentalität der Gruppe sanfter („vielleicht ist das Tier gar nicht bös") oder derber gespielt.

Bei jeder Wiederholung werden die Rollen gewechselt. Die Spielform ist sehr einfach, die Darstellung führt eher zum pantomimischen Spiel als zu einer tänzerischen Bewegung. Sie bildet damit einen Gegensatz zu den meisten anderen Beispielen. Trotzdem müssen Haltung und Bewegung der einzelnen Rollen typisch sein, die Kinder selbst sollen beobachten lernen, wer ein guter Baum, eine gute Mauer oder Uhr war.

Die Gefahr besteht, daß bei dem Nachspiel großer Lärm entsteht, weil die Spaziergänger erschrocken davonlaufen. Um die Ruhe herzustellen, kann der Lehrer vorschlagen, daß das Tier mit dem Schlag eins wieder verschwindet und die Spaziergänger beruhigt nach Hause gehen.

218

Altersstufe 3: Acht- bis Zehnjährige
(Grundschule dritte und vierte Klasse)

Gespräche über „Tanz"

Die tänzerische Erziehung soll über die Anregung der kreativen Kräfte im Kind und über die Vermittlung einer grundlegenden Technik hinaus das Verständnis für die vielfältigen Formen des Tanzes und Tanzens erwecken. Gespräche und Anschauungsmaterial (Fotos und Filme) bieten geeignete methodische Wege. Verschiedene Fragen sollten die Kinder zum Nachdenken und zu Erkundigungen anregen: Wer tanzt? Wo, wann und wie wird getanzt?

Wer tanzt? Kinder tanzen in der Schule, auf einem Kinderfest. Einige erzählen, daß sie auch allein zu Hause zu Radiomusik tanzen. Nur sehr selten kommen Antworten, die auf tänzerische Brauchtumsformen der Kinder schließen lassen. Die älteren Brüder und Schwestern tanzen mit ihren Freunden in der Tanzstunde, auf einer Party oder im Beatlokal, manchmal auch zu Hause zu Schallplatten oder Radiomusik. Und die Erwachsenen? Sie tanzen am wenigsten, manchmal auf einem Ball oder einer Gesellschaft. Also tanzen die Kinder, die Jugendlichen und die Erwachsenen.

Wo wird getanzt? Die Antworten der Kinder werden je nach Elternhaus sehr unterschiedlich ausfallen: im Theater, im Fernsehen, auf der Kirchweih, auf einem Ball, im Beatlokal, auf einer Party. Auf die Frage des Lehrers, ob man in anderen Ländern nicht tanze, fallen den Kindern meist viele Ereignisse ein, die sie gelesen oder im Fernsehen gesehen haben. Kriegstänze der Indianer, Tänze fremder Völker, selbst Tiertänze sind den Kindern bekannt. Gemeinsam kommen sie zu dem Ergebnis, daß eigentlich auf der ganzen Welt getanzt wird, im eigenen Land wie auf anderen Kontinenten, bei den Menschen aller Hautfarben.

Wann wird getanzt? Bei dieser Frage wird die Diskussion relativ kurz sein. Die einen meinen, man tanze, wenn man gerade Lust dazu habe, die anderen, wenn die Lokale geöffnet seien, wenn man das Fernsehen anschalte oder ins Theater gehe. Hier kann sich der Lehrer einschalten und erzählen, daß die Menschen zu allen Zeiten getanzt haben, nicht nur die Großeltern und deren Eltern, sondern auch die Menschen vor 100 oder 1000 Jahren und früher. Fotos von Höhlenzeichnungen tanzender Menschen, griechischer Tänzerinnen, mittelalterlicher Reigen, von Hoftänzen der Adligen und den ersten Formen des Theatertanzes dienen zur

Veranschaulichung. Besonders die Jungen wird es interessieren, daß es vor etwa 200 Jahren sogar Ballette zu Pferd gegeben hat.

Wie wird getanzt? Am schwierigsten ist die Antwort auf diese Frage. Mit Worten können Kinder den Unterschied zwischen einem klassischen „Pas de deux", den sie einmal im Fernsehen gesehen haben, und einer Shownummer noch nicht beschreiben. Einige versuchen es mit der Nachahmung, manchmal mit erstaunlich guter Beobachtung. Fotos reichen hier als Anschauungsmaterial nicht aus, da der Bewegungsfluß und der Charakter des Tanzes aus einer Momentaufnahme nur schwer zu erkennen sind. Leider gibt es bis jetzt noch wenig geeignetes Filmmaterial. In den wenigen erhältlichen Filmen wird meist nur eine Stilrichtung gezeigt; die Filme sind zudem entweder zu lang, für Kinder nicht geeignet oder sie zeigen nur eine bestimmte pädagogische Richtung, nicht aber einen Vergleich verschiedener Tanzstile.

Ein Urteil über stilistische Merkmale oder Qualitätsunterschiede darf man von Kindern dieses Alters noch nicht erwarten. Im allgemeinen sind sie allem Neuen aufgeschlossen. Elemente aus dem eigenen Unterricht erkennen sie mit Stolz wieder, häufig bewundern sie artistische Leistungen und reiche Kostüme. Je weiter sie in ihren eigenen Erfahrungen gekommen sind, um so eher werden sie Ausführung, Thema und Gestaltung beurteilen können.

Ziel solcher Gespräche ist es primär, die Kinder auf den Reichtum tänzerischen Ausdrucks und choreographischer Formen aufmerksam zu machen. Verarbeitet werden diese neuen Eindrücke erst auf einer späteren Altersstufe.

Carillon de Vendôme –
Volkstanzähnlicher Reigen mit typisierender Darstellung[17]

Dieses französische Volkslied bietet Gelegenheit für eine Verbindung von volkstanzähnlichem Reigen und typisierender Darstellung einzelner Personen (König, Dame, Bauer, Reiter, Narr, Handwerker, Trommler) nach dem Vorbild von alten Spieluhren oder Rathausglockenspielen mit Figurentänzen.

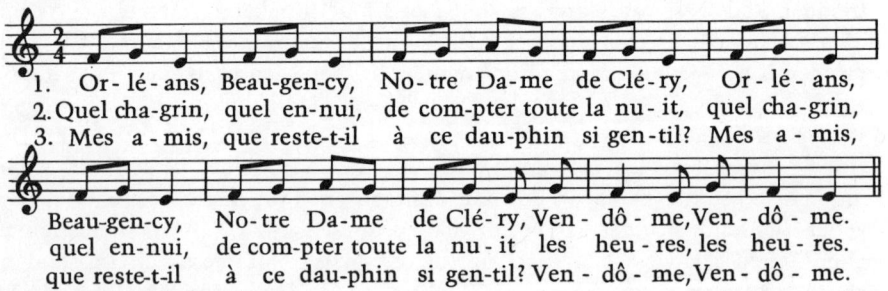

1. Or-lé-ans, Beau-gen-cy, No-tre Da-me de Clé-ry, Or-lé-ans,
2. Quel cha-grin, quel en-nui, de com-pter toute la nu-it, quel cha-grin,
3. Mes a-mis, que reste-t-il à ce dau-phin si gen-til? Mes a-mis,

Beau-gen-cy, No-tre Da-me de Clé-ry, Ven-dô-me, Ven-dô-me.
quel en-nui, de com-pter toute la nu-it les heu-res, les heu-res.
que reste-t-il à ce dau-phin si gen-til? Ven-dô-me, Ven-dô-me.

17 Instrumentalsatz von C. Orff und G. Keetmann. In: Orff-Schulwerk „Musik für Kinder", Bd. 3, S. 22, Schott, Mainz 1953

Bewegungsmaterial: Einfache Schrittverbindungen von Laufen und Hüpfen im Kreis oder zu Paaren. Darstellung der einzelnen Figuren aus der Improvisation heraus.

Instrumente und Geräte: Für die Gestaltung, wie sie im Orff-Schulwerk zu finden ist, werden Glockenspiele, Metallophon, Gläserspiel und Baß benötigt. Diese Besetzung entspricht dem Spieluhrcharakter des Liedes am besten, doch können auch andere Instrumente Verwendung finden. Nach Möglichkeit wird für die Figuren ein kleines Podest (eventuell aus Tischen zusammengestellt) verwendet, vielleicht auch Requisiten.

Aufbau: Der Lehrer erzählt zur Einleitung die Geschichte von dem französischen Kronprinzen (Dauphin), dem nach einer großen Schlacht nur noch die Städte Orléans, Beaugency und Notre Dame de Cléry geblieben sind. Auch von einem Rathaus, auf dessen Turm täglich zu einer bestimmten Stunde Figuren einen Tanz aufführen, erzählt der Lehrer. Vielleicht kann er Bilder solcher Glockenturmtänze mitbringen. In manchen Städten sind auch heute noch um zwölf Uhr mittags solche Umzüge und Tänze auf dem Uhrturm zu sehen (in München und Bern z. B.).

Am interessantesten für die Kinder sind wohl die einzelnen Figuren. Die improvisierte Darstellung der verschiedenen Rollen bietet eine gute Möglichkeit zur Erarbeitung dieses Liedes. Welche Haltung mag ein König mit Krone, Mantel und Zepter haben, wie bewegt er sich? Wie springt der Hofnarr mit Schellenkappe und Stab, wie schreitet eine vornehme Dame? Wie charakterisiert man die müde, demütige Haltung eines Bettlers? Welche typischen Bewegungen können die Kinder für einen Bauern, einen Schuster, einen Reiter oder einen Trommler finden?

Typisierende Haltung für Trommler, König, Narr und Dame

Jedes Kind darf sich eine Rolle aussuchen; es versucht, eine Haltung und eine Art der Fortbewegung zu finden, die für die Figur typisch ist. Dabei bespricht man, wie schnell sich das Uhrwerk dreht, denn davon hängt die Geschwindigkeit der

Figuren ab. Man überlegt auch, ob sie sich drehen sollen. Zu diesen Experimenten spielt der Lehrer oder ein Kind die Melodie. Teilt man die Klasse in zwei Gruppen, so singt und spielt eine Hälfte das in der Musikstunde vorbereitete Lied, während der andere Teil sich um die Darstellung bemüht. Nach einiger Zeit wird gewechselt. Die besten Lösungen werden von den Kindern ausgewählt.

Sind diese Vorbereitungen gelungen, kann eine zusammenhängende Form des Spielablaufes versucht werden. Zwölf Schläge auf einem Becken zeigen die Mittagsstunde an. Die Uhr, ein Kind mit Becken und Schlegel in der Hand, sollte sich noch über dem Podest befinden (Standleiter, Tisch oder ähnliches). Alle Kinder, die nicht zum Orchester oder zu den Figuren gehören, kommen während der Schläge zur Mitte des Raumes und gruppieren sich um das Podest (den Uhrturm). Vom Orchester und dem Singen der „Zuschauer" begleitet, tanzen die Figuren des Glockenspiels, indem sich jeder mit den für seine Rolle typischen Bewegungen langsam um sich selbst drehend im Kreis fortbewegt. Am Ende der Strophe bleiben sie abrupt stehen. Die Melodie wird als Zwischenspiel ohne Text und eventuell anders instrumentiert vom „Volk" getanzt. Einige bilden kleine Kreise zu dritt oder zu viert, andere tanzen allein oder paarweise. Die Tanzbewegung kann den Kindern freigestellt bleiben, oder es wird eine den Kindern bereits vertraute und vorgeübte Schrittverbindung für alle ausgewählt (z. B. zwei Laufschritte, Aufhüpfen: r, l, r, r; l, r, l, l).
Während die zweite Strophe gesungen wird, unterbrechen sie ihr Tanzen und sehen wieder den Figuren zu, die wie vorher ihre Bewegungen ausführen. Beim zweiten Zwischenspiel bilden die „Zuschauer" zwei Ketten, fassen sich an den Händen und tanzen (mit denselben Schritten wie beim ersten), von ihrem Anführer geleitet, in verschiedenen Kurven um den Turm. Bei der dritten Strophe sehen sie wieder zu, allenfalls erfinden sie eine leise rhythmische Begleitung. Beim Nachspiel fassen sich nun alle in zwei konzentrischen Kreisen an den Händen und tanzen in Gegenrichtung in immer rascher werdendem Tempo. Zuletzt schlägt die Uhr, die Figuren verschwinden, das Volk geht nach Hause.

Tanzform:
Vorspiel: Die Kinder kommen in kleinen Gruppen und verteilen sich wie Passanten um den Turm.
Erste Strophe: Die Figuren tanzen, die übrigen Kinder singen und beobachten den Figurentanz.
Zwischenspiel: Es bilden sich kleine Gruppen von zwei, drei oder vier Kindern, die miteinander tanzen.
Zweite Strophe: Wieder tanzen die Figuren.
Zwischenspiel: Die Kinder tanzen in zwei Ketten um den Turm.
Dritte Strophe: Wieder Figurentanz, die zusehenden Kinder erfinden Begleitungen.
Nachspiel: In zwei konzentrischen Kreisen tanzen alle um den Turm, bis die Uhr eins schlägt.

222

Vorspiel, Zwischenspiel und Nachspiel werden nur von den Instrumenten gespielt, die drei Strophen werden gesungen und instrumental begleitet.

Die Figuren des Glockenturms tanzen, die Besucher sehen zu

Zwischenspiel – die Zuschauer tanzen

Rhythmisches Rondo mit Instrumenten in der Bewegung

Drei Aufgabenbereiche werden in diesem Beispiel besonders berücksichtigt:
Das Spiel von Instrumenten (Schlaginstrumenten, Blockflöten) in der Bewegung.
Der Aufbau eines einfachen rhythmischen Kanons.
Die Erweiterung dieses Kanons durch improvisierte oder ausgearbeitete Zwischenteile zu einem Rondo.
Das Thema wird zu seiner Realisierung die Arbeit mehrerer Unterrichtsstunden benötigen.

Bewegungsmaterial: Anstellschritte mit Richtungswechsel, Drehungen im Kreuzschritt, Hüpfen, schwingendes Gehen im Dreivierteltakt.

Instrumente: Klangstäbe, Handtrommeln, Fingercymbeln, Schellenbänder, Blockflöten.

Aufbau: Spielen die Kinder zum ersten Mal die Instrumente in der Bewegung oder wurde lange Zeit nicht mehr damit gearbeitet, dann ist am Anfang ein spielerischer Umgang nötig. Ein Teil der Kinder darf sich bereitliegende Instrumente holen, die anderen setzen sich und sehen zu. Die übenden Kinder probieren aus, wie man Trommeln, Klangstäbe, Fingercymbeln und Schellenbänder am besten hält, wenn man sich bewegen will. Sie finden verschiedene Haltungen und Klangmöglichkeiten. Dabei können sie sich an ihrem Platz oder in den Raum hinein bewegen. Die Art der Bewegung steht ihnen frei, doch empfiehlt es sich, am Anfang die Aufgaben noch zu beschränken, z. B.

— Die Trommel ist abwechselnd ganz hoch über dem Kopf zu halten (dabei geht man auf Zehenspitzen) oder möglichst tief zu spielen (dabei bleibt man stehen).
— Die Schellen an den Fußgelenken bringt man am besten zum Klingen, indem man viele kleine schnelle Stampfschritte macht.
— Die Fingercymbeln werden mit einer schwingenden Armbewegung angeschlagen.

Die beobachtenden Kinder dürfen die interessantesten Lösungen, die selbstverständlich auch gut klingen müssen, auswählen. Nach einiger Zeit wird gewechselt. Alle Kinder sollen dazu angeregt werden, unterschiedliche Lösungen auszuprobieren.
Zuletzt kommen die Flötenspieler an die Reihe. Für sie wird ein bestimmtes Tonmaterial festgelegt, beim ersten Versuch ist es am besten pentatonisch. Alle Zuschauer spielen einen leisen Ostinato (Patschen und Klatschen), durch den das Tempo fixiert wird. Die Spieler finden sehr schnell heraus, daß man beim Flöten keine raschen springenden Bewegungen machen kann. Ruhiges, eventuell schwingendes Gehen ist am besten geeignet.
Nach all diesen Versuchen wird die Spielhaltung für die einzelnen Instru-

mente [18] nochmals besprochen, erklärt und ausprobiert. Nach einer gewissen Zeit wird jeweils gewechselt.

Anschließend wird der Rhythmus des Kanons erarbeitet:

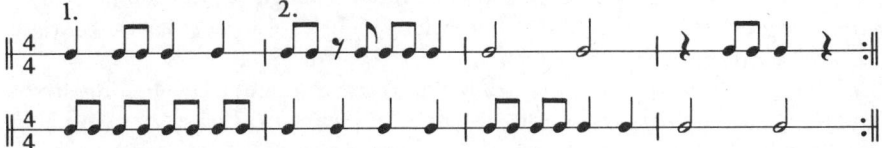

Um den Kindern einen Eindruck von Tempo, Phrasierung und Dynamik zu geben, spielt der Lehrer den Ablauf einmal vor. Zur Erarbeitung bieten sich folgende methodische Hilfen an:

Echospiel: Der Lehrer klatscht zuerst jeweils zwei Takte vor, die Kinder wiederholen sie in unmittelbarem Anschluß. Später können je vier Takte genommen werden.

— Ist den Kindern die Taktsprache bekannt, so kann sie hier zum Memorieren des Rhythmus, gemeinsam mit Klanggesten, herangezogen werden.

— Der Rhythmus wird an die Tafel geschrieben, von den Kindern leise gelesen und schließlich gesprochen oder geklatscht.

Wird der Rhythmus nach einigen Wiederholungen sicher beherrscht, so werden alle Handtrommeln und Klangstäbe verteilt, um den Kanon zu üben. Die Trommeln beginnen mit dem oben notierten Rhythmus, die Stäbchen setzen einen Takt später ein.

Erarbeitung der Bewegungsform: Ohne Instrumente wird die Schrittfolge in der Raumform geübt. Die Kinder stehen in einer oder mehreren Reihen. Als Raumweg geht jedes einzelne ein kleines Quadrat, und zwar im ersten Takt (links beginnend) vier Schritte vor, der letzte (r) wird unbelastet angestellt; im zweiten Takt (rechts beginnend) vier Schritte nach rechts (entweder im Anstell- oder Kreuzschritt); im dritten Takt (rechts beginnend vier Schritte rückwärts, der letzte (l) wird unbelastet angestellt; im vierten Takt (links beginnend) vier Schritte nach links (Anstell- oder Kreuzschritt), der letzte (r) wird belastet angestellt. (Also im ersten und dritten Takt unbelastet, im zweiten und vierten belastet anstellen.)

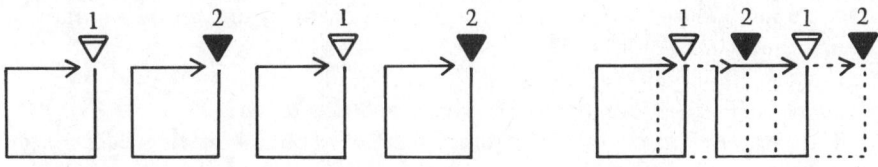

18 Keetmann, G.: Elementaria, Klett, Stuttgart 1970
   Keller, W.: Einführung in „Musik für Kinder", Schott, Mainz 1963

Die Abstände von einem Kind zum anderen sind zuerst so groß, daß ihre Raumwege sich nicht überschneiden. Später werden sie so eng, daß die Wege im Kanon sich zwar graphisch überschneiden, nicht aber in der Wirklichkeit, da die Einser auf dem Seitweg sind, wenn die Zweier vorkommen. Die Ausführung im Kanon erfordert einige Übung. Die Schritte sollen in jeder Richtung gleich groß ausgeführt werden.

Im zweiten Teil kommt ein neues Bewegungsmotiv hinzu: Eine Drehung (rechte Schulter zurück) wird ausgeführt; jedem Schritt entspricht eine Viertelnote, bei geübteren Kindern eine Achtelnote. Von Anfängern werden Anstellschritte auf der ganzen Sohle, von Fortgeschrittenen Kreuzschritt (rechter Fuß auf der ganzen Sohle, linker nur auf dem Ballen) geübt. Im ersten Takt wird eine Drehung über rechts ausgeführt; im zweiten, wieder nach vorne gewendet, drei Stampfschritte am Platz (r, l, r) – die Trommel kann bei den vier Schlägen hochgehalten werden; im dritten Takt eine Drehung links beginnend; im vierten Takt drei Stampfschritte (l, r, l) zu den drei Trommelschlägen.

Aufstellungsmöglichkeiten:
– Eine Reihe steht diagonal im Raum, entweder alle mit dem Gesicht in die gleiche Richtung (a) oder abwechselnd mit Gesicht oder Rücken nach vorne gerichtet (b).
– Zwei Reihen gegenüber (c).
(Trommel- und Stäbchenspieler wechseln immer ab in der Aufstellung.)

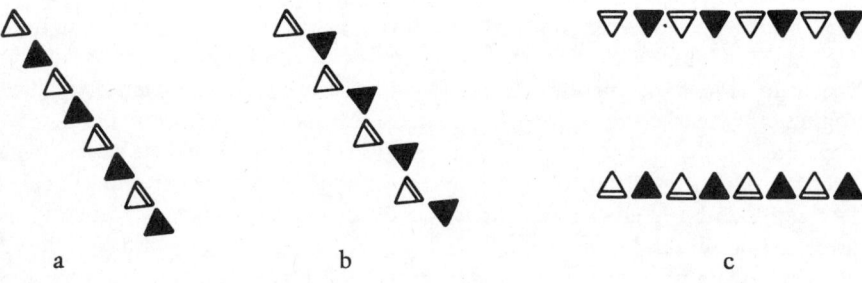

a   b   c

Der Kanon kann für sich alleine verarbeitet werden, er kann aber auch als Rondothema verwendet werden.

Vorschläge für die Ausarbeitung von Rondozwischenteilen:
B-Teil: Alle Kanonspieler (mit Trommeln und Stäbchen) gehen nieder auf ein Knie und spielen auf der am Boden liegenden Trommel, bzw. mit den Stäbchen, einen leisen Ostinato. Einige Flötenspieler bilden eine Kette, der erste führt in einer Schlangenlinie um die Ostinatospieler. Die Melodie ist bekannt und wurde bereits vorher einstudiert (Blockflötenunterricht), z. B.

Eine Melodie kann auch von einem Kind improvisiert werden, während die anderen einen melodischen Ostinato spielen.

C-Teil: Zwei oder drei Kinder improvisieren mit Schellenbändern an den Fußgelenken. Die Schritte müssen bei der Verwendung dieses Instrumentes sehr präzise sein, Klangunterschiede sind durch Schritte auf den Ballen oder ganzen Sohlen, durch Schleifschritte oder kleine Sprünge zu erreichen.

D-Teil: Ein Kind mit Fingercymbeln in den Händen läuft und dreht sich im Dreivierteltakt und begleitet sich dazu mit den Cymbeln. Der Raumweg kann vorgegeben werden oder er wird vom Kinde im Augenblick der Ausführung improvisiert. Sind verschieden gestimmte Cymbeln vorhanden, so können auch mehrere Kinder diesen Zwischenteil ausführen.

Die Endform unseres Rondos besteht aus:
A Rhythmischer Kanon mit Stäbchen und Trommeln
B Improvisation der Flöter (Kette)
A Kanon
C Improvisation mit Fußschellen
A Kanon
D Improvisation mit Fingercymbeln
A Kanon
Möglichkeiten zur Vereinfachung: Mit ungeübten Kindern kann der Kanonrhythmus auch unisono ausgeführt werden. An Stelle des siebenteiligen Rondos kann eine A B A-Form oder ein fünfteiliges Rondo treten.

Tsakónikos – Griechischer Volkstanz im Fünfvierteltakt mit einfachem Schrittmaterial

Dieser griechische Volkstanz aus Tsakonien dient als Modell eines Reigentanzes mit einfachem, klarem Schrittmaterial. Durch die Einführung schlichter, für Kinder geeigneter Volkstänze sollen sie die Tanzweise anderer Völker verstehen lernen. Der Lehrer kann als Einleitung etwas über Griechenland erzählen, Fotos von Tänzen (antiken und modernen) zeigen, an eine schon bekannte Fabel erinnern und entsprechend dem Verständnis der Kinder auf die Gegenwart Bezug nehmen.

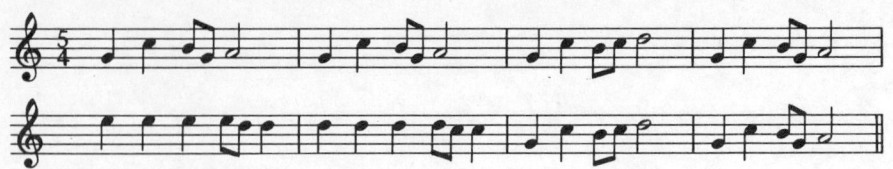

Rhythmische Begleitungen sollen von den Kindern gefunden und auf Schlaginstrumenten (Hand- oder Schellentrommeln, Stäbchen, Kastagnetten, große Trommel) gespielt werden. Ein Instrumentalsatz findet sich in einem Beiheft zum Orff-Schulwerk [19].

Bewegungsmaterial: Anstellschritte, Laufschritte, Hüpfer.

Instrumente: Flöte, kleines Schlagwerk.

Aufbau: Der Lehrer spielt auf einer Trommel gleichbleibende Viertelnoten im Fünfvierteltakt mit deutlichen Akzenten. Die Kinder nehmen den Rhythmus auf und klatschen ihn. Sie gehen dazu einzeln, in Paaren oder in kleinen Gruppen frei im Raum vorwärts oder rückwärts.
Zwei Begleitrhythmen (siehe Notation für Fellinstrumente und Holzinstrumente) werden versuchsweise erst von allen gemeinsam, später von zwei verschiedenen Gruppen gespielt. Bei dem etwas schwierigeren zweiten Begleitrhythmus können die Pausen durch angedeutete Schläge in die Luft markiert werden.
Beide Begleitmotive und das ursprünglich vom Lehrer gespielte werden zunächst einzeln notiert und später in Form einer Partitur untereinandergeschrieben.

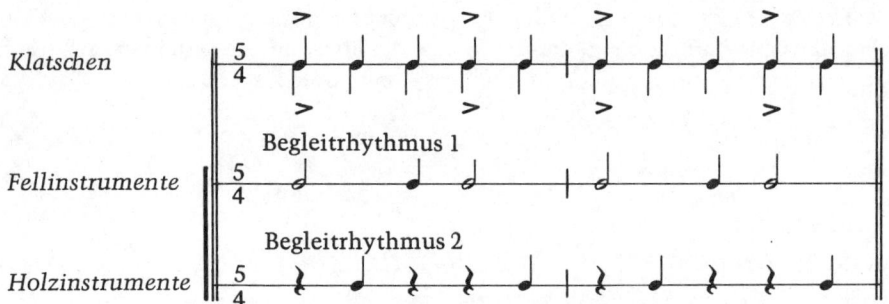

Nun wird die Melodie vom Lehrer oder einem fortgeschrittenen Flötenspieler geblasen, die Kinder singen sie nach oder versuchen, sie auf Flöten oder Xylophonen zu spielen. Unter Umständen wird sie auch über die rhythmische Begleitung notiert.

[19] Instrumentalsatz von P. Mathey. In: Orff-Schulwerk „Griechische Kinderlieder und Tänze I", Schott, Mainz 1963

Erarbeitung der Schrittfolgen: Alle Kinder fassen sich zur Kette, die Hände in Schulterhöhe. Das erste Kind führt verschiedene Schlangenlinien, Kreise und Spiralen im Laufen an.

Die Kette stellt sich im Halbkreis — Front zur Mitte — auf. Nun werden drei Schritte (rechts beginnend) seitwärts gegangen, der vierte Schritt wird belastet so angestellt, daß die Ferse des linken Beins den Innenknöchel des rechten berührt, die Fußspitzen sind nach außen gedreht. Die Schrittfolge wird so lange geübt, bis sie von allen sicher beherrscht wird. In der Tanzform wird sie nur viermal verwendet.

Schrittfolge 1

Rechts beginnend, vier Laufschritte, wobei auf dem dritten (r) aufgehüpft wird. Auch dieses Motiv wird etliche Male geübt, zuletzt werden beide Schrittfolgen (jeweils viermal wiederholt) miteinander verbunden.

Schrittfolge 2

Tanzform: Dann stellen sich zwei kleine Gruppen von Instrumentalisten im Raum auf. Die Gruppe A (Xylophone, Handtrommeln, große Trommel) begleitet mit dem Rhythmus 1, die Gruppe B (Flöte, Schellentrommel, Kastagnetten) spielt den Rhythmus 2, bzw. die Melodie. Die Kinder bilden eine Kette, die sich im Halbkreis am Ende des Saales aufstellt. Bei großer Teilnehmerzahl können auch zwei Ketten gebildet werden. Während eines rhythmischen Vorspieles von zwei oder vier Takten wird Rhythmus 1 am Platz gestampft. Die Melodie wird mehrmals wiederholt, vielleicht abwechselnd gesungen und geflötet. Die Anführer der Ketten ziehen in verschiedenen Figuren um die beiden Instrumentalgruppen herum, zum Abschluß des Stückes sollen sie am Ausgangspunkt landen.

Wie die Pfeife, so der Tanz –
Tanzform, aus der Improvisation entwickelt

Wie die Pfeife, so der Tanz.
Let the piper call the tune. (England)
Al son que me tocan bailo. (Spanien)
C'est le ton qui fait la musique,
c'est la musique qui fait la danse. (Frankreich)
Se dança como se toca. (Portugal)

Ein Sprichwort gibt die Anregung zu einer Tanzform, die weitgehend aus der Improvisation der Kinder entstehen soll. Inhaltlich ähnliche Sprichwörter finden sich in vielen Sprachen: Die älteren Kinder könnten also einmal die deutsche, englische, französische oder spanische Fassung als Ausgangspunkt nehmen.

Bewegungsmaterial: Improvisation, vorwiegend Schritte mit schwingendem Charakter, aber auch scharf akzentuierte Federungen.

Instrumente: Flöte (vom Lehrer oder einem improvisationsbegabten Kind gespielt), Stabspiele, Gitarre, kleines Schlagwerk.

Aufbau: Der Text steht an der Tafel. Jedes Kind liest das Sprichwort still für sich, dann laut für alle anderen, jede Version wird chorisch wiederholt. Es ergeben sich entweder freimetrische oder rhythmisch gebundene Sprechweisen. Die letzteren werden aufgegriffen. Jedes Kind soll zum Vorsprechen eine einfache rhythmische Begleitung spielen.
Einige Möglichkeiten:

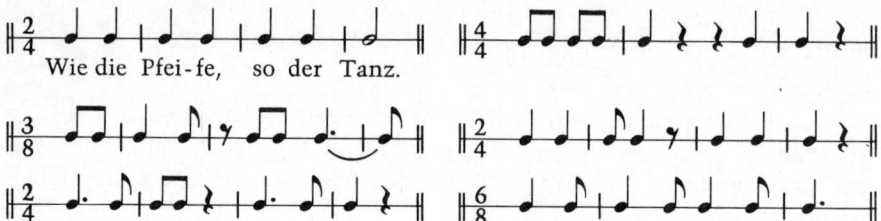

Sollten die Kinder nur wenige Variationsmöglichkeiten finden, so kann der Leiter helfen, indem er zum Beispiel mit einer Begleitung in einer anderen Taktart beginnt, über die das Kind seine Rhythmisierung des Textes finden soll.
Zu den einzelnen Rhythmisierungen sollen verschiedene Begleitungen, zuerst mit Klanggesten, dann mit kleinem Schlagwerk gefunden werden. Schließlich können sie auch auf Stabspiele übertragen werden (einfache Ostinati, die sich für melodische Improvisation eignen), zuletzt versucht ein Kind, seinen Text zu singen bzw. die Melodie auf der Flöte oder einem anderen Instrument zu spielen.
Alle gemeinsam suchen nun zwei möglichst entgegengesetzte Versionen (verschiedene Taktart) der angeführten Möglichkeiten aus. Daraus soll eine A B A-Form gestaltet werden, die später durch Hinzufügen neuer Zwischenteile zu einem Rondo erweitert werden kann.

Das hier beschriebene Beispiel ist aus der Arbeit mit einer Kindergruppe entstanden. Bei anderen Kindern werden die Einfälle möglicherweise sehr unterschiedlich sein. Es soll hier vor allem der methodische Weg einer Erarbeitung aus der Improvisation gezeigt werden.
Der A-Teil steht im Sechsachteltakt. Die Flötisten der Gruppe bekommen die Aufgabe, im Tonraum von a'—e" eine Melodie zu improvisieren. Aus den Lösungen wird eine ausgewählt und von allen gespielt. Daraus entwickelt sich der erste

Teil. Eine andere Melodie wird zum Text erfunden und von den übrigen Kindern gesungen. Anschließend wiederholt sich die erste Flötenmelodie. Der A-Teil gliedert sich also wie folgt:

a Flöten (Melodie 1)

b Gesang (Melodie 2 mit Text)

a Flöten (Melodie 1, eventuell verziert)

Zu diesen Melodien werden ostinate Begleitungen hinzugefügt. Sobald die Musik einigermaßen „trägt", versuchen die Kinder dazu zu tanzen. Die meisten finden eine schwingende Art des Laufens, verbunden mit Drehungen und Gewichtübertragungen am Platz.

Anschließend können Aufgaben gestellt werden, die zu einem festen Ablauf führen. Gruppen von zwei oder drei Kindern sollen eine kleine Bewegungsform entwickeln, die dem musikalischen Aufbau entspricht. Die beiden Teile a und b sollen sich entweder in der Bewegungsart oder in der Raumrichtung, im Weg oder in der Fassung deutlich voneinander unterscheiden. Einzelne Möglichkeiten werden gezeigt und von den anderen besprochen und aufgenommen. Gemeinsam wird an einer möglichst guten Lösung gearbeitet.

Der B-Teil kann vielleicht von den Kindern alleine gelöst werden. Auf jeden Fall sollte er in Taktart, Bewegung, Melodie und Raumform zum ersten Teil im Kontrast stehen.

Eine Übersicht über die Aufgliederung der einzelnen Teile, die Instrumentierung und Bewegungsvorschläge zu jedem Teil folgt:

	Formale Struktur	Instrumente	Bewegungsvorschläge
A	a Flöte (8 Takte) b Gesang (8 Takte) a Flöte (8 Takte)	Gitarren, Metallophon, Altxylophon, Cymbeln, Becken, große Trommel	Schwingendes Laufen, Gewichtsverlagerungen, Drehungen, kurvige Wege
B	a Einleitung (4 Takte) b Text unisono gesprochen (8 Takte)	Schlaginstrumente: Bongos, Holzblock- trommel, Schellen, große Trommel	Am Platz: federnde Schritte, kleine Sprünge (hochbetont)
A	wie oben		

Um die Form zum Rondo auszubauen, können Zwischenteile mit solistischer Ausführung eingeschoben oder der Text in einer anderen Sprache gesprochen werden. Dieses Beispiel stellt eine komplexe Aufgabe dar, die längere Zeit in Anspruch nehmen kann. In einfacher Form und mit Hilfe des Lehrers ist die A B A-Form auch in zwei Unterrichtsstunden zu lösen. Auf die Ausarbeitung des Rondos kann unter Umständen verzichtet werden.

Branle simple und Branle gay -
Einfache, volkstanznahe Teile aus einer
Tanzsuite des 16. Jahrhunderts

In seinem tanzgeschichtlich außerordentlich wichtigen Buch „Orchésographie"
beschreibt der Franzose Thoinot Arbeau, einer der bedeutendsten Tanztheoreti-
ker des 16. Jahrhunderts, die wichtigsten und beliebtesten Tänze seiner Zeit. Die
Branles waren ursprünglich Volkstänze, die von den Adligen adaptiert wurden
und großen Anklang fanden. Mehrere bildeten nacheinander getanzt die
„Branlesuite"; die ruhigen Tänze wurden von den Alten, die rascheren und gesprungenen von den Jungen getanzt.
Die beiden ausgewählten Beispiele sind im Schrittmaterial sehr einfach und
volkstanzähnlich. Der Branle simple steht im Viervierteltakt und hat eine drei-
taktige Phrasierung. Der Branle gay steht im Dreivierteltakt. Der Lehrer sollte
zur Einführung in diese Zeit kurze Erklärungen zur sozialen, kulturellen und
ökonomischen Situation geben, so daß die Kinder sich eine Vorstellung machen
können, wie die Menschen damals gelebt haben. Auch Bilder oder Stiche von
Tänzern sollten gezeigt werden, um einen Eindruck von Haltung, Geste und
Kostüm zu vermitteln.

Instrumente: Die beiden Melodien sind Arbeaus Orchésographie entnommen.
Sie können einstimmig oder im Satz mit Flöten musiziert werden, eine Schellentrommel gehört dazu. Stehen Cembalo oder Spinett zur Verfügung, so sind sie
einer Begleitung auf dem Klavier vorzuziehen [20].

Branle simple

Branle gay

20 Instrumentalsatz von M. Dolmetsch. In: „Dances of England and France", Routledge,
London 1954

232

Branle simple

Bewegungsmaterial: Seitliche Anstellschritte nach links und rechts. — Kleine Sprünge von einem Bein auf das andere, wobei das unbelastete Spielbein entweder nur wenig vom Boden abgehoben wird — pied en l'air — oder aber im Knie gebeugt möglichst hoch angehoben wird — grève.

Branle simple —
double nach links

Branle simple —
pied en l'air

Aufbau: Seitliche Anstellschritte werden nach beiden Seiten geübt. Als Reaktionsübung können verschiedene Phrasierungswechsel versucht werden, z. B.: 4 Schritte nach rechts, 4 nach links; 4 nach rechts, 2 nach links; 3 nach rechts, 3 nach links. Der Wechsel von 2 nach links, 1 nach rechts, ist der, den wir für den Branle simple benötigen.
Als zweites Motiv muß der rasche gesprungene Wechsel (am Platz) von einem Bein auf das andere erarbeitet werden. Das Spielbein wird jeweils gestreckt nach vorn geführt, die Fußspitze ist etwa 10 cm über dem Boden.
Die Schrittfolge kann vom Lehrer vorgemacht werden, oder die Kinder versuchen, eine verbale Erklärung in die Bewegung umzusetzen:

links (ausgreifen) — rechts (anstellen) — l (aus) — r (unbelastet an) = 1 double
r (aus) — l (unbelastet an) = 1 simple
Schrittfolge in Worten: Double links — simple rechts — double links — dreimal
pied en l'air. (Bei dem „pied en l'air" wird zuerst auf das rechte Bein gesprungen,
linkes Spielbein vor, dann auf das linke und nochmals auf das rechte.)

Notation der Schrittfolge:

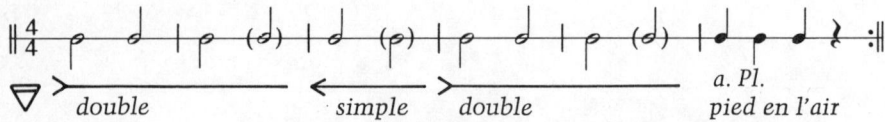

Aufstellung: Im Kreis, die Hände sind tief oder in Schulterhöhe gefaßt.

Branle gay

Bewegungsmaterial: Die Bewegungsrichtung ist links. Es wird immer gesprungen, niedrige und hohe Beinwürfe wechseln miteinander ab.

Branle gay — der Hüpfschritt

Aufbau: Diesem Tanz, der immer nur nach links weitergetanzt wird, fehlt das
Charakteristikum des Branles, nämlich das Hin und Her von links nach rechts
(branler = schwanken). Dessen ungeachtet war er zu seiner Zeit einer der beliebtesten und fröhlichsten Tänze. Die Hände sind wie beim Branle simple im
Kreis gefaßt.
Schrittfolge in Worten: Drei Laufschritte (links beginnend) im ersten Takt. Im
zweiten erfolgt ein Hüpfer auf dem rechten Bein (das linke wird mit leicht gebeugtem Knie etwas nach vorne geschwungen).

234

Notation der Schrittfolge:

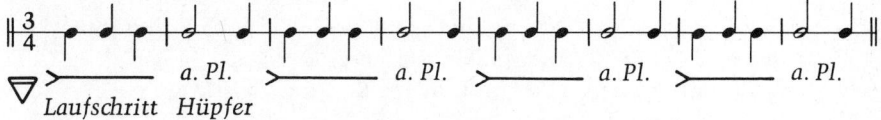

Der Kreis kann zu einer Kette geöffnet werden, die, vom ersten geführt, in verschiedenen Windungen durch den Raum zieht. Die beiden Tänze werden nacheinander getanzt. Es sollte versucht werden, die Kinder selbst die Begleitung spielen zu lassen. Sowohl auf der Blockflöte als auch auf dem Klavier oder Spinett ist die Musik für neun- bis zehnjährige Schüler (Fortgeschrittene) spielbar.

Klein-Flöhchen und Klein-Läuschen – Szenisches Spiel mit Sprechen, Singen und Instrumentalspiel

Im szenischen Spiel wird ein Zusammengehen aller Bereiche der künstlerischen Erziehung — soweit sie die Schule tangieren — angestrebt: Singen, Sprechen, Instrumentalspiel, Tanzen, Malen und Werken. Die Arbeit erfordert sowohl von den Lehrern als auch von den Kindern ein gut vorbereitetes Team, besonders wenn es sich um größere Aufgaben handelt. Einzelne Gruppen können sich zusammenschließen, eventuell setzt man Klassenarbeiten auf verschiedenen Teilgebieten an: Die einen beschäftigen sich mit Bühnenbild und Ausstattung, andere musizieren, die dritten übernehmen die Darstellung. Selbstverständlich können auch alle Aufgaben innerhalb einer Klasse realisiert werden. Im Rahmen dieses Buches kann nur ein kleines Beispiel für diese Art von Zusammenarbeit gegeben werden. Vorschläge und ausgearbeitete Vorlagen finden sich in der einschlägigen Fachliteratur.

Herkunft und musikalische Gestaltung: „Klein-Flöhchen und Klein-Läuschen" ist ein französisches Märchen, das von den Brüdern Grimm in ihre Kinder- und Hausmärchen aufgenommen wurde. Durch das Hinzutreten jeweils neuer Figuren ergibt sich eine Kettenform, in der Teile der Handlung ständig wiederholt werden. Diese Darstellungsweise ist besonders für Kinder der Grundschulklassen geeignet. Wir beziehen uns hier auf die Fassung des Märchens, wie sie im Orff-Schulwerk ausgearbeitet wurde [21]. Diese Form benötigt nur wenig Instrumente, die Begleitungen sind nicht sehr schwierig.

21 Orff-Schulwerk „Musik für Kinder", Bd. 5, S. 117–121, Schott, Mainz 1954

Klein-Flöhchen ging eines Tages aus, um sein Korn in die Mühle zu tragen.
Er ließ seine Frau, Klein-Läuschen, allein zu Hause.
„Nimm dich wohl in acht, daß du nicht in den Kochtopf fällst!"
sagte er, als er fortging.
„Fürchte nichts, Klein-Flöhchen, ich werde mich wohl hüten zu fallen,
wenn ich den Topf abschäume."

Als Klein-Flöhchen fort war, begann Klein-Läuschen das Haus zu kehren,
das Geschirr zu spülen und das Gemüse zu lesen.
Dann dachte sie daran, den Topf auf dem Feuer abzuschäumen.
Sie nahm den Schaumlöffel, stieg auf den Stuhl, glitt aus —
und fiel in den Kochtopf.
„Au! Au!"

„Das ist Klein-Läuschen, die in den Topf gefallen ist",
dachte Klein-Flöhchen, der gerade von der Mühle zurückkam.
„Geschwind, ich muß ihr zu Hilfe eilen!"

Aber — es war zu spät.
Klein-Läuschen war tot,
als Klein-Flöhchen ins Haus trat.
„Da Klein-Läuschen tot ist,
gehe ich aus dem Hause",
sagte Klein-Flöhchen weinend.

„Was hast Du, Klein-Flöhchen?"
fragte der Tisch.
„Klein-Läuschen ist tot,
und ich gehe aus dem Hause."
„Und ich — ich enttische mich
und folge dir."

Der Tisch und Klein-Flöhchen gingen an der Backmulde vorbei.

„Was hast du, Klein-Flöhchen, daß du so weinst?",
fragte die Mulde.
„Klein-Läuschen ist tot, ich gehe aus dem Hause,
und mein Gefährte enttischt sich."
„Und ich — ich entmulde mich
und folge euch."

Dann gingen sie bei der Tür vorüber.

„Wo geht ihr hin?",
fragte die Tür.
„Klein-Läuschen ist tot, Klein-Flöhchen geht aus dem Hause,
der Tisch enttischt sich und die Mulde entmuldet sich."
„Und ich — ich entangele mich."

Ein Baum stand da in der Nähe.

„Wohin gehst du, Klein-Flöhchen?"
„Klein-Läuschen ist tot, ich gehe aus dem Hause,
der Tisch enttischt sich, die Mulde entmuldet sich
und die Tür entangelt sich."
„Und ich — ich entwurzele mich."

Klein-Flöhchen, der Tisch, die Mulde, die Tür und der Baum
gingen an einer alten Frau vorbei,
welche Wasser aus einem Brunnen schöpfte.

„Wohin gehst du, Klein-Flöhchen?"
„Klein-Läuschen ist tot, ich gehe aus dem Hause,
der Tisch enttischt sich, die Mulde entmuldet sich,
die Tür entangelt sich, der Baum entwurzelt sich."
„Wenn Klein-Läuschen tot ist,
so zerbreche ich meine beiden Krüge
und folge euch."

Die Frau zerbrach ihre beiden Krüge,
und Klein-Flöhchen, der Tisch, die Mulde,
die Tür, der Baum und die Alte gingen davon
und kamen niemals wieder.

Bewegungsmaterial: Wichtig ist die aus der Improvisation gefundene Typisie-
rung der einzelnen Figuren, nicht aber eine starre, auf Imitation beruhende Art
der Einstudierung. Das Grundsätzliche wird gemeinsam besprochen; trotzdem
sollte sich die Darstellung jedes einzelnen Kindes (Rollentausch) von der anderer
unterscheiden.

Instrumente und Aufstellung des Orchesters: Die Begleitung besteht aus zwei
Motiven, einem Marsch und einer Trauermusik, die von Xylophonen und kleinem Schlagwerk gespielt werden. Um viele Kinder zu beschäftigen, empfiehlt
sich eine mehrfache Besetzung der Xylophone. Die Instrumentalisten werden am
besten in drei Gruppen aufgeteilt. Xylophone für Motiv 1 auf der einen Seite, in
der Mitte die Schlagwerkgruppe (Rassel, Holzblocktrommel, Triangel, Becken,
große Trommel), Xylophone für Motiv 2 auf der anderen Seite.

Aufbau: Der Stoff wird nicht in einer Stunde bewältigt werden können, doch sollten auch nicht mehr als drei oder vier Stunden dafür angesetzt werden.

Erste Stunde: Das Märchen wird vom Lehrer erzählt. Dabei sollte er nach Möglichkeit die wichtigsten Instrumentalstimmen mitspielen, um neben dem inhaltlichen Eindruck bereits einen musikalischen zu vermitteln.

An den Kommentaren (eventuell den Nacherzählungen) der Kinder läßt sich ablesen, welche Szenen auf sie am stärksten gewirkt haben. Nun wird die Bewegungsform jeder Rolle gemeinsam erarbeitet. Im Gespräch mit den Kindern werden die charakteristischen Eigenschaften herausgefunden: Der Tisch beispielsweise hat eine waagerechte Fläche, auf die man etwas stellen kann, und eine unterschiedliche Anzahl von Beinen, meist jedoch vier.

Die Tür trennt beispielsweise in geschlossenem Zustand zwei Räume, ist sie geöffnet, verbindet sie die Räume miteinander. Zum Öffnen braucht man entweder eine Klinke oder einen Türknopf. Es gibt einfache Türen, Doppeltüren, Schiebetüren, Drehtüren, Portale etc. Die Tür bewegt sich im allgemeinen in der Angel.

Jetzt versuchen alle Kinder — bei großen Gruppen nur ein Teil, nach einiger Zeit wird gewechselt — die Stellung eines Tisches, einer Backmulde, einer Tür und eines Baumes. Die übrigen Kinder und der Lehrer gehen von einem zum anderen und beobachten, ob man auf die einzelnen Tische etwas stellen kann, ob man in der Backmulde Brotteig kneten oder die Tür öffnen kann und ob der Baum sich im Wind bewegt. Nun kommt der schwierigste Moment: die Verwandlung zur Fortbewegung, wenn der Gongschlag ertönt und der Tisch sich ent-tischt, die Tür sich ent-angelt etc. Erst jetzt zeigt sich, ob die Stellung gut gewählt war; sie sollte sich in der Fortbewegung nicht verändern, das Gehen darf keinesfalls „menschlich" sein.

Auch der Unterschied in der Bewegungsart Klein-Flöhchens und Klein-Läuschens soll herausgefunden werden: Er springt, regelmäßig oder unregelmäßig, sie bewegt sich mit vielen kleinen, schnellen Schritten vorwärts.

Zweite Stunde: Zu Beginn der Stunde wird das Märchen wiederholt, vielleicht in der Form, daß der Lehrer die verbindenden Worte spricht und einzelne Kinder jeweils den Text der Figuren übernehmen. Ist so der Inhalt ins Gedächtnis zurückgerufen, wird die ganze Klasse in Gruppen zu je sieben Kindern geteilt. Es wird miteinander festgelegt, wer welche Rolle spricht, nach einiger Zeit wird gewechselt. Jede Gruppe versucht nun gleichzeitig, aber unabhängig voneinander, die Geschichte anzuspielen. Jedes Kind spricht dabei seinen eigenen, frei formulierten Text. Nach einer bestimmten Zeit darf jedes Team seinen Versuch zeigen.

In der zweiten Hälfte der Stunde wird die Musik ausprobiert. Die Begleitformeln sind nicht schwer. Falls die Doppelgriffe noch nicht vertraut sind, können sie natürlich auch auf zwei Spieler aufgeteilt werden. Die Leitung des Orchesters muß in jedem Fall der Lehrer übernehmen. Die Länge der einzelnen Begleitungen ist abhängig von der Spielweise der Darsteller, auch sind die Einsätze — vor allem für die Schlaginstrumente — unregelmäßig und würden ein Kind überfordern. Zum Abschluß werden Musik und Sprache (noch ohne Darstellung) im Zusammenhang versucht.

Dritte Stunde: Sieben Kinder in den Hauptrollen und fünf bis fünfzehn an den Instrumenten (je nach Besetzung und Anzahl der Instrumente) beschäftigen noch nicht die ganze Klasse. Die übrigen Kinder können entweder das Orchester verstärken oder sie bekommen als „Haus" eine eigene Aufgabe. Zuerst gilt es, die Wände zu bauen (nach vorne muß eine Wand fehlen), den Platz der Türe zu bestimmen und eine geeignete Fassung der Kinder untereinander zu finden. Die Wände sind am Spielgeschehen mitbeteiligt, sie sehen interessiert zu, versuchen Klein-Läuschen zu warnen, weinen mit Klein-Flöhchen, sie sind nach dem Abzug des Flöhchens sehr traurig und bröckeln langsam ab, da sie ja keine Aufgabe mehr zu erfüllen haben. Zusätzliche Einfälle der Kinder können einbezogen werden.

Bevor das ganze Spielgeschehen abläuft, sollten die Bewegungsrhythmen der Hauptpersonen koordiniert werden. So bewegt sich zum Beispiel die Mulde sehr langsam, der Tisch ruckartig, das Flöhchen springend, die alte Frau mit kleinen Schritten etc. Eventuell werden die Rhythmen fixiert und an die Tafel notiert.

Sind alle diese Vorbereitungen gelungen, so kann das ganze Märchen in musikalischer, sprachlicher und tänzerischer Darstellung zuerst in Teilen, dann als Ganzes durchgespielt werden. Einige Kinder dürfen als „Zuschauer" das Geschehen beobachten, kritisieren und Verbesserungsvorschläge machen.

Wenn aus Zeitmangel das Stück nicht für eine Schulaufführung ausgearbeitet werden kann, sollten die Kinder es doch einer anderen Klasse vorspielen dürfen. So wird das Gefühl einer erfolgreichen Leistung in ihnen bestärkt.

Das festgebaute Haus mit Backmulde und Tisch

Klein-Flöhchen und Klein-Läuschen

Viele verschiedene Tische werden ausprobiert

„. . . Klein-Flöhchen, der Tisch, die Mulde, die Tür, der Baum und die alte Frau gingen fort und kamen niemals wieder."

240

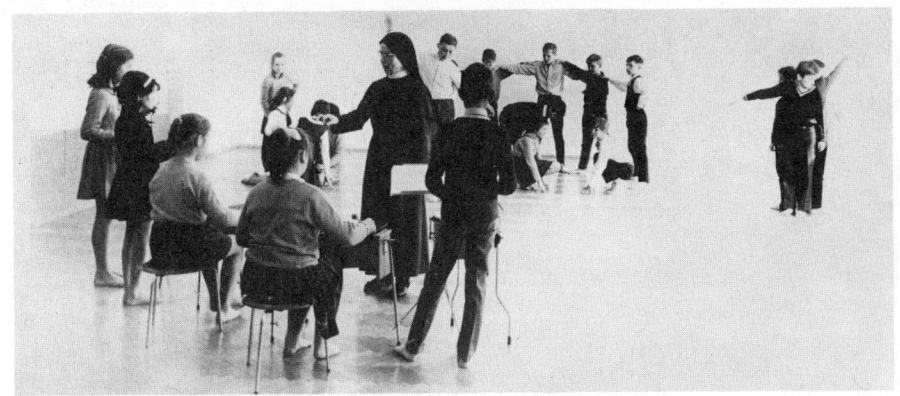

Das Orchester probt mit der Lehrerin, die Darsteller üben für sich

Drehtanz - Einzel- bzw. Gruppengestaltung zu einem Musikstück von Béla Bartók [22]

Allegro molto ♩ = 160

f sempre legato

impetuoso

ff

f

poco dim.

22 Kindertanz von B. Bartók. In: „Für Kinder", Boosey und Hawkes, Budapest 1969

Dieses Beispiel ist vorwiegend für die Einzelgestaltung gedacht, doch kann selbstverständlich auch eine Gruppenform ausgearbeitet werden. Die Musik wird am besten vom Lehrer gespielt. Ist er dazu nicht imstande, so kann als Aushilfe eine Schallplatte oder eine Überspielung auf Tonband herangezogen werden. Allerdings sehen wir dies nicht als Ideallösung an. Es entstehen technische Schwierigkeiten, genaue Einsätze sind nicht möglich, vor allem aber fehlt das Aufeinandereingehen von Tanzenden und Begleiter. Sind Kinder bereits in der Lage, das kleine Stück einigermaßen sicher zu spielen, so sollte auch ihnen hin und wieder die Aufgabe der Begleitung anvertraut werden.

Bewegungsmaterial: Kreisen und Drehen des Kopfes, der Hände, Arme, Beine, des Rumpfes oder des ganzen Körpers am Platz oder in der Fortbewegung. — Mit oder ohne Richtungswechsel, in geschwungener oder geführter Weise, eventuell unterbrochen durch Stampfer, kleine Sprünge oder Hüpfer. Das Material wird von den Kindern individuell gefunden und gestaltet.

Aufbau: Die ganze Stunde ist der Arbeit am „Drehen" gewidmet. In drei Phasen werden die Kinder mit dem Bewegungsmaterial vertraut: Ausprobieren, Üben, Gestalten.

Phase 1: Durch eine klare Aufgabenstellung werden die Kinder zum Ausprobieren angeregt: Welche Teile des Körpers kann man ein- und ausdrehen, mit welchen kann man einen ganzen Kreis beschreiben? Wie kann man über, neben oder vor sich Kreise in die Luft zeichnen, große und kleine, und mit welchen Teilen des Körpers? In welcher Weise kann man den ganzen Körper drehen, und zwar langsam oder schnell, in tiefer, mittlerer oder hoher Haltung? Man läßt die Kinder verschiedene Arten des Richtungswechsels ausprobieren. Auch Partnerübungen sind möglich: Die Kinder fassen sich an den Händen. Zuerst dreht sich jedes einzeln und, wenn sie das gut können, auch gleichzeitig, aber ohne die Hände loszulassen. Die Kinder versuchen ohne Handfassung einen Wechsel: erst dreht sich das eine, wenn es fertig ist, übernimmt das andere seine Bewegung.

Phase 2: Aus dem Ausprobieren entsteht das Üben: Besonders gute Einfälle werden gezeigt und von allen gemeinsam versucht. Dabei kann der Lehrer Anweisungen und Korrekturen geben, die Kinder sollen sich aber auch selbst gegenseitig beobachten lernen und dabei gute von weniger guten Ausführungen unterscheiden.

Phase 3: Die Musik wird zwei-, dreimal vorgespielt, die Melodie gesungen. Die meisten haben bei der Wiederholung die Melodie erkannt. Auf die Begleitung kann hingewiesen werden. Besonders auffallend sind jeweils die Phasenschlüsse durch die zwei betonten Viertelnoten. Hieraus ergibt sich ein günstiger Ansatzpunkt für die Bewegungsimprovisation. Die erste Anregung sieht so aus: Man läßt die Betonung jedesmal anders darstellen, z. B. durch Klatschen, Stampfen, kleine Sprünge, scharfe Drehungen oder Armgesten.

Als nächstes sollen Drehungen versucht werden, die immer wieder durch die schon bekannten Akzente unterbrochen werden. Die Aufgabe kann je nach Geschicklichkeit der Kinder erweitert werden. Ein Teil des Körpers (z. B. der Kopf, eine Hand) beginnt zu kreisen oder zu drehen, beim nächsten Phrasierungsbogen kommt vielleicht der zweite Arm dazu, bis sich schließlich der ganze Körper am Platz oder in der Fortbewegung dreht. Eine große Steigerung ist das Resultat.

Auch Partneraufgaben können gestellt werden. Die Kinder versuchen, sich wie bei „Frage" und „Antwort" in der Bewegung abzuwechseln: Das eine beginnt, beim nächsten Melodiebogen setzt das andere ein und führt die Bewegung des ersten fort.

Aufgabe für eine kleine Gruppe: Der Lehrer weist auf die Begleitung der linken Hand am Klavier hin, sie geht in ähnlicher Weise immer weiter und wird nicht unterbrochen wie die Melodie. Die Kinder versuchen jetzt, durch eine ruhige Drehung am Platz eine entsprechende Bewegung zu finden, ein oder mehrere

Kinder übernehmen die Bewegung zur Melodie mit ihren Akzenten und Wiederholungen, die anderen die Bewegung zur Begleitung. Wichtig ist, daß eine gute Raumverteilung gefunden wird, durch die die Bewegung zur Melodie deutlich von der Bewegung zur Begleitung abgehoben wird.

Im Laufe der Stunde wird jedes Kind, jedes Paar oder jede Gruppe eine eigene Lösung finden. Es sollen möglichst alle Gestaltungen gezeigt und das jeweils Charakteristische daran besprochen werden.

Marsker Tanz – Auf geschichtlichen Maskentänzen basierende Gruppengestaltung[23]

Altbayrisch

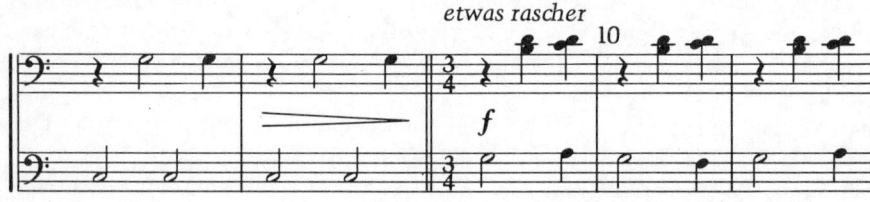

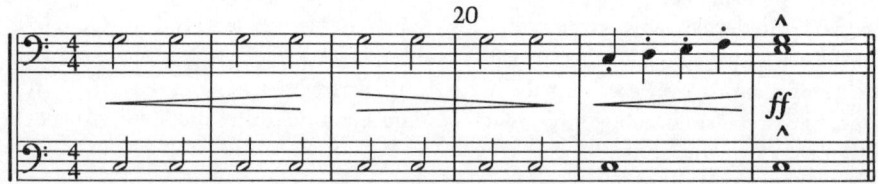

[23] Instrumentalstück von K. Volkhart-Schlager. In: „Mohrentanz und Mummenschanz", Tänze für Klavier zu vier Händen, Schott, Mainz 1960

245

Der Marsker Tanz (Moriske, Morrisdance) geht zurück auf einen seit der Renaissance dem Namen nach bekannten Tanz der Mauren (Mohren) oder Sarazenen. Die Überlieferungen sind sehr unterschiedlich. Ursprünglich soll es eine pantomimische Darstellung des Kampfes zwischen Christen und Sarazenen gewesen sein. Im Laufe der Jahrhunderte, als sich der Tanz über ganz Europa und darüber hinaus verbreitete, trat dieser Anlaß immer mehr in den Hintergrund. Arbeau berichtet in seiner „Orchésographie" von einem Knaben mit geschwärztem Gesicht, der mit Schellenbändern an den Füßen die Moriske tanzte. Doch später verändert sich die Moriske zu einem wilden und lärmend ausgelassenen Maskentanz.

Der altbayerische Marsker Tanz wurde als Beispiel für einen Männer- oder Knabentanz ausgewählt, der eine entfernte Ähnlichkeit mit alten Kampftänzen aufweist. Hier stehen zwei Gruppen in spielerischem Kampf „gegeneinander", Wetteifer und Kraft der Jungen sollen in tänzerischer Form ihren Ausdruck finden.

Bewegungsmaterial: Wechselsprünge mit gebeugten Beinen, auch Pferdchensprünge genannt (Vorstellungshilfe: Reiter). — Gespanntes, stampfendes Gehen und seitliche Anstellschritte. — Unbelastetes Stampfen im A-Teil. — Improvisation mit Sprüngen, Ausfallschritten und Wendungen im B-Teil.
Die gesamte Bewegungsausführung muß hart, gespannt und im Charakter drohend sein, wenn die Kinder selbst auf die Idee kommen, auch grotesk und parodierend.

Aufbau: Der Lehrer erinnert die Kinder an das Gespräch über die verschiedenen Arten des Tanzes. Dabei war auch die Rede von Männertänzen. Er erzählt, daß in sehr früher Zeit vor dem Auszug zum Kampf oder zur Jagd wirklich getanzt wurde und daß diese Tänze Sieg und reiche Jagdbeute erwirken sollten. Später wurden solche Tänze aber immer mehr zum Spiel, in dem Kampf oder Jagdgeschehen pantomimisch dargestellt wurde. Die Tänzer wollten hier vor allen Dingen ihre Kraft und Geschicklichkeit zeigen. Auf diesem Gedanken wird der Tanz aufgebaut.
Zwei Dinge werden zuerst ausprobiert: die Haltung zweier Kämpfer, die sich gegenüberstehen, sich beobachten, einen Ausfall oder Angriff vortäuschen (bei Fechtern, Ringern, raufenden Jungen, selbst bei kämpfenden Hunden ist dieses zu beobachten) und das Vorrücken zweier feindlicher Gruppen. Sie stürzen nicht wild aufeinander los, sondern nähern sich langsam, immer gespannter und drohender.
Die Musik wird von zwei Kindern oder einem Kind und dem Lehrer vorgespielt, die übrigen sollen versuchen, die Form (A B A) zu hören. Wie kann diese Form in der Darstellung zum Ausdruck kommen? Einige meinen, durch verschiedene Gruppen, andere durch Anmarsch im A-Teil, Kampf im B-Teil. Schließlich wird gemeinsam beschlossen, den ersten Teil als Anrücken der zwei Gruppen, den zweiten als Kampf zweier Solisten zu gestalten.

Beim genauen Hinhören fällt vor allem der punktierte Rhythmus auf, den die Kinder bei einer kleinen Improvisationsübung fast durchweg als Sprung ausführen, dann aber auch der Taktwechsel vom Vierviertel- zum Dreivierteltakt.

Marsker Tanz – Herausforderung und Angriff

Aufstellung: Doppelreihen (beliebig viele in jeder Reihe) auf Lücke in zwei Gruppen gegenüber.

Ausführung: Zwei Bewegungsmotive werden erarbeitet, sie gelten für alle, werden jedoch von den einzelnen Reihen zu verschiedener Zeit ausgeführt.

Motiv 1: Sprung und Stampfen

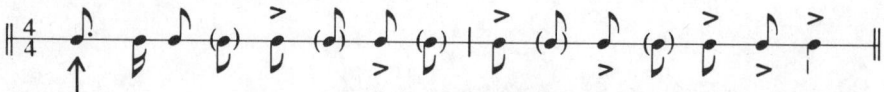

Die Kinder beginnen mit einem Pferdchensprung (rechts), es folgen Stampfschritte, wobei jedem Schritt ein unbelastetes Aufstampfen mit dem anderen Bein folgt, zuletzt dreimaliges betontes Stampfen. Dieses Motiv wird zuerst von allen geübt und anschließend in den Reihen ausgeführt. Die vorderen stehen breitbeinig, die Hände auf die Knie gestützt, die hinteren haben ihre Hände auf den Schultern der Vordermänner. Sie drücken sich beim Sprung stark ab, dann kommen sie mit den Stampfschritten nur so weit vorwärts, daß sie nun die erste Reihe bilden. Bei der Wiederholung des Motivs kommen die anderen wieder nach vorne.

Motiv 2: Stampfen am Platz

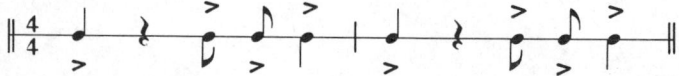

Die jeweils vorderen, aber auch die Partei, die gerade nicht „angreift", stampft in drohender Haltung am Platz. Dabei wird der erste Schritt in der Grätsche, der zweite und dritte eng nebeneinander, der vierte wieder in der Grätschstellung ausgeführt: weit — eng — eng — weit. Die Hände der abwartend Stehenden können zu Fäusten geballt sein, die Arme können auch um die Schultern des Nachbarn gelegt werden, so daß der Eindruck eines geschlossenen Blockes entsteht.

Tanzform:
A-Teil

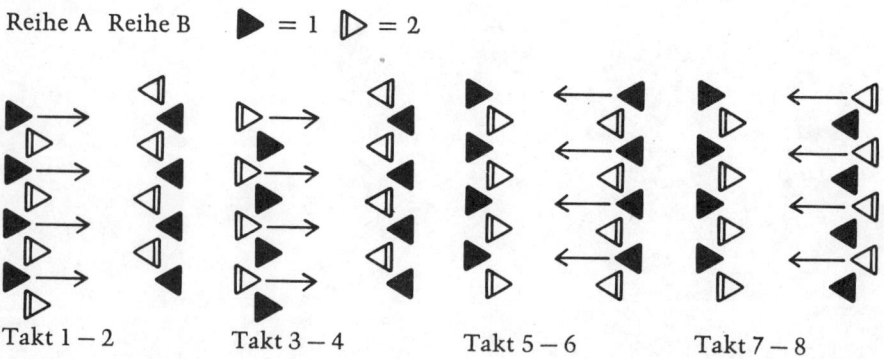

Takt 1–2: Reihe A 1 rückt vor mit Motiv 1. Währenddessen führen alle anderen am Platz Motiv 2 aus.
Takt 3–4: Reihe A 2 rückt vor mit Motiv 1, alle anderen führen Motiv 2 aus.
Takt 5–6: Reihe B 1 rückt vor mit Motiv 1, alle anderen führen Motiv 2 aus.
Takt 7–8: Reihe B 2 rückt vor, alle anderen führen Motiv 2 aus.

B-Teil

Der Zweikampf

Je ein Junge aus Reihe A und aus Reihe B kommen zu einem Scheingefecht in die Mitte, wie zu einem Turnier. Sie improvisieren die Bewegung zum Tanz, dieser kann hoch zu Roß, mit Säbeln oder Lanzen ausgeführt werden. Am Ende des B-Teiles ordnen sich die Solisten wieder in die Reihen ein.

A-Teil (Wiederholung)
Gleichzeitiger Angriff beider Gruppen

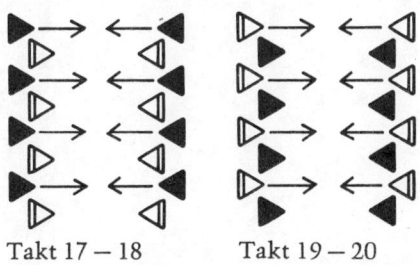

Takt 17 – 18   Takt 19 – 20

Takt 17—18: Reihe A 1 und B 1 rücken mit Motiv 1 vor, während Reihe A 2 und B 2 Motiv 2 ausführen.

Takt 19—20: Reihe A 2 und B 2 rücken mit Motiv 1 vor, A 1 und B 1 führen Motiv 2 aus.

Takt 21—22: Alle Reihen laufen (rechts beginnend) mit vier Schritten auf den gegenüberliegenden Platz (erstürmen also das Gebiet des Gegners) und wenden sich mit einer Siegerpose (die übertrieben und karikierend sein kann) zu den anderen herum.

Literaturverzeichnis

Allgemeines

Correll, Walter: Pädagogische Verhaltenspsychologie, Reinhardt, München 1965
Hoenisch, Nancy / Niggemeyer, Elisabeth / Zimmer, Jürgen: Vorschulkinder, Klett, Stuttgart 1969
Mutschler, Dieter: Intelligenz und Kreativität. In: Zeitschrift für Pädagogik, Heft 2, Beltz, Weinheim 1969
Neill, A. Sutherland: Theorie und Praxis der antiautoritären Erziehung, Rowohlt, Hamburg 1970
Neumann, Erich: Das Kind, Rhein Verlag, Zürich 1963
Neumann, Otto: Die leibseelische Entwicklung im Jugendalter, Barth, München 1964
Read, Herbert: Erziehung durch Kunst, Droemer, Zürich 1962
Röthig, Peter: Rhythmus und Bewegung, Hoffmann, Schorndorf 1967
Zulliger, Hans: Heilende Kräfte im kindlichen Spiel, Klett, Stuttgart 1963

Bewegungserziehung

Ausgleichsgymnastik

Diem, Lieselotte: Spielend helfen, Manz und Lange, Göttingen 1951
Diem, Lieselotte / Scholzmethner, Renate: Ausgleichsgymnastik und Schulsonderturnen, Limpert, Frankfurt 1969
Kochner, Gustav: Haltungsschäden und ihre Bekämpfung, Limpert, Frankfurt 1965
Scharll, Martha: Fußgymnastik mit Kindern, Thieme, Stuttgart 1969
– So lernt das Kind sich gut halten, Thieme, Stuttgart 1966

Gemeinschaftstänze – Historische Tänze – Volkstanz

Christe, Jo: Europa tanzt, Fidula, Boppard 1958
Dolmetsch, Mabel: Dances of England and France, Routledge, London 1954
– Dances of Spain and Italy, Routledge, London 1956
Hoerburger, Felix / Segler, Helmut: Klare, klare Seide – Überlieferte Kindertänze aus dem deutschen Sprachraum, Bärenreiter, Kassel 1963
Klindt, Ela: Tanzen in der Schule I, Hoffmann, Schorndorf 1970
Mathey, Polyxene: Griechische Kinderlieder und Tänze I und II. In: Orff-Schulwerk, Schott, Mainz 1963
Mortzfeld, Alwine / Cherubim, Friedgund: Der tanzende Kreis – Singspiele und Volkstänze, Limpert, Frankfurt 1965
Schmolke, Anneliese / Langhans, Herbert: Europäische Tänze, Möseler, Wolfenbüttel o. J.
Taubert, Karl Heinz: Höfische Tänze, Schott, Mainz 1968

Leibeserziehung

Alexander, Gerda (Hrsg.): Eutonie, Haltung und Bewegung in psychosomatischer Sicht, Haug, Ulm 1964
Bach, Friedericke: Praktische Leibeserziehung – Ausgewählte Übungen mit methodischen Hinweisen für den Unterricht der Sechs- bis Vierzehnjährigen, Ehrenwirt, München o. J.
Bernett, Hajo: Terminologie der Leibeserziehung, Hoffmann, Schorndorf 1967
Deinhardt, Eva Maria: Wir spielen mit den Kleinen, Finken, Fulda o. J.
– Wir üben und spielen, Finken, Fulda o. J.
Diem, Lieselotte: Juhei, die Kleinsten turnen – Ein Beitrag zur Bewegungserziehung der Drei- bis Sechsjährigen, Manz und Lange, Göttingen o. J.
– Mädchen beim Turnen und rhythmischen Spiel, Limpert, Frankfurt 1965
Jacobs, Dore: Die menschliche Bewegung, Henn, Ratingen 1962
Kiphard, Ernst / Huppertz, Hubert: Erziehung durch Bewegung, Dürr, Bad Godesberg 1968

Medau, Hinrich: Moderne Gymnastik — Lehrweise Medau, Pohl, Celle 1967

Mester, Ludwig: Planvolle Leibeserziehung im Kindesalter, Kupfer, Gießen 1965

— Grundfragen der Leibeserziehung, Westermann, Braunschweig 1962

Miller, Edith: Erfühlen und Formen — Die Leibeserziehung im 1. bis 4. Schuljahr in 40 ausgearbeiteten Unterrichtsthemen, Ehrenwirth, München o. J.

Paschen, Konrad: Stundenbilder I und II, Limpert, Frankfurt 1966

— Bewegungserziehung — Neuzeitliches Schulturnen in Theorie und Praxis, Voggenreiter, Bad Godesberg 1962

Seybold-Brunnhuber, Annemarie: Die Prinzipien der modernen Pädagogik in der Leibeserziehung, Hoffmann, Schorndorf 1959

— Üben und Spielen mit dem Ball — Unterrichtshilfen zur Leibeserziehung, Bd. 1, Limpert, Frankfurt 1962

— Üben und Spielen mit dem Seil — Unterrichtshilfen zur Leibeserziehung, Bd. 2, Limpert, Frankfurt 1964

Rhythmik

Feudel, Elfriede: Durchbruch zum Rhythmischen in der Erziehung, Klett, Stuttgart 1965

— Dynamische Pädagogik, Herder, Freiburg 1963

— Rhythmisch-musikalische Erziehung, Möseler, Wolfenbüttel 1956

Glathe-Seifert, Brigitte: Rhythmik für Kinder, Kallmeyer, Wolfenbüttel 1964

Hoellering, Amelie: Zur Theorie und Praxis der rhythmischen Erziehung, Marhold, Berlin 1968

Jacob, Käthe: Musikerziehung durch Bewegung, Möseler, Wolfenbüttel 1964

Konrad, Rudolf: Rhythmische Erziehung, Möseler, Wolfenbüttel 1966

Pfeffer, Charlotte: Bewegung, aller Erziehung Anfang, Sämann, Zürich 1958

Pfisterer, Trudi: Die Möglichkeiten der rhythmisch-musikalischen Erziehung im Schulunterricht, Sämann, Zürich o. J.

Tauscher, Hildegard: Die rhythmisch-musikalische Erziehung in der Heilpädagogik, Marhold, Berlin 1967

— Praxis der rhythmisch-musikalischen Erziehung, Merseburger, Berlin o. J.

Tetzner, Bruno (Hrsg.): Resonanzen 1967 — 10. Rundbrief der Landesarbeitsgemeinschaft Musik Nordrhein-Westfalen, Akademie Remscheid 1967

Tanzerziehung

Doll, Edna / Nelson, Mary: Rhythm Today, Silver Burdett Company, Morristown 1965

Jordan, Diana: Childhood and Movement, Blackwell, Oxford 1966

Köhnke, Margot: Tanzen und Singen, Zentralhaus für Kulturarbeit, Leipzig 1967

Kreye, Barbara: Musik und Bewegung — Bildbericht über die Arbeit mit dem Orff-Schulwerk, Laokoon, München 1965

Laban, Rudolf: Modern Educational Dance, Macdonald and Evans, London 1966

Lörinc, György (Hrsg.): Methodik des klassischen Tanzes, Henschel, Berlin 1964

Lofthouse, Peter / Carroll, Jean: Creative Dance for Boys, Macdonald and Evans, London 1969

Lorenz, Karl: Die tänzerisch-musikalische Erziehung der Kinder. In: Musikerziehung, Heft 3, Österreichischer Bundesverlag, Wien 1968/69

Murray-Lovell, Ruth: Dance in Elementary Education, Harper and Row, London 1963

North, Marion: A Simple Guide to Movement Teaching, Werner Studios, London 1963

Preston-Dunlop, Valerie: A Handbook of Modern Educational Dance, Macdonald and Evans, London 1963

Russell, Joan: Creative Dance in the Primary School, Macdonald and Evans, London 1966

— Creative Dance in the Secondary School, Macdonald and Evans, London 1969

— Modern Dance in Education, Macdonald and Evans, London 1958

Tanzschrift

Benesh, Rudolf and Joan: Benesh Dance Notation, Black, London 1964

Hoerburger, Felix: Versuch eines allgemeinen Tanzschlüssels, Arbeitskreis für Tanz im Bundesgebiet, Stuttgart o. J.

Knust, Albrecht: Abriß der Kinetographie Labans, Tanzarchiv, Hamburg 1956

Theorie des Tanzes

Gaup, Albrecht: Geselligkeit der Jugend und moderner Tanz — Eine Aufgabe der Volksschulpädagogik. In: Die Moderne und die Volksschule, Klett, Stuttgart o. J.

Günther, Dorothee: Der Tanz als Bewegungsphänomen, Rowohlt, Hamburg 1962
Günther, Helmut: Tanzunterricht in Deutschland, Arbeitskreis für Tanz im Bundesgebiet, Osnabrück 1970
Günther, Helmut / Schäfer, Helmut: Vom Schamanentanz zum Rumba, Iffland, Stuttgart 1959
Haselbach, Barbara: Musik in der Tanzerziehung. In: Kongreßbericht „Gymnastik, Rhythmus, Musik", Institut für Leibeserziehung, Salzburg 1970
H'Doubler, Margaret: Dance — a Creative Art Experience, London 1968
Jürgens, Irene (Hrsg.): Tanz und Gesellschaft, Arbeitskreis für Tanz im Bundesgebiet, Osnabrück 1968
Müller, Wolfgang / Nimmermann, Peter: In Jugendclubs und Tanzlokalen, Juventa, München 1968
Nettl, Paul: Musik und Tanz, Herder Taschenbücher 126, Freiburg 1962
Otto, Walter F.: Menschengestalt und Tanz, Rinn, München 1956
Rössner, Lutz: Jugend im Erziehungsbereich des Tanzes, Huber/Klett, Stuttgart 1963
Sachs, Curt: World History of the Dance, Bonanza Books, New York 1937
Sheets, Maxine: The Phenomenology of Dance, University of Wisconsin Press, Milwaukee 1966
Sorell, Walter: Das Buch vom Tanz, Knaur-Droemer, München 1969
Todd, Mabel: The Thinking Body — Dance Horizons, Hoeber, New York 1937

Szenisches Spiel

Amtmann, Paul (Hrsg.): Spiel im Unterricht, Manz, München 1965
Amtmann, Paul / Kaiser, Herrmann: Darstellendes Spiel, Bärenreiter, Kassel 1966
Gray, Vera / Percival, Rachel: Music, Movement and Mime for Children, Oxford University Press, London 1964
Lutz, Edmund Johannes: Das Schulspiel, Don Bosco, München 1957
Small, Michel: L'enfant et le jeu d'expression libre, Delachaux-Niestle, Neuchâtel 1958

Textsammlungen

Binder, Wilhelm / Siebelius, Johannes: Fabeln des Äsop, Goldmann, München 1959
Enzensberger, Hans Magnus (Hrsg.): Allerleihrauh, Suhrkamp, Frankfurt 1961
Faulbaum, Paul (Hrsg.): Die klingende Kette — 14 Schock schöne alte Kinderreime und Rätsel, Ehrenwirth, München 1970
Guggenmos, Josef: Was denkt die Maus am Donnerstag, Bitter, Recklinghausen 1967
Krüss, James (Hrsg.): Hirtenflöte — Europäische Volkslieder, Biederstein, München 1965
— Der wohltemperierte Leierkasten, Mohn, Gütersloh 1961
— So viele Tage wie das Jahr hat, Bertelsmann 1959
Meinerts, Eva Maria (Hrsg.): Das ist der Daumen — Fingerspiele und Lieder für die Kleinsten, Bertelsmann 1969
Middelhouve, Gertraud (Hrsg.): Dichter erzählen Kindern, dtv, München 1969
Minck, Janne: Ri-Ra-Rutsch — Kinderreime und Kinderlieder aus aller Welt, Ullstein, Frankfurt 1958
Morgenstern, Christian: Kindergedichte, Überreiter, Wien o. J.
Simrock, Karl: Rätsel und Scherzfragen, Schaffstein, Köln o. J.
Kinderlieder aus des Knaben Wunderhorn, Insel, Leipzig o. J.

Musik

Elementare Musikerziehung

Bergese, Hans / Schmolke, Anneliese: Singen und Spielen, Tanzen und Musizieren, Möseler, Wolfenbüttel 1951
Foltz, Karl: Hörst du nicht den feinen Ton / Singt doch fröhlich mit, Möseler, Wolfenbüttel 1958
Jenkins, Ella: This is Rhythm, OAK Publications, New York 1962
Keetman, Gunild: Elementaria, Klett, Stuttgart 1970
Klein, Richard Rudolf: Kinder musizieren, Fidula, Boppard 1963
Langhans, Herbert: Das Schlagwerk, Pelikan, Zürich 1959
Orff, Carl / Keetman, Gunild: Musik für Kinder (Bd. 1–5) — Orff-Schulwerk, Schott, Mainz 1950 bis 1954

Instrumentalmusik

Bartók, Béla: Für Kinder I und II — Kleine Musikstücke für Anfänger, Boosey & Hawkes, London 1966

– Mikrokosmos – Klavierstücke vom allerersten Anfang an (Bd. 1–6), Boosey & Hawkes, London 1940
Bergese, Hans: Alte und neue Tänze für Blockflöte und Handtrommel, Schott, Mainz 1938
Casella, Alfred: 11 leichte Klavierstücke, Universal Edition, Wien 1920
Eben, Petr: Lidové písnê a koledy, Panton, Prag 1969
Jellinek, Hans: Zwölftonfibel für Klavier (Bd. 1–5), Möseler, Wolfenbüttel 1953–1958
Keetman, Gunild: Stücke für Flöte und Trommel – Orff-Schulwerk, Schott, Mainz 1956
– Spielbuch für Xylophon I und II – Orff-Schulwerk, Schott, Mainz 1966
Orff, Carl: Klavierübung – Orff-Schulwerk, Schott, Mainz 1934
– Geigenübung I und II – Orff-Schulwerk, Schott, Mainz 1934
Volkart-Schlager, Käthe: Mohrentanz und Mummenschanz – Tänze für Klavier zu vier Händen, Schott, Mainz 1960

Liederbücher
Fuchs, Peter / Gundlach, Willi: Unser Liederbuch für die Grundschule, Klett, Stuttgart 1966
Hahn, Grete: Lied und Spiel, Schroedel, Darmstadt 1951
Hinninghofen, Maria: Kinderspiel, Bärenreiter, Kassel 1958
Keetman, Gunild / Willert-Orff, Gertrud / Orff, Carl: Lieder für die Schule (Bd. 1–7) – Orff-Schulwerk, Schott, Mainz 1960–1967
Jöde, Fritz: Die Musikantenfibel – Bausteinreihe 109, Schott, Mainz o. J.
Keller, Wilhelm (Hrsg.): Liederbuch A/B/C – Orff-Schulwerk, Schott, Mainz 1964
– Ludi Musici I, Fidula, Boppard 1970
Keller, Wilhelm / Kramp, Hans: Der Sonnenkäfer, Fidula, Boppard 1955
Klein, Richard Rudolf (Hrsg.): Willkommen, lieber Tag – Alte und neue Kinderlieder I und II, Diesterweg, Frankfurt 1964/1969
Knorr, Ernst Lothar v. (Hrsg.): Kinderlieder, Reclam, Stuttgart 1965
Kraus, Egon (Hrsg.): Europäische Kinderlieder in der Ursprache im Auftrag der Unesco-Kommission, Merseburger, Berlin 1968
Kraus, Egon / Oberborbeck, Felix (Hrsg.): Musik in der Schule (Bd. 1–3), Möseler, Wolfenbüttel o. J.
Tauscher, Hildegard: Lied und Bewegung, Dürr, Bad Godesberg 1968
Walendy, Paula: Der Liederbaum, Mohn, Gütersloh 1960

Weiterführende Literatur im Verlag Klett

G. Bünner / P. Röthig

Grundlagen und Methoden rhythmischer Erziehung

2. Auflage 1975, kartoniert   3-12-921650-2
Mit Beiträgen von G. Bünner, U. Germann-Müller, H. Günther, O. Hanebuth, B. Haselbach, J. Holler-von der Trenck, E. Klink, P. Röthig, A. Schmolke, F. Seidenfaden.

Die erste umfassende Publikation über Theorie und Praxis der rhythmischen Erziehung. Nach einer Einführung zur Theorie des Rhythmus beschreiben Vertreter verschiedener Richtungen ihr Fach, z. B.: Rhythmisch-musikalische Erziehung, Rhythmische Gymnastik, Volkstanz, Orff-Schulwerk, Eurythmie. Es folgen Beiträge zur praktischen Anwendung rhythmischer Erziehung in der Leibeserziehung, in der Heilpädagogik und in der musischen Erziehung. Der Band enthält Register und ausführliche Literaturangaben.

E. Feudel

Durchbruch zum Rhythmischen in der Erziehung

Mit einem Nachwort von Peter Röthig
3. Auflage 1974, kartoniert   3-12-922220-0

Die Verfasserin weist nach, gestützt vor allem auf A. Portmann und dessen Theorie von der Spannung zwischen primärem Welterleben und sekundärem Welterfassen, daß rhythmische Erziehung nicht nur für die Heilpädagogik — wo sie unzählige Erfolge aufweisen kann —, sondern für jedes pädagogische Tun von wesentlicher Bedeutung ist.

G. Keetmann

Elementaria

Erster Umgang mit dem Orff-Schulwerk
2. überarbeitete Auflage 1976, Linson   3-12-924820-X

Das Buch will Grundlagen für die praktische Arbeit mit dem Orff-Schulwerk geben. Die aufgezeigten Variationsmöglichkeiten wollen den Lehrer dazu anregen, auf eigenen Wegen die gesetzten Ziele zu erreichen. Gunild Keetmann, die engste Mitarbeiterin Carl Orffs und Mitautorin des Schulwerks, darf als die zuverlässigste Vermittlerin Orffscher Musikpädagogik gelten.

Aus unserem Bildbandprogramm:
Bücher zur Ausdruckserziehung

Klaus Bertelsmann

Ausdrucksschulung

Unterrichtsmodelle und Spielprojekte für kreatives und kommunikatives Lernen
1975, 112 Seiten, kartoniert, Großformat   3-12-920600-0

Kreativität ist in den letzten Jahren immer mehr zu einem Schlagwort geworden: Kreativität als Leitziel der Lernprozesse vom Kindergarten bis zur Oberstufe, Kreativität als wichtige Komponente für die Gestaltung des persönlichen Lebens.
Von der theoretischen Einsicht zur praktischen Verwirklichung ist jedoch ein weiter Weg – Klaus Bertelsmann ist ihn gegangen. Seine hier dargestellten Unterrichtsmodelle und Spielprojekte sind allesamt im Rahmen normaler Schulstunden entstanden. Klaus Bertelsmann geht es nicht nur um eine Neuorientierung der Kunsterziehung, sondern um das Aufbrechen von stereotypen Verhaltensweisen und Kommunikationsmustern bei den Jugendlichen.
Ausdrucksschulung und Wahrnehmung, Kommunikation und Spiel, bildnerisches Gestalten und Objektmontage, Multi-Media-Projekte und Stegreiftheater sollen den Schülern das verschüttete Arsenal der eigenen Mittel wieder zugänglich machen und Freude an Gebärde, Mimik, Bewegung, an der intensiven Erfahrung des eigenen Körpers vermitteln.

Barbara Haselbach

Improvisation, Tanz, Bewegung

1976, 125 Seiten, kartoniert, Großformat   Fotos von Hilde Zemann   3-12-923180-3

Entwicklung des Körperbewußtseins, Bewegungserfahrungen in Zeit und Raum, Improvisationsanregungen durch Spielzeug, Objekte, Geräte, Musik, Sprache, Malerei, Graphik, Skulptur, szenische Inhalte – der reichhaltige Themenkatalog kann unmittelbar in die Arbeit mit verschiedenen Altersstufen umgesetzt werden.
Zu jedem Thema eine Fülle von Vorschlägen, die jeweils nach Einführung, Lernziel, Materialien, Einstieg und Aufgaben aufgeschlüsselt sind. Eine Einführung in Didaktik und Methodik der tänzerischen Improvisation erleichtert den Zugang zu diesem schwierigen Gebiet. Ästhetische Vergnügen und Anregung zugleich bieten die Fotoserien in diesem Buch – originelle Lösungen einzelner Improvisationsaufgaben.